Die Sage

Die Sage wandelt sinnend durchs Land von Ort zu Ort
Und pflanzt in ihrem Garten der Dichtung Blumen fort.
Sie weilet in Ruinen, sie lauscht am Felsenhang,
In Hainen rauscht ihr Flüstern, wie ferner Harfenklang.

Sie schwebt um stolze Burgen, sie weilt beim Halmendach,
Sie thront auf Felsenstirnen, sie spielt am Waldesbach,
Sie hat sich mit dem Lande so liebend treu vermählt,
Daß sie fast allerorten von alter Zeit erzählt.

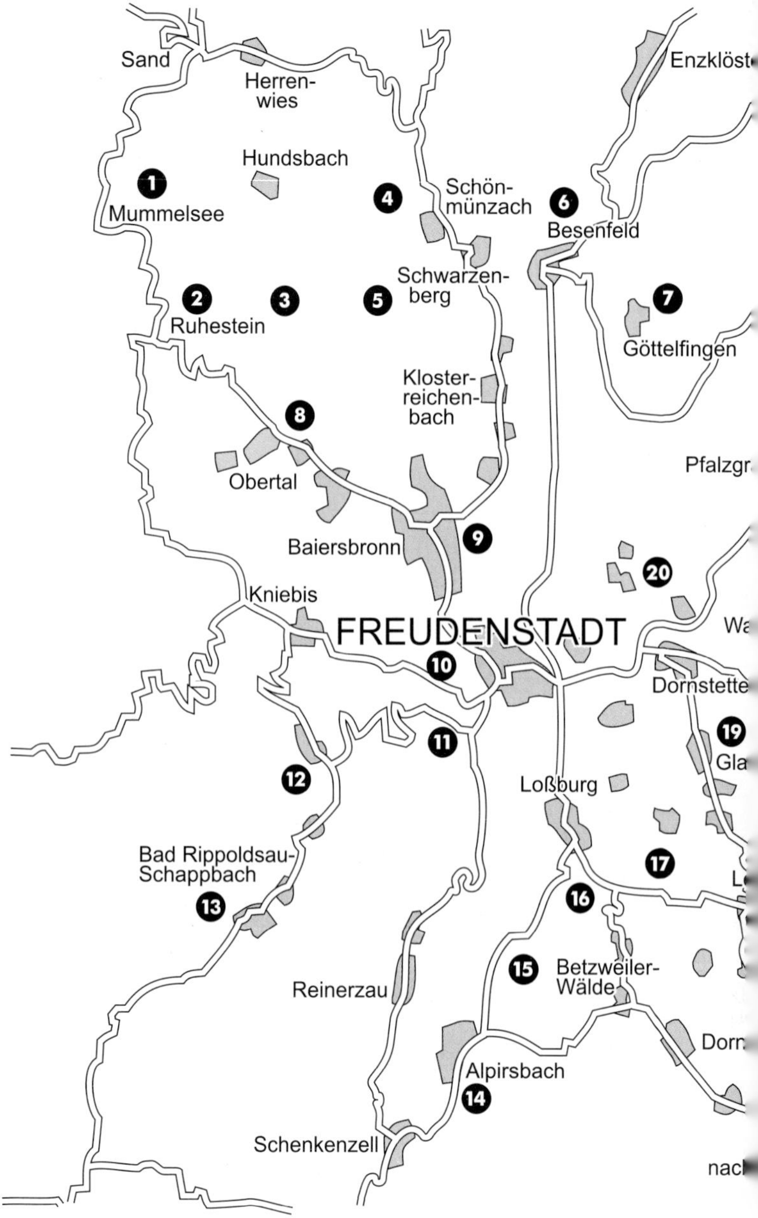
Sand
Herrenwies
Hundsbach
1
Mummelsee
4
Schönmünzach
6
Besenfeld
Schwarzenberg
2
3
5
Ruhestein
7
Göttelfingen
Klosterreichenbach
8
Obertal
Baiersbronn
9
20
Kniebis
FREUDENSTADT
10
Dornstette
11
19
12
Loßburg
17
Bad Rippoldsau-Schappbach
16
13
15
Betzweiler-Wälde
Reinerzau
Alpirsbach
14
Schenkenzell

Ritter. Schurken. Schlossgespenster

HANS BEUTER

Ein Wanderführer zu den schönsten Sagenstätten zwischen Murg und Eyach, Nagold und Neckar

MORSTADT

Verlagsort: Kehl
Abbildungen: Hans Beuter, Kurverwaltung Baiersbronn,
Kurverwaltung Freudenstadt, Verkehrsamt Horb, Loßburg-Information,
Tourist-Information Bad Rippoldsau-Schapbach
Karten: Bernd Matthes, Berlin
Umschlag: Martina Foßhag
Layout und Satz: F. X. Stückle, Ettenheim
Druck und Bindung: Westermann Druck Zwickau GmbH

ISBN 4-88571-240-7

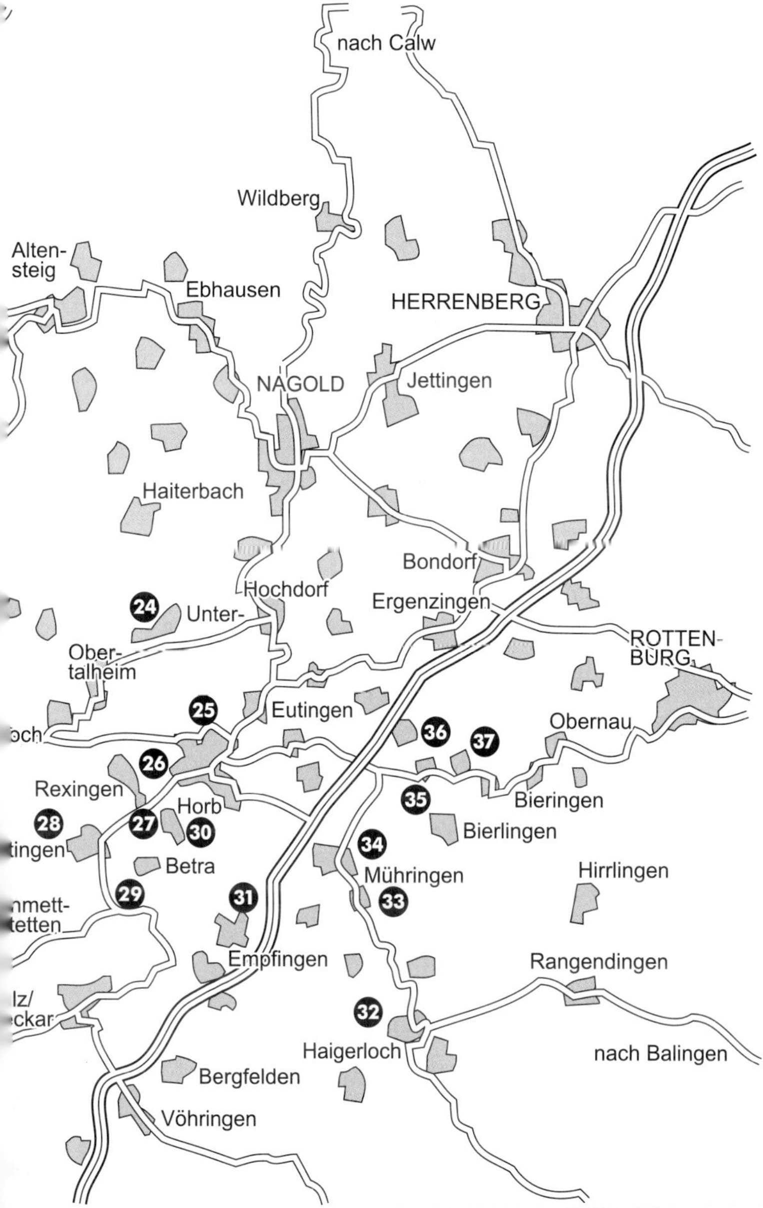
nach Calw
Wildberg
Alten-
steig
Ebhausen
HERRENBERG
NAGOLD
Jettingen
Haiterbach
Bondorf
Hochdorf
Ergenzingen
24
Unter-
Ober-
talheim
ROTTEN-
BURG
25
Eutingen
36
37
Obernau
26
Rexingen
Horb
35
Bieringen
28
27
30
Bierlingen
34
Betra
Mühringen
Hirrlingen
29
31
33
Empfingen
Rangendingen
32
Haigerloch
nach Balingen
Bergfelden
Vöhringen

Inhaltsverzeichnis

Die Wahrheit liegt hinter dem Denken

Vorwort von Landrat Gerhard Mauer

Ein Wanderführer zu Sagenstätten zwischen Murg und Eyach, Nagold und Neckar liegt Ihnen vor, lieber Leser. Die Worte Heimat und Sage sind im Sprachgebrauch selten geworden. Was bedeutet einem modernen Menschen Heimat? Was interessieren ihn Sagen, Erzählungen über Begebenheiten, die geschichtlich nicht beglaubigt sind? Für uns, die wir wissen, was ein Microchip und ein Turbolader sind, scheinen Sagen in die Mottenkiste der Kindheit zu gehören. Gerade unsere Kindheit aber und der Ort, wo wir sie verbracht haben, beeinflussen uns ein Leben lang. Wer sich mit Sagen beschäftigt, blickt zurück auf etwas, was sich vor seiner Zeit ereignet hat. In Sagen gibt es Geheimnisse, wird gezaubert, werden alte menschliche Sehnsüchte erfüllt. Sagen weisen uns den Weg zu unseren eigenen Sehnsüchten und den wirklichen Bedürfnissen unserer Mitmenschen. Sie weisen uns den Weg in eine Stille, die man hören kann. Ein Stille, ausgefüllt mit unseren Träumen und Gedanken, die kaum noch in Worte zu fassen sind. Das vorliegende Buch macht uns nicht nur mit den Sagen unserer Heimat vertraut, sondern führt auch zu den Stätten, an denen sich die Sagen abgespielt haben sollen. Wer diese romantischen Orte erwandert, wird etwa in die Stille des Waldes oder an einen See geführt, der ja sprichwörtlich still ruht. Er kann so Zugang zu seinen eigenen Schwerpunkten finden. Ich bin überzeugt, daß der Weg zu den persönlichen Kraftquellen das eigentliche Ziel vieler Feriengäste und Erholungssuchenden im Nordschwarzwald ist. Diesem Ziel hat uns Hans Beuter mit „Ritter, Schurken, Schloßgespenster“ nähergebracht, wofür ich ihm an dieser Stelle herzlich danke.

Zum Geleit

Liebe Wanderfreunde,

ungeahnt reich ist der Vorrat der vielfach weit zerstreuten Sagen und Schwänke in der erfaßten Schwarzwald- und Gäuregion. Das vorliegende Buch will die Auslese der wertvollsten und bleibenden zu einem farbenfrohen Strauß binden. Jede Ortschaft, von der Murg bis zur Eyach, von der Kinzig bis zur Nagold, fügt ihm seine eigene Tönung bei.

Doch was ich gesammelt und zusammengefügt habe, war im Volke schon immer da. Wo Sage wächst, und wie die Leute zu ihr stehen, unter denen sie wächst, ist stückweit Ausdruck von Heimat – eine Vorstellung davon. Sie ist Teil ihres Lebens, gehört zur Familie, ist einfach da, gleichviel was Außenstehende davon halten mögen. Denn die Sage will nicht eigentlich erzählen. Sie will vielmehr ein Geschehnis, eine Erscheinung fassen und erklären, gibt ein Wissen um sie. Nur in einem Lebenskreis mit natürlichem, schöpfungsverbundenem Fühlen, Denken und Wollen lebt sie wirklich. Sage ist an das, was wir „Heimat" nennen, gebunden, und davon will sie sprechen. Das aber, was sie berichtet, wird unterstützt durch Feste und Bräuche, Grabmäler und Denksteine, Bilder, Inschriften, Burgen, Kirchen und Ruinen. Alles das, was einmal in all dem gelebt und gefühlt wurde, kann darin wiederkommen, auch wenn es vergessen, verloren schien oder unbeachtet dahinkümmerte. Indes kann Sage nur Leben gewinnen nach dem Grade der Gläubigkeit, von dem sie getragen wird. Sind wir dazu bereit und fähig, ist auch heute die Welt noch voller Wunder. Offene Augen jedoch, ein wenig Phantasie und die Bereitschaft für stille Erlebnisse draußen in der Natur brauchen wir dazu.

Die in diesem Buch erzählten Sagen haben ihren Schauplatz dort, wohin eine Wanderung führt. Ein ganz beson-

derer Reiz tut sich damit auf: Kinder können durch Lesen oder Erzählen schon vorher neugierig auf das Wanderziel gemacht werden. Aus eigener Erfahrung weiß ich, wie stark Kinder das Eingebundensein der Sage in die Landschaft empfinden und miterleben. Schenken wir ihnen und uns selber dieses schöne Erlebnis! Indessen sind diese fast 90, in 37 Kapiteln erfaßten Sagen nicht nur für Kinder. Ebenso die Erwachsenen können mit ihnen eine Welt erwandern, in der die reinen Quellen der Natur- und Gottverbundenheit zu finden sind, die uns letztlich die Kraft für den so anders gearteten Alltag geben.
Dankbar bin ich Herrn Landrat Mauer, der das Vorwort schrieb. Auch vielen anderen, sei es in Gemeinde-, Kur- und Fremdenverkehrsverwaltungen sowie Forstämtern sage ich ein herzliches „Dankeschön", ebenso meinen persönlichen Freunden für ihre vielfältigen Unterstützungen.
Ich wünsche Ihnen erlebnisreiche Wandertage im Reich der

„Ritter, Schurken, Schloßgespenster".

Hans Beuter

1 Sagenumwobener Mummelsee

Sind Sie schon auf der Schwarzwaldhochstraße gefahren? Zwischen den touristischen Startrampen Baden-Baden und Freudenstadt, am höchsten Punkt der Panoramastraße, da liegt der Mummelsee. Genau auf 1035 Metern über dem Meeresspiegel. Sind Sie ausgestiegen? Sie hätten es tun sollen!

Mit „Lacus mirabilis", also „Wundersee", verzeichneten ihn die alten Römer schon in ihren Karten. „Die Einsamkeit und Stille dieser Gegend hat etwas Schauererregendes", lesen wir noch 1886 in einem Reisebericht. Heute ist der Mummelsee mit seinen Booten ein vielbesuchter, wenn nicht gar überlaufener Anziehungspunkt für den Fremdenverkehr. Ist es aber rings um das Hotel und den Parkplatz still geworden, offenbart sich die herbschöne Landschaft um den verwunschenen See in ihrem ganzen Liebreiz.

Dann, wenn die rotgoldene Sonne hinter den finsteren Tannen ermattet, nur die Wipfel noch rauschen und der Vollmond am Himmel steht, steigen Mümmlein und Nixen aus den dunklen unergründlichen Wassern. Sie schweben in der Luft und tanzen Ringelreihen. Erfüllen die ganze Sphäre. Ihre Haare flattern wie Seidenfäden, die langen Kleider wehen Daunen gleich im säuselnden Wind

Tief unten sieht man einen herrlichen Palast. Alles darin ist von hellem, lauterem Gold und Kristall. Auf einem prächtigen Stuhle thront der Seekönig, eine von Edelsteinen funkelnde Krone auf dem Haupt. Silberweiß ist sein Bart und wallt ihm bis auf die Brust herab. Alle Seejungfrauen müssen ihm gehorchen. Wehe, wenn ihm eine nicht folgt. Im Kristallschloß putzen sie das Gold blank, schleifen die edlen Steine, bis alles glitzert und sich an den Wänden spiegelt. Ist die Arbeit getan, erlaubt der betagte Ni-

xenkönig ihnen, in der Nacht heraufzutauchen und an der Oberfläche des Sees zu verweilen. Ist allerdings die kalte Jahreszeit gekommen, steigen die Mümmlein obendrein hinab zu den Menschen der umliegenden Bauernhöfe. In den Lichtstuben gesellen sie sich gern zu den Dorfburschen, tanzen mit ihnen, lassen sich zuweilen sogar von ihnen heiraten. Mit großem Vergnügen schauen die Meerfräulein Tun und Treiben. Am liebsten blieben sie hier oben, statt wieder in die düsteren Gewässer zu schlüpfen. Ihre Zeit, die sie bei den Erdenbürgern verweilen dürfen, ist hingegen genau bemessen. Ein Überschreiten des ihnen gegebenen Urlaubs müssen sie schwer, oft mit dem Leben büßen. Verkündet die alte Schwarzwalduhr an der Wand die elfte Stunde, stehen die Mümmlein darum hastig auf und eilen fort. Niemand darf sie begleiten, noch ihnen nachsehen, denn sonst heißt es, kämen sie nie wieder. Da geschah es an einem Winterabend: Eines der Meerfräulein hatte eine wunderschöne Erzählung angefangen. Atemlos lauschten die Burschen, die Mägdlein traten vor lauter Hören das Spinnrad nicht mehr. Als die Geschichte gerade am schönsten war, schlug es elf Uhr. Schnell brach das Mümmlein ab und versprach, beim nächsten Besuch weiterzuerzählen. Es wußte allerdings nicht, daß einer der Buben verstohlen den Zeiger auf dem verrußten Uhrenschild um eine Stunde zurückgestellt hatte. Der Nachtwächter blies draußen in sein Horn: „Liebe Leute, laßt euch sagen: Unsre Glock' hat zwölf geschlagen. Nur zwölf Stunden hat der Tag. Wer weiß, wie bald man sterben mag?"
Da wurden die Mümmlein totenblaß, sprangen vor Entsetzen auf und schrien laut: „O weh, o weh! Nun ist's für immer vorbei." Seitdem sind sie nie mehr ins Tal gekommen. Nur dann und wann steigen sie in stillen Stunden um die Mitternacht aus dem See herauf. Dann hört man die Nixlein traurig klagen. Der Bursche aber, der die Uhr verstellt hatte, wurde bald darauf krank und starb am dritten Tag.

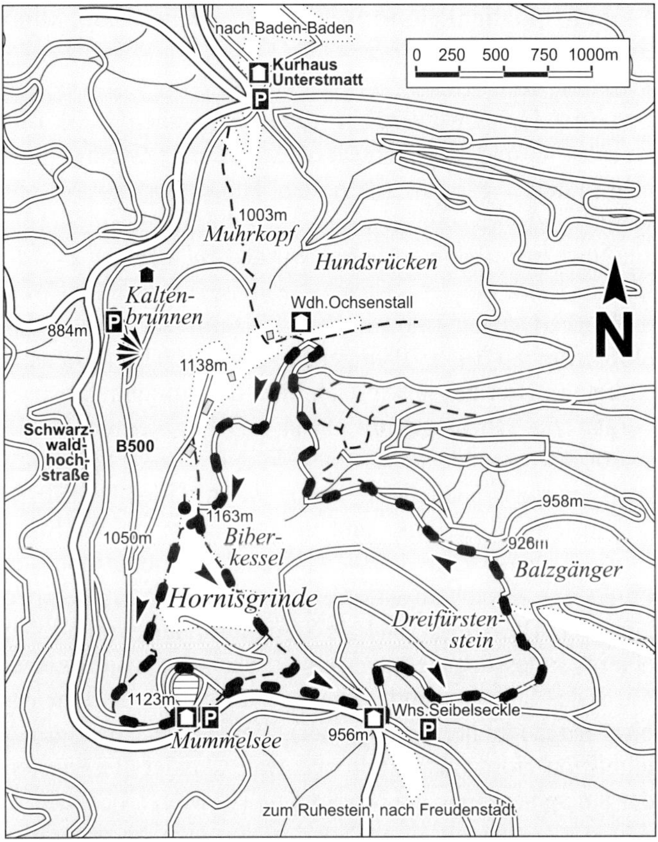

Wanderung: vom Seibelseckle rund um die Hornisgrinde
Ausgangspunkt: Seibelseckle an der Schwarzwaldhochstraße (B 500) zwischen Ruhestein und Mummelsee
Parken: am Ausgangspunkt
Gehzeit: etwa 3 Stunden
Karte: Schwarzwaldverein Blatt 2 Baden-Baden – Hornisgrinde
Wegmarkierung: Wegzeichen des Schwarzwaldvereins

Einkehrmöglichkeiten: Seibelseckle, Ochsenstall, Mummelsee

Wanderroute: Beim Seibelseckle (957 m, Rasthaus und Brunnen) finden wir die blaue Raute mit weißem Balken auf weißem Grund des Schwarzwaldvereins (Zugangs- und Verbindungswege zwischen den Höhenwegen). Mit ihr wenden wir uns zunächst dem Holzabfuhrweg im Norden zu. Nach etwa 2 km erreichen wir den Balzgänger. Um die kleine Grinde sind es weitere 2,5 km bis zum Ski- und Wanderheim **„Ochsenstall"** (1030 m, Skizunft Durlach und Skiclub Ettlingen. 1978/79 umgebaut. Bewirtschaftet. Dienstag Ruhetag). Hier gehen wir nach links und mit dem Westweg bergan zur **Hornisgrinde** (1164 m. Höchster Gipfel des Nordschwarzwaldes. Beliebtes Wander- und Skigebiet). Auf der nördlichen Gipfelkuppe weithin sichtbar ist der 206 m hohe Rundfunk- und Fernsehsender des Südwestfunks Baden-Baden. 1970–74 erbaut. Auf dem höchsten Punkt des eineinhalb Kilometer langgestreckten Bergrükkens der Alte Turm. 1844 als Signalturm des europäischen Hauptvermessungsnetzes errichtet. Südlich davon der Neue Turm des Schwarzwaldvereins (1912) mit 23 m Höhe (im nicht zugänglichen Sperrgebiet). Der Name Hornisgrinde leitet von Horn-mis-grinde her, was: „kahler Bergrücken, der auf seiner Höhe ein Moor trägt" (R. Metz), bedeutet.
Auf der moorigen Hochfläche bieten sich faszinierende Ausblicke in das Rheintal bis zu den Vogesen, bei klarem Wetter bis zum Feldberg. Dahinter die schneebedeckten Alpen. Im Osten öffnet sich die Tiefe des fast unheimlichen Biberkessels mit nahezu alpinem Charakter. In der Ferne über dem Wäldermeer das Murgtal.
Wir folgen der roten Raute des Westweges rechts der Umzäunung dem Hang entlang weiter und in 30 Minuten hinab zum Mummelsee.
Auf der Südseite der Hornisgrinde Startplatz der Drachenflieger. Kurz vor dem Berghotel Mummelsee rechter Hand Gedenkstein an den Flugzeugabsturz am 27. Juni 1967.

Mummelsee am Fuße der 130 m hohen Karwand, neben dem Feldsee der höchstgelegene Schwarzwaldsee. Größter noch bestehender würmeiszeitlicher Karsee im Nordschwarzwald. Spiegelhöhe 1028 m. Seefläche 37 000 m^2. Größte Tiefe 18 m. Erstes Berghotel Mummelsee 1899 erbaut.
In früheren Zeiten wurde der See zur Flößerei auf der Acher geschwellt, doch auch zur Gewinnung von Kühleis für die Brauereien am Schwarzwaldrand genutzt.
Gegenüber der Bootsanlegestelle Buntsandsteinblock zum Andenken an Hans Jakob Christoph von Grimmelshausen, dem ersten deutschen Romanschriftsteller. Geboren 1622 in Gelnhausen, gestorben 1676 als Schultheiß von Renchen, und an Otto Ernst Sutter, geboren 1904, gestorben 1970 – Journalist, Schriftsteller, „Kalendermann" beim Südwestfunk in Baden-Baden.
Schlendern wir weiter dem Seibelseckle zu. Die Kioske bleiben links liegen. Am Weg lädt die katholische **St.-Michaels-Kapelle** zur Andacht ein. 1967–71 erbaut. Schönes Beispiel moderner Architektur. Besonders beeindrucken die bunten Glasbetonfenster von Kunstmaler Emil Wachter, Karlsruhe. Nun leicht bergab und in etwa 1/2 Stunde zum Ausgangspunkt.
Parallel zieht die **Schwarzwaldhochstraße** dahin. Sie wird als die schönste touristische Straße Deutschlands bezeichnet. 70 Kilometer lang überquert sie den Nordschwarzwald von Baden-Baden bis Freudenstadt. Die aussichtsreiche Höhenstraße ist mit ihren weltbekannten Hotels, Gasthäusern und Ausflugszielen die älteste deutsche Ferienstraße. Der erste Spatenstich erfolgte am 7. Juli 1930, der Ausbau jedoch im wesentlichen nach dem Zweiten Weltkrieg.
Varianten:
a) vom Seibelseckle Waldfußweg über Dreifürstenstein (1152 m, Grenzstein von 1721, an dem ehemals die Grenzen des Herzogtums Württemberg, der Markgrafschaft

Baden und des Bistums Straßburg zusammentrafen) zum Neuen Turm auf der Hornisgrinde, 1 Stunde
b) vom Seibelseckle auf dem Westweg direkt zum Mummelsee, 25 Minuten

Mummelsee

2 Das Wasserfräulein vom Wildsee

Am Westweg vom Mummelsee zum Ruhestein liegt – in eine hügelige, bis zum Horizont reichende Waldlandschaft eingebettet – der Wildsee. An seinem nördlichen Ufer, auf dem Kapellenbuckel, stand vor Zeiten eine kleine Wallfahrtskapelle, daneben ein schlichtes Bauernhaus. Dort hinauf zu „Unserer lieben Frau am wilden See" trugen die Menschen der Umgebung ihre Herzensnöte, wenn sie von Sorgen und Zweifeln heimgesucht waren. Doch wo damals die Pilger ihre Zuflucht zur Muttergottes nahmen, breitet sich in unserer Zeit eine der bekanntesten Naturlandschaften in Europa aus. Da gibt es Wälder, in denen jegliche forstwirtschaftliche Nutzung ruht. Sie bleiben eben sich selbst überlassen. Aus umgestürzten, vermoderten Stämmen wuchert Neues empor. Das war nicht immer so. Ein altes Bild vom Jahr 1800 zeigt das Gelände um den See und die Hochfläche der Grinden waldfrei. Sie wurden als Almweide genutzt, in der die Kapelle gewiß einen reizvollen Anblick bot.
Die Überlieferung berichtet: Dereinst hütete ein Bauernbursche an den Ufern des Sees seine Herde. Adlerfarn und Moos bedeckten den grobbehauenen Stein, auf den er sich setzte. Ganz sicher gehörte der Stein ehedem zum Mauerwerk der alten Einsiedelei. – Gedankenverloren blickt der Hirte über den See. Die Luft wird erfüllt von zartem Harfenspiel. Es kommt aus den stillen Wassern. Plötzlich gehen von der Mitte des Seespiegels kleine, dann immer größere Kreise aus, deren Wellen sich am Ufer brechen. Dem Knaben stockt das Herz. Er will nur noch fliehen, bringt aber keinen Fuß vor den anderen. Just in diesem Augenblick taucht aus dem dunklen Auge des Waldes die Nixe des Wilden Sees auf. Bald steht sie am Ufer und singt ein Lied. Rehe samt Vöglein kommen herbei und lauschen, denn die Weise ist unwahrscheinlich schön. Der Hirten-

knabe versinkt immer mehr in Staunen. Als sich die holde Fee obendrein neben ihn setzt, da hätte er die ganze Welt vor lauter Glück umarmen mögen. Zärtlich legt die anmutige Gestalt ihre Arme um den Hirtenbub und zieht ihn dann behutsam hinab in die kalte Flut. Ein seltsames Saitenspiel ertönt wieder übers Wasser, danach ist es totenstill. Seitdem hat kein Mensch den Burschen mehr gesehen.

Die Zeit ging darob ins Land. Eines Tages, der Sommer war gerade mit warmen Sonnenstrahlen auf die Höhen gekrochen, hütet das Töchterlein eines Kienrußbrenners aus Buhlbach mutterseelenallein ihre Ziegen am Wildsee. Es ist ihr, als dufteten alle Blumen an diesem Tag lieblicher, sängen die Vöglein aus goldenen Kehlen. Etwas wie Neugier treibt sie in die Nähe des Ufers. Wie das Mädchen so über den See hinwegblickt, sieht es in der Mitte drei pechschwarze Fische schwimmen, die drohend ihre großen Augen wie Pfeile auf sie richten. Voller Angst will es der Schönmünz entlang von dannen eilen. Unversehens versperrt ihm jedoch ein vornehm gekleideter Herr hoch zu Roß den Weg. Im gleichen Moment erklingt eine himmlische Musik aus den Tiefen des großen Karteichs. Der Reiter aber sprengt geradewegs auf dem ausgedienten Pilgerweg auf den See zu. Wie von einem Schlag getroffen bäumt sich das Tier mit einem Male auf. Dann versinken Mann und Pferd im See. Der grüne Federhut des Reiters schwimmt aber noch lange Zeit danach auf dem Spiegel des Wassers. Die Bauersleut unten in den Höfen der Talaue wunderten sich über die wirren Erzählungen des Hirtenmädchens, das nicht mehr wußte, wie es nach Hause gekommen war. Ganz allmählich kamen sie freilich dahinter, daß es droben am Berg den lustigen Spielmann vom Wildsee gehört hatte. Die alte Frau von nebenan senkte den Kopf mit den schlohweißen Haaren und redete vor sich hin: „Ich hab es ja gewußt: In diesem Jahr geschieht noch etwas am Wildsee, denn in der vorigen

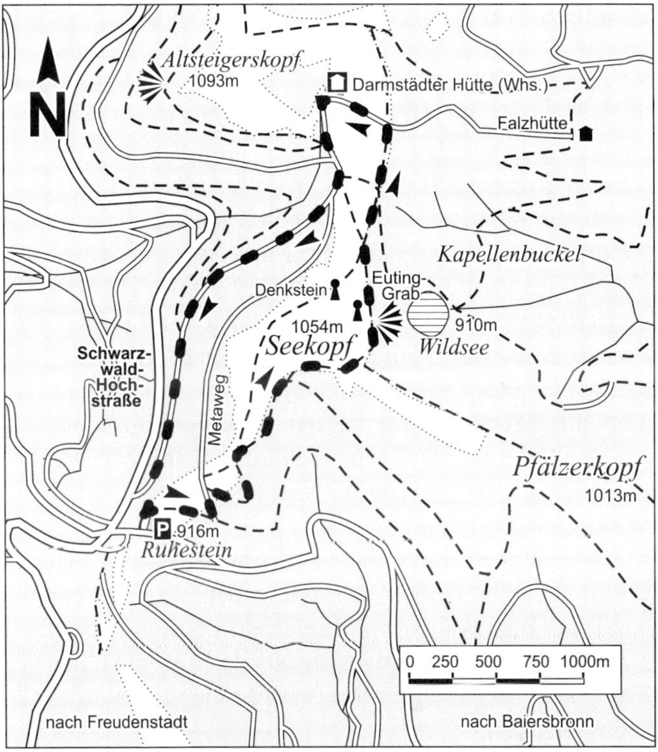

Christnacht hörte ich das Glöcklein der längst verfallenen Kapelle am Wildsee läuten.“

Wanderung: zum Schwarzwaldgrab am Ruhestein

Ausgangspunkt: Talstation des Skilifts am Ruhestein

Parken: am Ausgangspunkt

Gehzeit: etwa 2 Stunden

Karte: Schwarzwaldverein Blatt 2 Baden-Baden – Hornisgrinde

Wegmarkierung: Wegzeichen des Schwarzwaldvereins und örtliche Markierung R 1

Einkehrmöglichkeiten: Kiosk am Ruhestein, Darmstädter Hütte

Wanderroute: Unsere lohnende Rundwanderung beginnt am Sessellift (913 m). Von hier mit der roten Raute des Westwegs auf dem Fahrweg leicht ansteigend in Richtung Darmstädter Hütte. Hübsche Ausblicke in das Acher- und Rheintal wie auch zu den Vogesen. Bei der Wegabzweigung in Richtung Baiersbronn schöner **Grillplatz**. Auf schattigem Waldweg in einer guten halben Stunde zum **Seekopf mit Eutinggrab** (1032 m). An dieser Stelle errichtete sich Prof. Julius Euting (1839 – 1913, Direktor der Univ.-Bibliothek Straßburg, Orientalist, studierter Theologe, Philosoph, Präsident des Gesamt-Vogesen-Clubs und Vorsitzender des Deutschen Gebirgs- und Alpenvereins) mit Erlaubnis des letzten württembergischen Königs, Wilhelm II., 1909 seine eigene Grabstätte. Vier Jahre später starb das „Sechzehnsprachen-Männle", die Urne wurde hier beigesetzt.
Bezaubernder Blick auf den verträumten **Wildsee** (910 m, waldumsäumter Karsee. Ursprung der Schönmünz, die durch das Bannwaldgebiet fließt und bei Schönmünzach in die Murg mündet). Etwas abseits das Ehrenmal des vor dem Ersten Weltkrieg in Straßburg stehenden württ. Inf.-Regiments 126.
Der in der Tiefe glitzernde See ist in wenigen Minuten von der Abzweigung nach dem **Wildseeblick** erreichbar. Der steile Abstieg vom Berg führt durch den urwüchsigsten Teil des 75 ha großen Banngebiets „Wilder See in der Schönmünz". Dort stehen noch Bäume, die vom verheerenden Brand am Wildsee im August 1800 verschont geblieben sind.
Wir wandern geradeaus weiter zur **Darmstädter Hütte** (Skiclub Darmstadt. 1926 eingeweiht. Ganzjährig bewirtschaftet. Dienstag Ruhetag).
Etwas abseits des Weges, auf einer schmalen Terrasse an der nördlichen Karwand des Sees, die Reste der **Wildseekapelle** mit Bruderhaus aus spätmittelalterlicher Zeit.

Von der Darmstädter Hütte auf dem breiten Wirtschaftsweg bergab. Nach etwa 200 Metern erreichen wir beim Skilift wieder den Westweg, welcher uns nach links zum Ruhestein bringt. Diesem Weg folgen wir nur 200 Meter, bis der Westweg bei einer Waldhütte nach links abzweigt. An dieser Stelle halten wir uns geradeaus und gehen den bequemen Hangweg entlang (rote Markierung R 1) mit herrlichen Ausblicken hinab zum Parkplatz am **Ruhestein**.
Der Name erinnert an die schulterhohe Sandsteinbank, die neben dem baden-württembergischen Grenzpfahl gestanden hat und auf der man nach dem beschwerlichen Aufstieg vom Tal die Traglasten zum Ausruhen abstellte. Das Ruhesteinhotel wurde 1973 abgebrochen. An der Straße Gedenkstein an den „Pionier der Schwarzwaldhochstraße", Friedrich Klumpp (1882–1956).
Auf der gegenüberliegenden Hangseite größte Sprungschanze des nördlichen Schwarzwalds. Seitwärts zieht der einstige Verbindungsweg aus dem Murgtal nach Allerheiligen, das „Kaisersteigle", zum Vogelskopf.
Eine uralte Sage erzählt: Kaiser Karl (III.) der Dicke (876 bis 887, † 888) war vor seinen Widersachern auf der Flucht. Die Eingeborenen des Baiersbronner Tales beherbergten den Urenkel Karls des Großen treulich und geleiteten ihn vom Tonbachtal aus über den „Wilden See" und die Wildnis um den Ruhestein hinauf zum Kamm des Gebirges. Am Steinmäuerle drückte er den aufrechten Mannen zum Lebewohl und Dank die Hand. Indessen konnte er sich nicht satt sehen an den unendlichen Wäldern auf den Höhen und in den Tälern, die sich im Osten ausbreiteten. Und der Kaiser sprach zu seinen Begleitern: „Soweit das Auge reicht, soll eure Markung reichen. Keine Markung des Reiches soll der euren gleichkommen." So kam der Schliffkopf samt 42 000 Morgen Wald zur Gemarkung Baiersbronn, der Kaiser aber wohlbehalten in das linientreue Straßburg.

Variante: Von Untersmatt (928 m) auf dem Westweg über Ochsenstall zur Hornisgrinde (1163 m). Nun am Mummelsee vorbei über Seibelseckle und Wildseeblick zum Ruhestein (916 m). Weiter über den Schliffkopf (1055 m) zur Zuflucht (916 m) und von dort zur Alexanderschanze (975 m). Insgesamt rund 7 Stunden.

Sankenbach-Wasserfälle

3 Die versunkene Kirche im Nonnensee

Kleiner malerischer Weiler am Zusammenfluß zweier Bäche, deren Einwohner als „Waldmockele“ verlacht werden. Wäre es eine Rätselfrage, wie müßte wohl die richtige Antwort lauten? Jawohl: Zwickgabel, dort wo Schönmünz und Langenbach sich in die Arme werfen, zweieinhalb Stunden Fußweg nordöstlich von Baiersbronn.
Vom abgeschiedenen Wildsee auf dicht bewaldeter Bergeshöh kommt jugendfrisch die Schönmünz daher. Schön-Mentznach, wie einst das Wasser hieß, meint „Grenze“. Eben die Landesgrenze, die ehemals Baden und Württemberg trennte. Von der Hornisgrinde her fließt der Langenbach und bringt der spritzigen Schönmünz hier bei Zwickgabel ihre bedeutendste Verstärkung.
Oben am stillen „Wilden See“, beim felsigen Katzenkopf, stand vordem ein Nonnenkloster. Genauso weit wie sein Geläut ins Land hinaus erklang, reichte auch sein Segen. So war es seit Jahrhunderten. Der Fürst der Hölle ergrimmte darob heftig. In strengem Ton zitierte er seine schwarzen Diener herbei und befahl ihnen: „Geht in das Haus, bedroht sein Reich, haucht ihm die Sünde ein, stört seinen Frieden alsogleich, mir soll es dienstbar sein.“ Es dauerte nicht lange, und die Nonnen schüttelten die fromme Regel wie Staub von den Füßen. Das Kloster stürzte in des Lasters Grund.
Der gottgeweihte Frauenbund wurde dem Herrn ein Greuel, und des Himmels Strafe blieb nicht aus.
Rabenschwarzes Gewölk zog aus der Rheinebene herauf. Drohend umstellte es den heiligen Ort. Urplötzlich kam Wind auf, zunächst leise rauschend, dann stürmend, zuletzt tobend und jaulend. Die alten Gemäuer standen im grellen Schein der zuckenden Blitze. Die Felsen aus Granit und Gneis ringsum zittern. Alles, was da kreuchte und fleuchte, fürchtete, der Jüngste Tag sei angebrochen. Ein

krachender Donnerschlag erschütterte den Grund. Das Kloster mit allem, was in ihm war, sank hinab in den „Wilden See“. Wo es gestanden hatte, ward ein Wassergrab. Der Schrei einer aufgeschreckten Dohle verhallte im weiten Wald.

Bis heute heißt der See im Volksmund wohl daher auch Nonnensee.

Die Menschen aus dem Schönmünztal halten ihn ohnehin für unergründlich tief. Demjenigen, der ihn befahren wolle, drohe ernsthaft Gefahr, sagen sie. Denn, komme man mit dem Fahrzeug in die Mitte, gehe dasselbe unhaltbar unter. Werfe man dagegen einen Stein hinein, gebe es ein schreckliches Gewitter. In früheren Zeiten hörten die Leute um Mitternacht noch immer in der Tiefe des Sees die Glocken läuten, obendrein einen seltsamen Gesang, manchmal geheimnisvolle Musik. Ein Bauer, hochbetagt, der in der Gegend von Schönmünz lebt, bewahrt bis auf den heutigen Tag einen großen Schlüssel auf. Der gehöre zur versunkenen Kirche des Klosters im Wildsee, so geht die Sage.

Wanderung: durch das Schönmünztal zum Wildsee
Ausgangspunkt: Schönmünz-Zwickgabel
Parken: am Ausgangspunkt
Gehzeit: etwa 5 1/2 Stunden (ohne Abstecher zum Wildsee etwa 1/2 Stunde weniger)
Karte: Schwarzwaldverein Blatt 2, Baden-Baden – Hornisgrinde
Wegmarkierung: blaue Raute mit weißem Balken auf weißem Grund des Schwarzwaldvereins
Einkehrmöglichkeiten: Hinterlangenbach und Zwickgabel
Wanderroute: Wir starten in **Zwickgabel** (674 m). Die kleinen Ansiedlungen von Holzknechten und Flößern bei der „Zwiegabel“ entstanden erst in den Jahren 1764/65 durch die Calwer Holzkompanie. 1832 hat man die Wald-

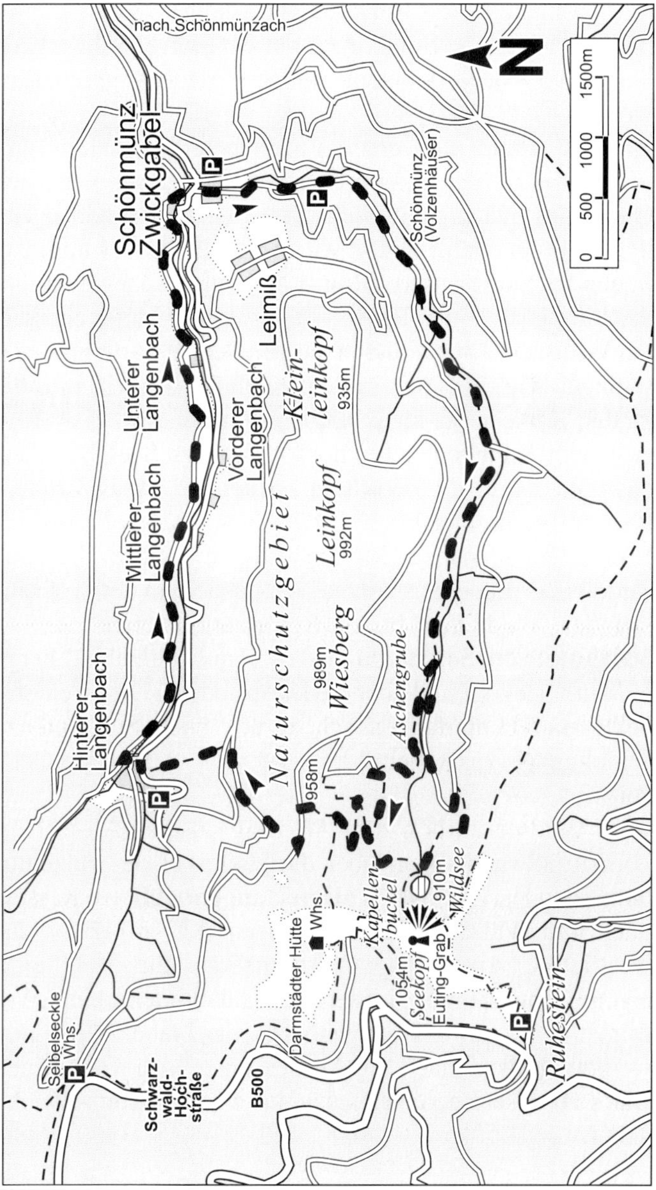

nach Schönmünzach
Schönmünz Zwickgabel
Unterer Langenbach
Mittlerer Langenbach
Hinterer Langenbach
Vorderer Langenbach
Leimiß
Klein-leinkopf
935m
Leinkopf
992m
Naturschutzgebiet
989m
Wiesberg
Aschengrube
958m
Schönmünz (Volzenhäuser)
0
500
1000
1500m
N
P
Darmstädter Hütte
Whs.
Kapellen-buckel
910m
Wildsee
1054m
Seekopf
Euting-Grab
Ruhestein
Seibelseckle Whs.
Schwarz-wald-Hoch-straße
B500

siedler nach Baiersbronn eingemeindet. 1842 ist eine Schule, 1932 eine Filialkirche der ev. Pfarrei Schwarzenberg, 1959 außerdem ein eigener Friedhof geschaffen worden.
Die blaue Raute mit weißem Balken geleitet uns durch das idyllische Tal der Schönmünz aufwärts. Kurz vor ihrer Quelle im Feuchtgebiet beim Kapellenbuckel haben wir die Qual der Wahl: halten wir uns rechts in der nordöstlichen Richtung unserer Rundwanderung? Oder steht uns der Sinn nach einem Besuch des etwa 500 Meter entfernten Wildsees? Dann müssen wir den Schritt nach links einschlagen. Der **See** mit einer Spiegelhöhe von 910 m zählt zu den Karseen der ausgehenden Würmeiszeit.
Auf dem Kapellenbuckel nordöstlich des Sees befinden sich die Reste der **Wildseekapelle** und eines Bruderhauses. Nach einer Beschreibung von 1624 soll dort ein Eremit gelebt haben. Möglicherweise gehörte die Einsiedelei zur Benediktinerabtei Alpirsbach, in deren Besitz sich der „Wilde See“ bis zur Reformation befand.
Variante: vom See aus durch das „Bannwaldgebiet“ bergauf zum Seekopf und über die Darmstädter Hütte, Seibelseckle und Hinterlangenbach zurück nach Schönmünz-Zwickgabel (zusätzlich 7 km bzw. rund 2 Stunden Gehzeit).
Vom Wildsee zurück zum Abzweig unseres Abstechers vom Rundwanderweg: über die Höhe bei der Falzhütte durch den Harzwald nach **Hinterlangenbach**, wo Kesselbach und Wälzbach sich vereinigen (822 m). Einst die westlichste Ansiedlung Württembergs, die 1842 eine eigene Schule für die Kinder der Waldarbeiter erhielt. Wir folgen dem Lauf des Langenbachs, der blauen Raute mit weißem Balken nach, an Vorderlangenbach vorbei, abwärts zu unserem Ausgangspunkt in Schönmünz-Zwickgabel.

4 Grünblau schimmert die Murg

„Gottverlassenes Schnitztal" nannte man einst das Murgtal. Freilich, ganz so verlassen, wie man daraus schließen könnte, war es wiederum nicht. Aber der alte Karrenweg durch das Murgtal wurde erst in den Jahren 1820–28 mit dem Bau der Murgtalstraße den wirtschaftlichen Erfordernissen angepaßt.

Schönmünzach, auf das wir im Murgtal treffen, ist heutzutage jedenfalls ein weitbekannter Luft- und Kneippkurort.

Seine Entstehung verdankt er der früheren Glashütte, die 1730 im Zuge der Ausbeutung des Holzreichtums zur Herstellung von Tafelglas an der Einmündung der vom Wildsee kommenden Schönmünz in dic Murg entstanden ist. Wohl deshalb werden die Schönmünzacher im Kreis Freudenstadt „Glaskugele" genannt.

An der Stelle, wo jetzt Kurhaus und Kurgarten liegen, stand seinerzeit die Glashütte, Schauplatz von Hauffs Märchen „Das kalte Herz".

Der jung verstorbene Wilhelm Hauff (1802–27) schuf mit den Märchen wohl seine besten und schönsten Arbeiten. Sein barockes Erzähltalent und seine spielerische Leichtigkeit fesseln uns immer noch. Lassen wir ihn einfach erzählen:

„Wer durch Schwaben reist, der sollte nie vergessen, auch ein wenig in den Schwarzwald hineinzuschauen; nicht der Bäume wegen – obgleich man nicht überall solch unermeßliche Menge herrlich aufgeschossener Tannen findet –, sondern wegen der Leute, die sich von den anderen Menschen ringsherum merkwürdig unterscheiden. Sie sind größer als gewöhnliche Menschen, breitschultrig, von starken Gliedern, und es ist, als ob der stärkende Duft, der morgens durch die Tannen strömt, ihnen von Jugend auf einen freieren Atem, ein klareres Auge und einen fe-

steren, wenn auch rauheren Mut als den Bewohnern der Stromtäler und Ebenen gegeben hätte.
Und nicht nur durch Haltung und Wuchs – auch durch ihre Sitten und Trachten – sondern sie sich von den Leuten, die außerhalb des Waldes wohnen, streng ab.
Am schönsten kleiden sich die Bewohner des badischen Schwarzwaldes: Die Männer lassen den Bart wachsen, wie er von Natur dem Mann ums Kinn gegeben ist; ihre schwarzen Wämser, ihre ungeheuren, eng gefalteten Pluderhosen, ihre roten Strümpfe und die spitzen Hüte, von einer weiten Scheibe umgeben, verleihen ihnen etwas Fremdartiges, aber Ernstes, Ehrwürdiges. Dort beschäftigen sich die Leute gewöhnlich mit Glasmachen; auch verfertigen sie Uhren und tragen sie in der halben Welt umher.
Auf der anderen Seite des Waldes wohnt ein Teil desselben Stammes, aber ihre Arbeiten haben ihnen andere Sitten und Gewohnheiten gegeben als den Glasmachern. Sie handeln mit ihrem Wald; sie fällen und behauen ihre Tannen, flößen sie durch die Nagold in den Neckar und vom oberen Neckar den Rhein hinab bis weit hinein nach Holland. Am Meer kennt man die Schwarzwälder und ihre langen Floße; sie halten an jeder Stadt, die am Strom liegt, an und erwarten stolz, ob man ihnen Balken und Bretter abkaufen werde; ihre stärksten und längsten Balken aber verhandeln sie um schweres Geld an die Mynheers, welche Schiffe daraus bauen.
Diese Menschen nun sind an ein rauhes, wanderndes Leben gewöhnt. Ihre Freude ist, auf ihrem Holz die Ströme hinabzufahren; ihr Leid, am Ufer wieder heraufzuwandeln. Darum ist auch ihr Prachtanzug so verschieden von dem der Glasmänner im anderen Teil des Schwarzwaldes. Sie tragen Wämser von dunkler Leinwand, einen handbreiten grünen Hosenträger über die breite Brust, Beinkleider von schwarzem Leder, aus deren Tasche ein Zollstab von Messing wie ein Ehrenzeichen hervorschaut; ihr Stolz und ihre Freude aber sind ihre Stiefel, die größten

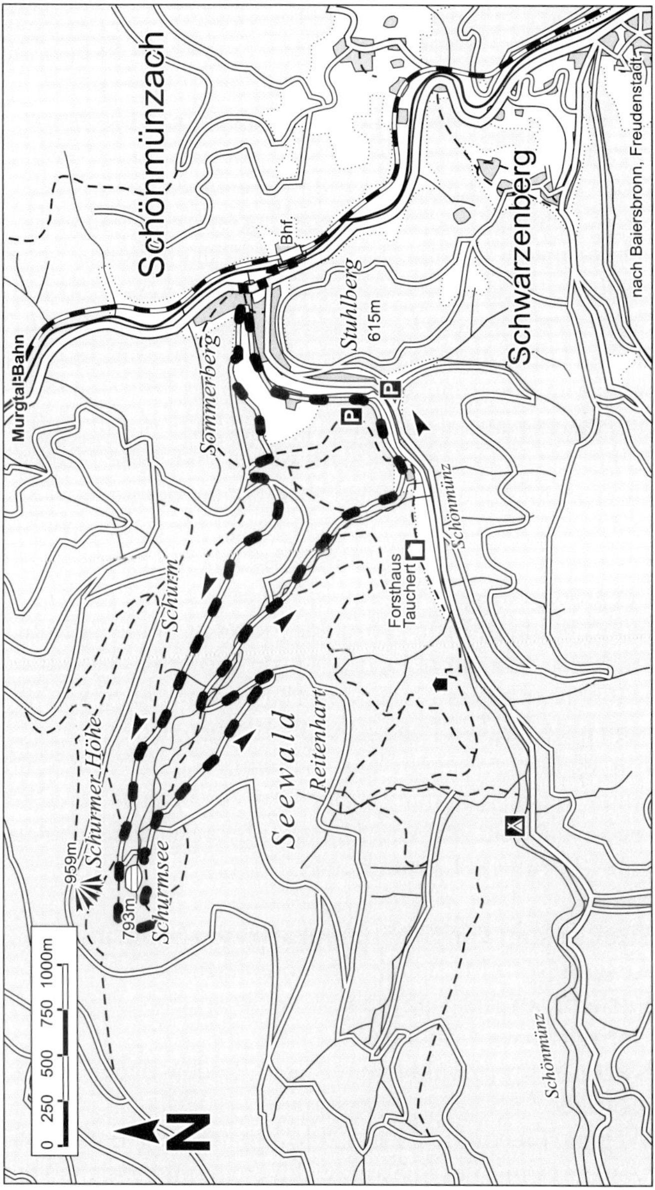
Schönmünzach
Murgtal-Bahn
Bhf.
Sommerberg
Stuhlberg
615m
P
P
Schwarzenberg
nach Baiersbronn, Freudenstadt
Schurm
Forsthaus Tauchert
Schönmünz
Seewald
Reitenhart
Schurmer Höhe
959m
Schurmsee
793m
Schurmsee
0 250 500 750 1000m
N
Schönmünz

wahrscheinlich, welche auf irgendeinem Teil der Erde Mode sind, denn sie können zwei Spannen weit über das Knie hinauf gezogen werden, und die ‚Flößer' können damit in drei Schuh tiefem Wasser umherwandeln, ohne sich die Füße naß zu machen.
Noch vor kurzem glaubten die Bewohner dieses Waldes an Waldgeister, und erst in neuerer Zeit hat man ihnen diesen törichten Aberglauben nehmen können. Sonderbar ist es aber, daß auch die Waldgeister, die der Sage nach im Schwarzwald hausen, in diese verschiedenen Trachten sich geteilt haben. So hat man versichert, daß das Glasmännlein, ein gutes Geistchen vierthalb Fuß Höhe, sich nie anders zeige als in einem spitzen Hütlein mit großem Rand, mit Wams und Pluderhöschen und roten Strümpfchen. Der Holländer Michel aber, der auf der anderen Seite des Waldes umgeht, soll ein riesengroßer, breitschultriger Kerl in der Kleidung der Flößer sein, und mehrere, die ihn gesehen haben, wollen versichern, daß sie die Kälber nicht aus ihrem Beutel bezahlen möchten, deren Felle man zu seinen Stiefeln brauchen würde. ‚So groß, daß ein gewöhnlicher Mann bis an den Hals hineinstehen könnte', sagten sie und wollten nichts übertrieben haben."
Ein kleiner Abschnitt aus Wilhelm Hauffs „Das kalte Herz" (erste Abteilung). Der Text ist auszugsweise der sechsbändigen, von Max Drescher herausgegebenen Ausgabe (Berlin 1908) entnommen.

Wanderung: von Schönmünzach zum Schurmsee
Ausgangspunkt: Bahnhof Schönmünzach
Parken: am Ausgangspunkt
Gehzeit: etwa 4 Stunden
Karte: Schwarzwaldverein Blatt 2, Baden-Baden – Hornisgrinde
Wegmarkierung: blaue Raute mit weißem Balken auf weißem Grund des Schwarzwaldvereins und örtliche Markierung Z 27

Einkehrmöglichkeiten: in Schönmünzach

Wanderroute: Startpunkt für unsere Rundwanderung ist der Bahnhof in **Schönmünzach** (460 m). Zuerst folgen wir der blauen Raute mit weißem Balken auf weißem Grund des Schwarzwaldvereins. Einige Besonderheiten finden wir beim Anstieg zum Sommerberg an unserem Weg. Am Platz der ehemaligen Glashütte, auf dem sogenannten „Pfrommer Wasen", heute **Kurhaus und Kurgarten**, spielt Hauffs Märchen „Das kalte Herz". Dann der **Grenzstein** in der Wand der katholischen Kirche. 1963/64 setzte man die Kirche auf die Grenze. Der sakrale Raum stand auf württembergischen, der Hof und Kindergarten auf badischem Boden. Und das also vor der endgültigen badischen Volksabstimmung über den Fortbestand des Landes Baden-Württemberg am 7. Juni 1970. Der Grenz-Eckstein stand an derselben Stelle in der Wiese unweit der Schönmünz, die jahrhundertelang Grenze war.

Am **Sommerberg** passieren wir einen Waldlehrpfad und werfen von einer Lichtung aus einen Blick auf die Berge um den benachbarten Huzenbacher See.

Der **Schurmsee** (Spiegelhöhe 794 m), in einem wildromantischen Kessel gelegen, ist ein kleiner, eiszeitlicher, unberührter Karsee mit einer Seefläche von 16 000 m² und etwa 30 % Verlandung. Größte Tiefe 13 m. Die Felswände des 969 m hohen Hohekopfes bilden eine malerische Umrahmung.

In der Gegend erzählt man, im See wohne ein wilder Mann, der habe vorzeiten die Wanderer angegriffen und sogar erschlagen. Schon lange aber hört man nichts mehr von ihm, auch weiß man nicht, wie er verschwunden ist.

Nun umgehen wir den Moorsee und schlendern bergabwärts entlang der Markierung Z 27. Nach dem Forsthaus Tauchert mit der gleichen Markierung weiter der Schönmünz folgend zurück zum Ausgangspunkt.

Abstecher: zum großen **Schwarzenbach-Stausee**. Die großen technischen Anlagen und die **Schwarzenbach-**

Talsperre sind sehenswert und von Forbach aus zu besichtigen. Die 1926 fertiggestellte Staumauer ist 67 m hoch, damals die höchste in Deutschland. Sie staut 14,3 Millionen Kubikmeter Wasser.
Über die Geschichte der elektrischen Energie gibt ein kleines **Elektromuseum im Wasserkraftwerk im Luftkurort Forbach** Auskunft. Auch Führungen durch die Turbinenräume und Informationen über die Energiegewinnung werden während des ganzen Jahres angeboten. Informationen: Kurverwaltung Forbach, 76596 Forbach, Postfach 11 26, Tel.: 0 72 27 / 23 40.

Huzenbacher Stausee

5 Wie die Bergkätter zum goldenen Strohhalm kam

Schwarmförmig zerstreut ziehen sich die Häuser des Dorfes aus dem Murgtal auf den Gneishügel der linken Talseite hinauf. Die malerisch gelegenen Gruppen der Höfe und Gebäude lauten auf Namen wie „Roter Rain“, „Silberberg“, „Holdersbach“, „Huzenberg“, „Rappenriß“, um einige aufzuführen. Zusammen ergeben sie einen ruhigen, anerkannten Erholungs- und Wintersportort an der Bundesstraße Freudenstadt – Rastatt. Die Rede ist von Huzenbach im Murgtal.

Südwestlich vom Ort liegt der Huzenbacher See träumerisch zwischen steilen, bewaldeten Bergwänden. Manche Sage rankt sich um ihn, und gelbe Teichrosen wachsen auf seinem Wasser. In der Tiefe aber, sagt man, steht ein Schloß aus wunderbar glänzendem Glas. Ein Kobold wohnt darin mit seinem Weiblein, umgeben von vielen Wichtelmännlein.

Das zarte Zwergenweiblein erkrankte eines Tages. Die Füße wollten nicht mehr recht mittun. Schließlich mußte es das Bett hüten. Der Wichtel kam in arge Bedrängnis. In einer solch mißlichen Lage hatte er sich überhaupt noch nie befunden. Wie er so vor sich hingrübelte, was da zu machen sei, fiel ihm die Berg-Kätter unten in Huzenbach ein. Sie hatte er schon öfters im Wald getroffen, wenn sie Heilkräuter gegen allerlei Unpäßlichkeiten und Leiden des täglichen Lebens sammelte. Ihr Taufname war eigentlich Katharina. Das aber war den Leuten im Dorf zu lang. Sie machten kurz Kätter daraus, was keinesfalls bös gemeint war. Und mit „Berg“ bestimmte man einfach genau, wo die Kätter wohnte, denn diesen Namen trug sie nicht allein im Ort. Zu dieser Berg-Kätter also nahm der Kobold ganz und gar seine Zuflucht. Bei Nacht und Nebel hastete er den ausgefahrenen Holzweg hinab, dem Tal zu. Völlig außer Atem klopfte er unten an ihre Haustüre. Die Berg-Kätter tat ihm auf. Der Schreck fuhr ihr aber in alle Glieder, als sie den Erdgeist vor sich sah. Der Zwerg flehte, bettelte das Kräuterweib regelrecht an, mit ihm zu kommen in den See. Doch die Kätter bekam gehörig Angst und wollte ihm die Türe vor der Nase zudrücken. Der kleine Wicht stellte indes rasch seinen Fuß in den offengebliebenen, schmalen Spalt. Er gab solange nicht nach, bis sie sich richtete und mit ihm ging.

Die Stille der Nacht hüllte die beiden ein. Nur den Seebach hörte man plätschern wie die gemütvolle Musik einer alten Spieldose. Es war Vollmond. Sein gelb-matter Schein zauberte ein silbrig glitzerndes Bild auf die Wasserschnellen und gab der Szene etwas Magisch-Geheimnisvolles.

Eine Eule huschte lautlos über den Weg. Die Kätter erschrak. Sie standen unversehens am See. Ringsherum war es totenstill. Der Wichtel schnitt eine Rute von einer Hasel und schlug sie in das Wasser. Es teilte sich. Eine Treppe aus makellosem Marmor, auf der sie ganz trocken hinabsteigen konnten, führte in die Tiefe. Der Kätter verschlug es die Sprache. Da wollte sie nicht hinunter. Der Kobold nahm sie einfach an der Hand und zog sie mit sich. Die Kätter kam aus dem Staunen nicht mehr heraus. Dann standen sie vor einem riesigen Tor aus lauter edlem Metall. Es öffnete sich ganz von selbst. Ein prachtvoller Palast kam zum Vorschein. Puren Bergkristall hatte man zu seinem Bau verwendet, der in allen Regenbogenfarben funkelte. Der Kätter blieb fast der Verstand stehen ob all der strahlenden Schönheit. Sie konnte sich an ihr nicht satt sehen. Immer und immer wieder hielt sie in ihrem Schritt inne, um die prachtvollen Schätze zu bewundern. Der Wichtel zupfte die Kätter am Rock, mahnte sie zum Weitergehen. Die beiden kamen in ein kleines Zimmer. Das kranke Seeweiblein lag auf einem Strohbett darnieder, die Hände ineinandergelegt. Die gerötete Haut über den Fin-

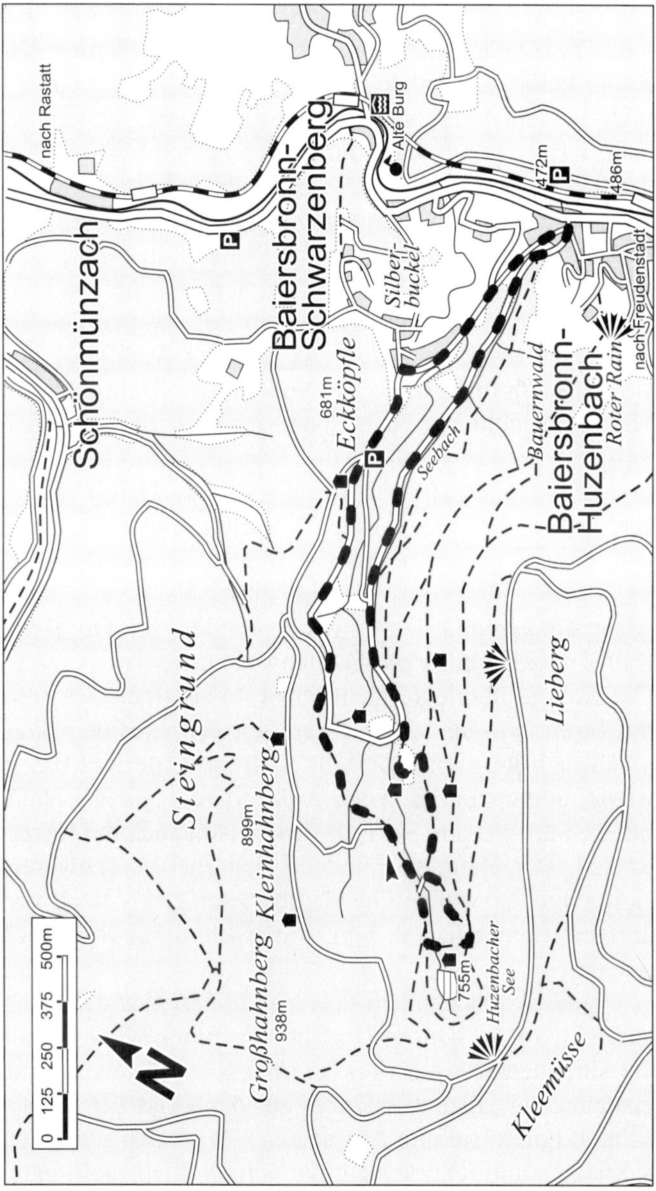
nach Rastatt
Schönmünzach
Baiersbronn-Schwarzenberg
Alte Burg
472m
486m
Silberbuckel
681m
Eckköpfle
Seebach
Bauernwald
Baiersbronn-Huzenbach
Roter Rain
nach Freudenstadt
Steingrund
899m
Kleinhahnberg
Großhahnberg
938m
Lieberg
755m
Huzenbacher See
Kleemüsse
0 125 250 375 500m
N

gerkuppen war teigig geschwollen. Es stöhnte und schluchzte laut, mußte also große Schmerzen haben. Die Kätter kannte sich gleich aus. „Das Weiblein hat Gicht“, sagte sie, „da darf man nicht auf Stroh liegen, sondern auf Adlerfarn.“ Daran hatten sie freilich keinen Mangel. Auf den mageren Böden im Wald wuchs der stärkehaltige Wurzelstock in rauhen Mengen. Also stapften der Kobold und die Kätter in den riesigen Wald und holten Adlerfarn. Behutsam betteten sie das Seeweiblein auf die fast zwei Meter großen, sonst gewöhnlich giftigen Blätter. Danach setzte sich die Berg-Kätter ans Bett des Weibleins. Von Gottes Schöpfung, die dem Menschen als Heilmittel zur Verfügung steht, den Salben, die sie aus den Kräutern anfertigte, von den gesunden und kranken Menschen unten in den Höfen, erzählte sie der Wasserfrau. Darob vergingen die Stunden wie im Flug. Die Schmerzen ließen nach. Auf einmal waren sie weg, völlig verschwunden. Die Freude des Weibleins war übergroß. Es konnte nicht genug danken und fragte, was es schuldig sei. Die Berg-Kätter winkte ab, sie wollte nichts nehmen.
Der Kobold überlegte nicht lange. Er umflocht sie ganz mit Stroh, was sie willig geschehen ließ. Auf dem Weg hinab nach Huzenbach befreite die Berg-Kätter sich davon wieder und warf alles in den Wald. Nur ein einziger Halm blieb an ihr hängen. Sie griff danach, um auch ihn fortzuwerfen. Der Halm verwandelte sich aber zu schwerem Gold. Ihre Verwunderung darüber war groß. Nach den übrigen Halmen hat die Berg-Kätter allerdings vergeblich gesucht.
Wie ein Lauffeuer sprach sich das Mißgeschick des Kräuterweibleins im ganzen Dorf herum. Eines Morgens, als die aufgehende Sonne golden im seidenen Nebel stand, glaubten die Huzenbacher, es sei das Gold der Kätter. Schnell holten sie ihre angestaubten Vorderlader aus den Schränken und schossen auf das vermeintliche gelb-glänzende Edelmetall. Doch es war eben nur der Schein der

goldenen Sonne. Seitdem heißen vermutlich die Huzenbacher „Sonna'schießer".

Wanderung: zur Teichrosenblüte auf dem Huzenbacher See
Ausgangspunkt: Huzenbach im Murgtal
Parken: in der Ortsmitte oder vor dem Kurhaus
Gehzeit: etwa 2 1/2 bis 3 Stunden
Karte: Schwarzwaldverein Blatt 2, Baden-Baden – Hornisgrinde
Wegmarkierung: blaue Raute mit weißem Balken auf weißem Grund des Schwarzwaldvereins und örtliche Markierung
Einkehrmöglichkeiten: unterwegs keine
Wanderroute: In Huzenbach (480 m) verlassen wir die Murgtalstraße und folgen der blauen Raute ins reizvolle Seebachtal.
Huzenbach wird erstmals erwähnt, als der Ort samt der Burg Rauhenfels – sie hat unterhalb der heutigen Wirtschaft „Schloß" gestanden – von den Pfalzgrafen von Tübingen über die Herren von Straßberg an das Kloster Reichenbach kam.
1623 bestand Huzenbach aus drei Höfen. Derzeit zählt die Teilgemeinde von Baiersbronn ca. 800 Einwohner.
An Rastbänken und schönen Rastplätzen vorbei können wir es langsam angehen lassen. Gemächlich steigen wir an und erreichen auf gut markierter Route den **Huzenbacher See** (750 m) im Dunkel eines tiefen Waldkessels. Der außerordentlich romantische See liegt inmitten eines Landschaftsschutzgebietes. Nach Osten hin wird er am Ausfluß des Seebachs durch die 220 m lange Endmoräne eines ehemaligen eiszeitlichen Gletschers abgeschlossen. Diesem verdankt der Karsee seine Entstehung. Der See ist heute stark verlandet. Eine Unmenge von Teichrosen setzen als 10 bis 20 m breiter Gürtel die Verlandungszone vom Ufer ab (Seerosenblüte im Juli/August). Überdies

birgt diese Oase der Stille noch viele andere botanische Kostbarkeiten: den Bitterklee – ein Eiszeitrelikt –, Wollgras, Moorbeeren und den Sonnentau.

Abstecher: Wer den steilen Aufstieg und schlechten Abstieg nicht scheut, kann einen Abstecher zum Huzenbacher Seeblick machen.

Wenden wir uns der Abflußseite des Sees zu. Dort beginnt unser gut markierter Rückweg. Eine kleine Schutzhütte steht an unserem Abstieg, der allmählich zum Wanderparkplatz **Eckköpfle** (625 m) hinabzieht. Nun haben wir die Möglichkeit auf markiertem Weg ins Seebachtal abzusteigen. Wir bleiben jedoch der blauen Raute mit weißem Balken treu, die uns zur Hütte am Waldrand bringt. An dieser Stelle verlassen wir die Markierung des Schwarzwaldvereins und schlendern geradeaus, der örtlichen Beschilderung nach, weiter. Wir erreichen darauf die Häuser von **Silberberg** (600 m) und über das steile Betonsträßchen wieder Huzenbach.

Variante: vom Wanderparkplatz „Eckköpfle" direkt zum Huzenbacher See und auf gleicher Route zurück. Gehzeit: etwa 1 bis 1 1/2 Stunden. Anfahrt über Huzenbach – Silberberg.

6 Das Waldkirchlein von Urnagold

An der Höhenstraße Wildbad – Freudenstadt steht nahe dem Ursprung der Nagold das Johanneskirchlein von Urnagold. Wäre es treffender, wenn ich sagen würde: Urnagold, freundlicher Weiler inmitten einer kleinen Waldrodung auf der ebenen Hochfläche der Schwarzwaldrandplatte, mit sagenumwobener Taufkirche, die bereits 1228 urkundlich nachgewiesen ist? Sollte ich vielleicht gar mit Ilse Tubbesing schwärmen: „Wer will, kommt stundenlang aus den Bäumen nicht heraus. Zwischen Stangenwald und Buchenschlag findet man die alten Grenzsteine, auf der einen Seite das Wappen von Baden, auf der anderen Seite jenes von Württemberg. Hier ging der Großherzog mit Gefolge auf die Jagd, drüben erlegte der König von Württemberg Auerhahn und Hirsch. Auerhahn und Hirsch gibt es auch heute noch."
Wie dem auch sei. Das alte Kirchlein von Urnagold hat bis zum heutigen Tag manche Spukgeschichte lebendig werden lassen. Erhalten geblieben von der früheren Mutterkirche des Kirchspiels – Besenfeld, Hochdorf und der Pfarrsitz Göttelfingen rechneten zu ihm – ist nur noch der spätgotische Turm von 1492. Der übrige Teil des 1754 errichteten, wehrartigen Baus ersetzt das einstige Kirchenschiff.
Das Gotteshaus war baufällig geworden und mußte abgebrochen werden. Genau zu diesem Zeitpunkt kam es den Besenfeldern in den Sinn, selber ein Kirchlein zu bauen. Nur mitten ins Dorf gehöre der neue Tempel des Herrn, beratschlagten sie. Ohnehin habe der Ort mehr Seelen als das benachbarte Urnagold. Und obendrein sei es eine volle halbe Stunde Fußmarsch in die Pfarrkirche dorthin. Sowieso müßte ein Wetterhahn auf den Kirchturm, der den Menschen sage, woher der Wind komme und wohin er rausche. Für ein „Haus Gottes", eine „Pforte des Him-

mels“, so etwas wie einen „Vorposten der Ewigkeit“ für die Geschlechter und Generationen, die nach ihnen kämen, ereiferten sie sich. Die Besenfelder spuckten in die Hände und gingen mit heiligem Feuereifer an die Arbeit.

Sie steckten den Bauplatz ab. Bauern und Tagelöhner rückten im Wald das erforderliche Holz zurecht und fuhren es miteinander ins Dorf, den Zimmerern geradewegs auf den Platz. Die stellten in echter Handwerksmanier den Dachstuhl, die Balkendecke für Chor und Schiff und eine Treppe für die Empore des kleinen Gotteshauses her. Was von dem alten Kirchlein noch an Bauholz brauchbar war, verwendeten sie gleich mit. Zu guter Letzt, als alles wohl gerichtet dalag, besahen sie selbstgefällig ihr Werk, dem Schöpfer gleich, damals am sechsten Tag. Groß war der Schreck der Besenfelder jedoch am anderen Tag. Als sie mit dem Bau beginnen wollten, waren Balken und Bretter spurlos verschwunden. Einfach weg. Es blieb nichts anderes übrig: guten Mutes machten sich jung und alt in alle Richtungen auf die Suche. Schließlich fanden die Besenfelder das, wonach sie Ausschau hielten, dort, wo sie es am wenigsten vermuteten: am Platz des abgerissenen Kirchleins in Urnagold. Die Waldleute standen vor einem Rätsel, schüttelten die markigen Köpfe und beförderten das Holz wieder zurück zur Baustelle. Der Abend kam, die Dunkelheit brach herein. Tief in der Nacht wiederholte sich, was in der vorigen bereits einmal geschehen war. Abermals machten sich die Alteingesessenen auf den Weg. In der Waldlichtung bei der Nagoldquelle luden sie Bretter und Balken von neuem auf ihr Fuhrwerk und karrten sie zur ausgehobenen Grube, über der das Kirchlein aus dem Boden wachsen sollte.

Einen Zimmergesellen, der ob seiner verwegenen Streiche bekannt war, packte die Neugier. Er schlief neben der Baustelle, um das seltsame Geschehen aufzudecken. Am anderen Morgen allerdings fand man den jungen Burschen

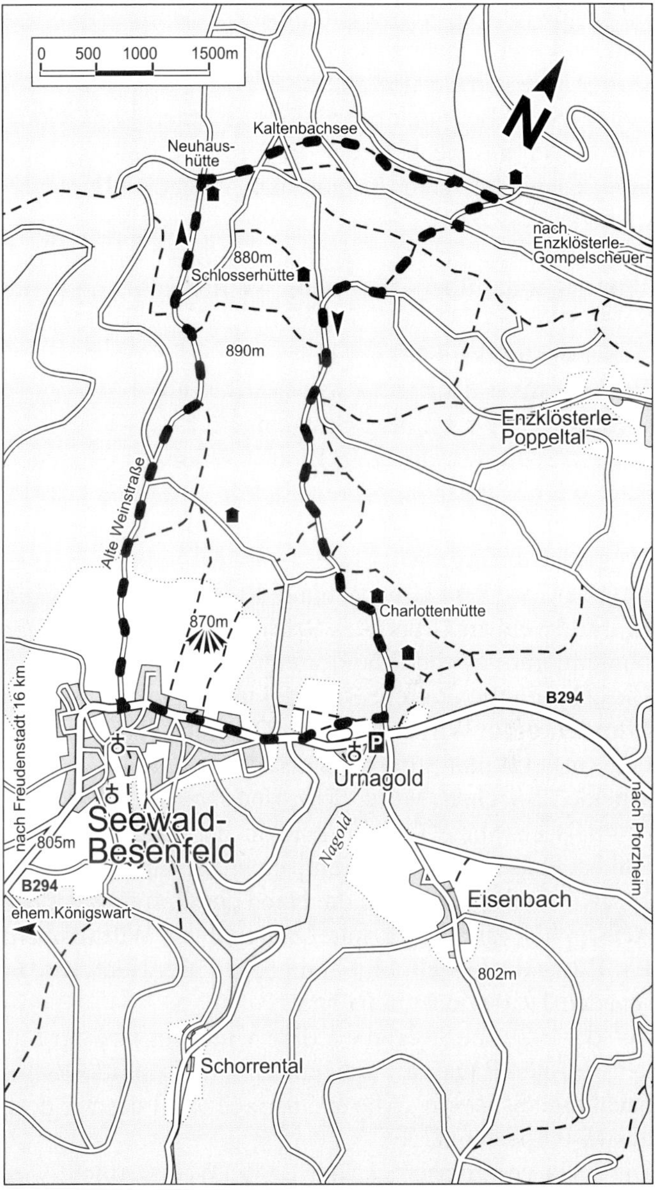
0 500 1000 1500m
N
Kaltenbachsee
Neuhaus-
hütte
880m
Schlosserhütte
890m
nach
Enzklösterle-
Gompelscheuer
Enzklösterle-
Poppeltal
Alte Weinstraße
Charlottenhütte
870m
B294
nach Freudenstadt 16 km
Urnagold
P
Seewald-
Besenfeld
805m
B294
ehem.Königswart
Nagold
nach Pforzheim
Eisenbach
802m
Schorrental

tot auf dem Platz. Vom Bauholz aber war wiederum weit und breit nichts mehr zu sehen. Draußen in Urnagold fand es sich, wie von Geisterhand säuberlich aufgestapelt. Nun glaubten die Besenfelder vollends an einen Wink Gottes und bauten ihre neue Kirche an der alten Stelle in Urnagold. Sie wollten dem Herrgott nicht länger ins Handwerk pfuschen.

Wanderung: über die Alte Weinstraße und den Schäuflerweg

Ausgangspunkt: Seewald-Besenfeld
Parken: in der Dorfmitte Seewald-Besenfeld
Gehzeit: etwa 2 1/2 bis 3 Stunden
Karte: Schwarzwaldverein Blatt 3 Wildbad – Freudenstadt oder Wander- und Freizeitkarte Seewald, 1:20 000 (herausgegeben von der Gemeindeverwaltung Seewald)
Wegmarkierung: Mittelweg (weißer Balken in roter Raute auf weißem Grund), blaue Raute mit weißem Balken auf weißem Grund des Schwarzwaldvereins in Verbindung mit örtlicher Markierung.
Einkehrmöglichkeiten: Besenfeld, Urnagold
Wanderroute: Wir starten in der Ortsmitte von **Besenfeld** (782 m). Luftkur- und Wintersportort auf der Wasserscheide zwischen Murg, Enz und Nagold. Der 1090 erstmals erwähnte Ort entstand in der Quellmulde des Kuhbachtals an der Kreuzung mehrerer alter Wege. Im 13. Jahrhundert kam er in die Hand der Grafen von Eberstein, 1421 zusammen mit Urnagold an Württemberg. **Ev. Pfarrkirche** zum hl. Laurentius, 1762. Nach Kriegsschaden 1950 wieder aufgebaut.
Von der B 294 aus folgen wir dem Mittelweg (weißer Balken in roter Raute auf weißem Grund) in nordöstlicher Richtung. Es ist die „Alte Weinstraße“, auf der wir dorfauswärts spazieren.
Die **„Via communis“**, später **„Alte Weinstraße“**, wird schon im Schenkungsbuch des 1092 genannten Klosters

Reichenbach erwähnt. Sie führt von Gernsbach her nach Besenfeld und weiter nach Schramberg und ins Kinzigtal. Dieser uralte Waldweg ersetzte bis ins 18. Jahrhundert hinein die Murgtalstraße zwischen dem badischen Weinbaugebiet und dem mittleren Schwarzwald.
Bei der **Neuhaushütte** (886 m, Schutzhütte, Grillplatz) endet ein aus dem Murgtal kommender Waldweg, der **„Scheiterweg“**. Mit gleichmäßiger Steigung überwindet der Weg mit einer Länge von rund 4 km einen Höhenunterschied von 425 m. Vor etwa 200 Jahren diente er dem Scheiterholztransport von der Murg zur Enz. Die vor etlichen Jahren hier erbaute Schutzhütte erinnert an die Gastwirtschaft im „Neuhaus“, die an diesem Platz bis 1803 betrieben wurde. Mündlich ist überliefert, Wilhelm Hauff sei um 1820 häufig in Schwarzenberg zu Besuch gewesen, und er habe dieses Räuberwirtshaus als Vorlage für das „Wirtshaus im Spessart“ genommen.
An dieser Stelle verlassen wir den Mittelweg. Unsere Route zum Kaltenbachsee zweigt rechts ab und ist mit der blauen Raute mit weißem Balken gekennzeichnet.
Der **Kaltenbachsee** ist ein künstlicher, im Jahre 1813 für die Kleinholzflößerei angelegter Schwellsee. Das aus Buntsandstein gemauerte Auslaufwerk stammt noch aus dieser Zeit.
Der Rückweg führt über den einst vielbegangenen **„Schäuflerweg“**, der von Forbach – Simmersfeld – Altensteig in das Enztal leitete. An der **Charlottenhütte** (853 m) vorbei, kommen wir nach **Urnagold** (819 m. 1275 Inrenagelt = „tief im Walde“). Die Kirche wird 1228 erstmals genannt. Vom Pfalzgrafen von Tübingen ging das Patronat über die Kirche an das Hochstift Straßburg, die Grafen von Eberstein traten es an das Kloster Reichenbach ab. Das Gebiet von Urnagold gehörte kirchlich ehemals zu Dornstetten.
Durch den Ort bis zur B 294 und auf dem Gehweg weitergehend zurück nach Besenfeld.

Abstecher: Ruine Königswart

In der Nähe der Besenfelder Steige, die in das Murgtal hinabführt, liegt die Ruine Königswart. Bei Grabungen im Jahre 1974 wurden die Grundmauern dieses in Mitteleuropa einmaligen Bauwerkes freigelegt. Sie zeigen einen quadratischen Grundriß (6,9 × 6,9 m). Jede Seite hat einen Durchgang, über dem sich ein Rundbogen befand. Das Dach wurde von einer Steinkuppel gebildet. Gebäude dieser Bauart findet man sonst nur im Mittelmeerraum. Der Architekt war vermutlich von den Erfahrungen der Kreuzfahrer inspiriert worden, der Bau glich einer Kapelle in der Nähe der Grabeskirche in Jerusalem. Eine eingemeißelte lateinische Inschrift lautet übersetzt: „Rudolf, Pfalzgraf von Tübingen, ließ dieses Haus erbauen im Jahre nach der Fleischwerdung Christi 1209, damit alle, die hier jagen, seiner gedenken und für das Heil seiner Seele beten."

Die Ruine ist in jeder Karte eingezeichnet, leicht zu finden und seit den Ausgrabungen mit einer erklärenden und illustrierenden Tafel versehen.

7 Der betrügerische Müller

Es lebte einmal ein Müller auf der Sandsteinplatte zwischen den Tälern der Nagold und des Omersbachs. Genauer gesagt, in Göttelfingen, vier Wegstunden nördlich von Freudenstadt, zu dessen Oberamt der weitläufige Flecken einst gehörte. Holzhandel, Arbeiten in den Waldungen und Viehzucht ernährte die Einwohner. Der Feldbau lohnte sich nicht. Der leicht gebundene Sand gab zu wenig zum Leben, zu viel zum Sterben her. Was benötigt wurde, erbrachten etliche Sägemühlen, die Schnittware lieferten, und eine Mühle mit zwei Mahlgängen und einem Gerbgang. Mehr gab es nicht am Ort. Kein Wunder, wenn der Müller der Mahlmühle habgierig seine eigenen Säcke aus denen der Bauern füllte.
Das Bild hat sich verändert. Adrett laden überquellende Blumenkästen, geschnitzte Wegweiser, stilvolle Gasthöfe, gemütliche Privat- und Bauernhofpensionen zu unbeschwerten Ferientagen, zur Entdeckungsreise auf Schusters Rappen ein.
Seit der Begebenheit mit dem Schützling der heiligen Katharina von Alexandrien muß demnach schon viel Wasser die Nagold hinuntergesprungen sein. Nur der geheimnisvolle Wald könnte sie noch erzählen, wäre das Unrecht nicht so schreiend groß gewesen.
Das Wasser schießt wie ehedem den engen Kanal hinab. Langsam und schwer hebt sich das triefende Mühlrad aus der feuchten Tiefe. Die von leuchtenden Wasserdemanten tropfenden Eichenschaufeln drehen sich, versinken wieder im schummrigen Abgrund. Durch das weißbestaubte Gebälk geht ein Dröhnen und Zittern. Die Gießweiblein machen Radau. Habsucht hat sie an ihren Mitmenschen sündigen lassen. Verwunschen sind sie darum. Jammern nachts ihre Klagen in den stillen Grund.
Auch der Müller ist der Versuchung des Bösen erlegen.

Jedes Jahr in der Heiligen Nacht nahm er Roggen und Hafer, Simri um Simri, aus den Säcken der Bauern und schüttete sie in den eigenen Mahlgang. Den Bauern aber mahlte er Steine statt Korn. Jahr für Jahr trieb er das so. Derweil tönte deutlich vernehmbar aus den unterirdischen Schlünden das Pochen der Mahlwerke unheilvoll herauf: „„Gottes Mühlen mahlen langsam, aber sicher“. Der Müller hörte es nicht.

Eines Morgens im Sommer stand er griesgrämig unter der Mühlentür. Da kam ein fremder Mann in reicher Kleidung von Allmandle her, dem kleinen Weiler nebenan. Was ihm denn fehle, forschte der beim Müller frisch von der Leber weg. Als der Fremde es erfahren hatte, versprach er dem Müller seinen Wunsch stehenden Fußes zu erfüllen. Was er binnen von drei Tagen in der Mühle mahlen werde, forme sich zu reinem Gold, bekräftigte der Unbekannte.

Gierig füllte der Müller Sack um Sack. Die geräumigen Trichter konnten das Korn kaum mehr fassen und die wuchtigen Mühlsteine taten sich schwer bei jeder Bewegung. Die Balken des alten Gebäudes bogen sich beinahe, als sie mit ansehen mußten, wie der Müller die Bauern aus der Umgebung betrog.

Was der Fremdling verheißen hatte, trat ein. Aus dem weißen Mehl wurde Gold, feines, glänzendes Gold. Erschöpft setzte sich der Müller am dritten Tag auf dem wurmstichigen Schemel in der hinteren Ecke der Mahlstube nieder. Überall funkelte und glitzerte er ihm aus den Gewölben der Mühle rätselhaft entgegen, der goldene Mehlstaub. Eine unheimliche Angst überfiel den Müller auf einmal. Sein Herz hämmerte wie die Klopfmühle drüben am jenseitigen Bachlauf. Plötzlich öffnete sich die Tür und herein trat der Fremde wieder. Barsch fuhr er den Müller an, daß er ihm viel Geld, zuviel davon, habe stehlen wollen. Höllisch würde die Strafe dafür sein, außer er überlasse ihm auf der Stelle seine Seele. Obschon der Müller nun wußte, mit wem er es zu tun hatte, unterschrieb er in seiner

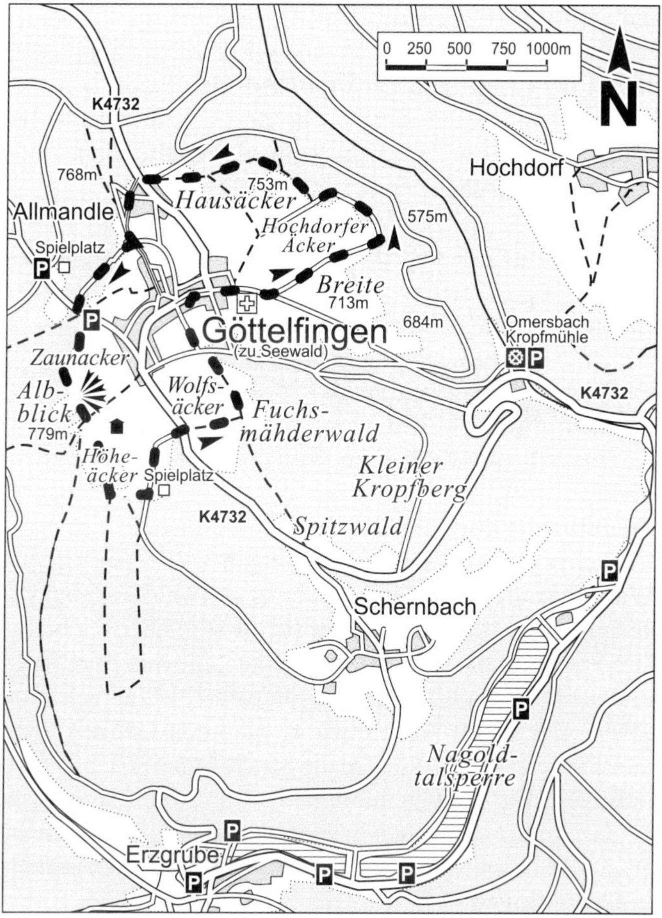

Not das Papier, das ihm der Teufel unter die Nase hielt. Der Herbst hauchte gerade seinen kühlen Atem über die Tannenwipfel, da starb der Müller, jäh und für die Leute eines unerklärlichen Todes. Ihm blieb nicht einmal mehr Zeit, seine Betrügereien vor Gott und der Welt zu bekennen und Abbitte zu tun. Bald nach seiner Beerdigung munkelte man im Dorf, der Müller könne im Grab keine Ruhe finden, sondern geistere seiner Übeltaten wegen in seiner Mühle umher. Oft sieht man ihn, wie er mit der Zipfelkappe auf dem Kopf und der Pfeife im Mund zum Bühnenladen heraus seinem Sarg nachschaut. Doch nur das bemooste Wasserrad weiß noch um das uralte Geheimnis vom betrügerischen Müller und dem Teufel.

Wanderung: auf der Hochfläche über der Nagoldtalsperre
Ausgangspunkt: Waldparkplatz und Spielplatz Rothenwasen in Göttelfingen, Gde. Seewald
Parken: am Ausgangspunkt
Gehzeit: etwa 2 1/2 Stunden
Karte: Schwarzwaldverein Blatt 3 Wildbad – Freudenstadt
Wegmarkierung: örtliche Wegmarkierung
Einkehrmöglichkeiten: Göttelfingen
Wanderroute: Wir halten uns links am Waldrand und folgen der Rundwegmarkierung (o) in südlicher Richtung. Die **Wetterfichte** säumt unsere Route, die nun öfters weite Ausblicke nach Süden und Südosten bis zur Schwäbischen Alb bietet. Nach etwa 40 Minuten Gehzeit überquert unsere Wanderstrecke die Straße Schernbach – Göttelfingen. Wir bleiben auf dem als Rundweg (o) bezeichneten Sträßchen, gehen weiter geradeaus, biegen nach etwa 100 m links ab und erreichen danach die Ortsstraße in **Göttelfingen** (749 m). Der Ort und sein Weiler Eisenbach gehörten gegen Ende des 12. Jahrhunderts Pfalzgraf Rudolf I. von Tübingen und gelangten von diesem an die Grafen von Eberstein, später an Baden, 1603 an Württemberg. 1778 brannte Göttelfingen mitsamt der Kirche nieder, die 1870 neu erbaut wurde.
Bereits am Ausgang des Ortes verläßt der Rundweg die Straße, führt dann geradeaus zum Waldrand, läuft hierauf nach links, etwas im Wald, parallel zum Waldrand. Wo der Weg den Wald verläßt, trennen wir uns vom **Rothweg**,

biegen rechts ab und im großen Bogen nach links zum Ortsteil **Allmandle** (759 m). Den Namen bekam der Weiler am Rand der Waldrodung von „Allmende"; er war demnach ursprünglich Grundeigentum der Gemeinde, und alle Bürger hatten abwechselnd die Nutzungsrechte für ihn.

Wir überschreiten abermals die Straße (K 4732, Göttelfingen – Eisenbach). Später verläuft der Rundweg wieder im Wald und bringt uns zum Parkplatz zurück.

Abstecher: zur **Nagoldtalsperre bei Erzgrube** mit vielerlei Wassersportmöglichkeiten. Das Rückhaltebecken wurde 1970 angelegt. Es erstreckt sich auf eine Länge von 2,9 Kilometern, folgt dabei dem gekrümmten Nagoldtal und beansprucht eine Fläche von rund 60 Hektar. Der Hauptsee dient vor allem dazu, in niederschlagsreichen Zeiten den Wasserüberschuß aufzufangen und so Hochwasser zu vermeiden.

Immer wieder trat früher die Nagold über ihre Ufer. Verheerende Überschwemmungen sind an der Nagold 1461 und 1500 überliefert. Das Hochwasser 1613 riß eine Mühle mit, wobei zwanzig Menschen und alles Vieh umkamen. 1851 fanden in Calw neun Personen den Tod in den Fluten, als die Nagold ein Haus wegschwemmte.

8 Und die Murg färbte sich rot

Blättert man in vergilbten Chroniken, entsteht ganz zwangsläufig der Eindruck: nichts als Krieg und wieder Krieg. Und immer wieder das alte Lied: Grafen händeln mit Fürsten, Herren mit Bauern, Städte mit Klöstern, in wechselnden Verbindungen. Heute geht's gegen die, morgen gegen jene. Oft über Nacht wurde der nachbarliche Freund, der verbündete Weggenosse, zum erbitterten Gegner.

Ein seltsames Staatengemisch bedeckte die Landkarte jener Zeit. Zahllose Herrschaften, viele Klöster, eine Reihe unmittelbarer Reichsstädte waren mit ihren kleinen Gebieten so ineinander verzahnt, daß man oft keine zwei Stunden benötigte, um durch ein paar Zwerggrafschaften und Republiken zu stolpern. Streitereien lagen in der Luft. Erst Napoleon räumte mit den Kleinstaaten auf, lud das Gebiet dem stärker gewordenen Württemberg, über das der dicke Friedrich herrschte, wie einen Sack auf den breiten Buckel.

Das Rad der Geschichte hingegen drehte sich weiter. Und wieder Krieg, immer wieder Krieg. Kein Landstrich wurde ausgenommen, auch nicht der zwischen Hornisgrinde und Eyach, das heutige Kreisgebiet. Im Bauernkrieg lehnte sich ein Teil der Alpirsbacher Klosteruntertanen auf. Der Bulacher Haufen bedrohte Klosterreichenbach. Horb wurde während des Dreißigjährigen Krieges von 1632 an bis zur Nördlinger Schlacht durch die Württemberger besetzt. Nachher litt die Bevölkerung unter unsagbar schrecklichen Plünderungen. Die Pest wütete, raffte Tausende dahin. Schon im Jahre 1350 war sie als „Schwarzer Tod" durch die Lande gezogen. An die Pest zu Anfang des 17. Jahrhunderts erinnert das Pestkreuz in Horb. Aus Anlaß des pfälzischen Erbfolgestreites fielen die Franzosen 1688 über die Kniebisstraße ein. Das untere Neckar- und

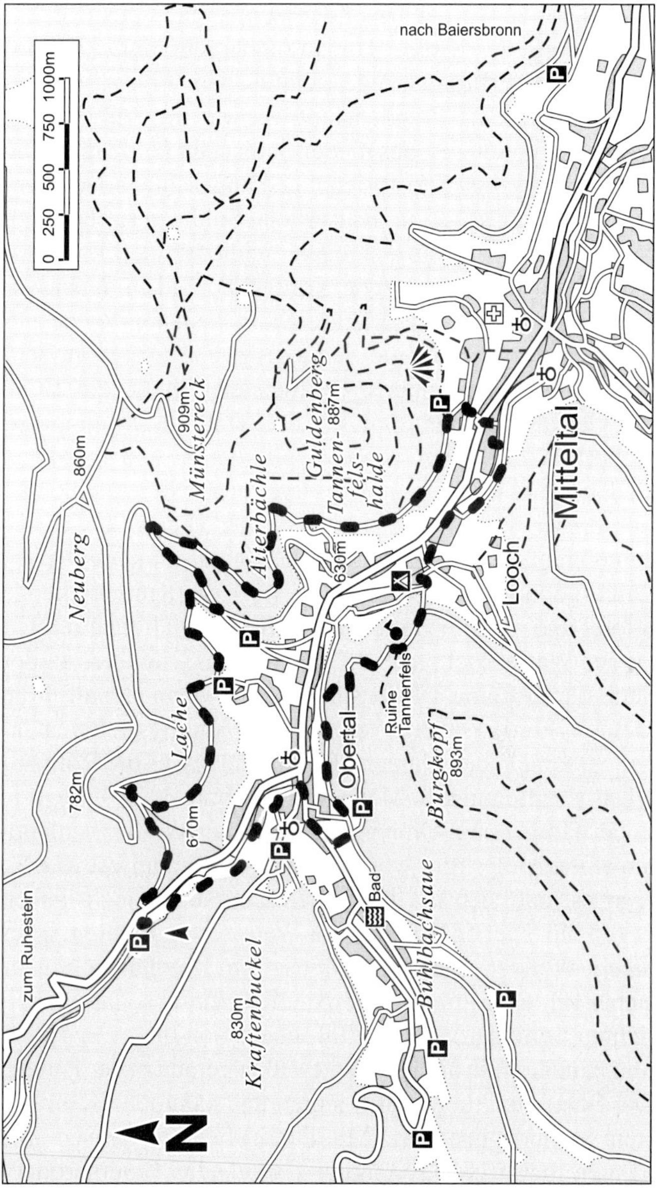
nach Baiersbronn
zum Ruhestein
0 250 500 750 1000m
N
Neuberg
860m
909m
Münstereck
Älterbächle
Guldenberg
887m
Tannen-
fels-
halde
630m
Mitteltal
Looch
Lache
782m
670m
Obertal
Ruine
Tannenfels
Burgkopf
893m
Bad
Buhlbachsaue
830m
Kraftenbuckel

das Nagoldtal wurden besonders schwer heimgesucht, unter anderem das Kloster Hirsau niedergebrannt. 1704, im spanischen Erbfolgekrieg, gelang den Franzosen ein Durchbruch nach Freudenstadt. Es war im Frühjahr des Jahres 1678, der Zeit des niederländischen Feldzuges. Die rechtsrheinischen Territorien lagen ungeschützt dem französischen Zugriff offen. Kaiserliche Soldaten stellten sich der Gefahr am Rhein entgegen, schützten den schwäbischen Kreis. Der schwache König Leopold in Wien war dem Sonnenkönig in Frankreich in keinster Weise gewachsen. Daher auch die Schutztruppe in Oppenau, dem Hauptort des Renchtales. Rittmeister Slotzki, ein Hüne von Gestalt, befehligte sie. Freilich, statt für Ordnung und Sicherheit zu sorgen, raubten, plünderten und mordeten die Kroaten fast schlimmer als der Feind. Niemand konnte sich dieser wilden, hochgewachsenen Männer erwehren, deren Heimat Südungarn war, das damals zum deutschen Reich gehörte. Sie trugen hohe, über die Knie reichende Stiefel und rote Hosen. Über den Schultern hing ein roter, kurzer Waffenrock, verziert mit blauen Schnüren, an der Seite der krumme Türkensäbel, selbst wenn sie auf ihren kleinen Pferden saßen. Wegen dieses Aufzugs gab man ihnen allgemein den Namen „Rotmäntel“. Was die Rotmäntel an Verpflegung für Mann und Roß brauchten, holten sie in der Umgebung. Oh nein, sie stahlen nicht, sie schleppten einfach alles fort, was nicht niet- und nagelfest war. So kam es, daß sich die bedrohten Einwohner nicht selten gegen die eigenen Truppen zur Wehr setzen mußten. Ist es da ein Wunder, wenn kein Mensch im Murgtal sich mehr sicher fühlte? Einmal kamen die Rotmäntel sogar am hellichten Sonntag ins obere Tal, überfielen die „vier Höfe“ und zündeten sie an. Die Leute saßen gerade in der Kirche. Der Schultheiß ließ Sturm läuten und sammelte seine besten Mannen um sich. Mit Dreschflegeln, Sensen und Flinten bewaffnet sprengten darauf die Baiersbronner Bauern den Unruhestiftern entgegen. Es kam zum Ge-

fecht. Man feuerte hinüber und herüber, was die Schießeisen hergaben. Wie gut sie auch zielten, es fiel auf beiden Seiten niemand. Und als trügen sie einen kugelfesten Panzer, rückten die Rotmäntel unaufhaltsam gegen die Bauern vor. Die Murgtäler waren ratlos darob, fast der Verzweiflung nahe. Da kam einer auf den Gedanken, bei einem weißbärtigen, mit geheimen Kräften gesegneten Bäuerlein auf einem Hof Rat zu holen. Der bucklige Alte, der überdies etwas von Zauberei verstand, sagte: „Laßt mich die erste Kugel abfeuern, dann sollt ihr allesamt draufloschießen, soviel ihr nur könnt." Das Bäuerlein nahm eine Kugel, legte an und schoß. Der erste Rotmantel wälzte sich in seinem Blut. Auch die übrigen Murgtäler feuerten ihre Büchsen ab. Welch Wunder – jetzt traf jedes Geschoß. Die Rotmäntel wurden dahingerafft, einer nach dem anderen. Nur einer stand noch wie eine Eiche und trotzte: Slotzki, ihr Hauptmann. Offenbar feite ihn ein besonders starkes magisches Mittel gegen Hieb, Stich und Schuß. Kurzerhand packten ihn darum die Baiersbronner mit ihren derben Fäusten am Kragen, warfen ihn in die Murg und deckten ihn mit Steinen zu. Der Haudegen aber ging nicht unter, im Gegenteil, er tauchte wie ein Korken immer wieder aus dem Wasser auf. In seiner Not streckte Slotzki die Hand aus der Murg und schrie lauthals: „Ich will euch mein Geheimnis verraten, nur laßt mich am Leben. In meine Hand sind drei Hostien eingewachsen. Schneidet sie heraus, dann kann ich sterben." Die Bauern taten, wie ihnen geheißen. Aus der Hand des Rädelsführers rann das Blut wie aus einer Brunnenröhre und färbte die ganze Murg rot. Er verblutete und starb.
Seit damals heißt die linke Murg „Rotmurg". Jene drei Hostien aber, sagt man, seien die zuerst geweihten aus dieser Gegend gewesen.
Werfen wir zuletzt noch einen Blick auf die Forstkarte von Johannes Öttinger, 1609. Mit „Tannenfelser Tal" wird dort um jene Zeit das Murgtal von Mitteltal an aufwärts be-

zeichnet. Zweifellos ein Hinweis auf den gewaltigen, von einem Graben umgebenen Felsklotz auf halber Höhe des westlichen Talhangs, mit Resten von Mauerwerk: die Ruine Tannenfels. Eine alte Verkehrsstraße verlief unten im Talgrund. Von Dornstetten her zog sie über Baiersbronn und das obere Murgtal bergauf zum Ruhestein, von dort zum Rheintal. Zu Zeiten Ludwigs XIV. ein bedeutender Bestandteil des Alten Reiches. Um 1100 errichtete man eine kleine Burg im Zähringertyp, Tannenfels, deren Aufgabe es war, die Fernstraße zu überwachen und zu schützen. Wie es scheint, zerstörten sie dann die Bischöflich-Straßburgischen im Schleglerkrieg in den Jahren 1371/73. Die Anlage ist renoviert und sehenswert.
Der Baiersbronner Schultheiß J. Gaiser berichtet in seiner Chronik 1859 von der Burg Tannenfels: „Ein Fräulein vom Schloß Tannenfels fiel bei ihrem Übergang über die Murg vom Steg in den Fluß und wurde bis an das Ruhbacher Feld herabgeflößt, wo sie lebend von einem Bauern herausgezogen wurde. Dafür stiftete sie zum Preise Gottes das Glöcklein auf dem Bruderhof in Mitteltal, welches 1828 auf das neue Schulhaus beim Rain verbracht wurde. Ferner ließ das Fräulein am Ort ihrer Rettung eine große steinerne Tafel mit lateinischer Inschrift legen.“ Gaiser sah sie noch, konnte aber leider „ihre ziemlich abgeriebenen“ Zeichen nicht mehr entziffern. 1824 wurde diese Tafel, die etwa drei Fuß breit und vier Fuß lang war, durch den angeschwollenen Fluß zugedeckt und mit Kies überschwemmt.

Wanderung: bergan zur Ruine Tannenfels
Ausgangspunkt: Baiersbronn-Obertal bei der Pension Adler-Post
Parken: öffentliche Parkplätze in Obertal
Gehzeit: etwa 3 Stunden
Karte: Schwarzwaldverein Blatt 3 Wildbad – Freudenstadt, Wanderkarte der Kurverwaltung Baiersbronn, 1:25 000

Wegmarkierung: blaue Raute mit weißem Mittelstrich und örtliche Wegzeichen
Einkehrmöglichkeiten: Obertal und Mitteltal
Wanderroute: Wir beginnen mit unserer Rundwanderung zur sehenswerten Ruine Tannenfels am Zusammenfluß von Recht- und Rotmurg, in **Obertal** (590 m). 1590 bestanden erst 25 Höfe. Durch die Aktivitäten der Holzkompanie entstanden im 18. Jahrhundert viele neue Wohnstätten. Von der ehemaligen Glashütte Buhlbach an der Rechtmurg, die 1758 bis 1909 bestanden hat, sind nur noch einige Gebäude übrig. Nach dem Eingehen der Glashütte wanderte der Großteil der Bevölkerung von Obertal aus.
Zunächst mit der Markierung des Schwarzwaldvereins hinter der Rotmurgbrücke links am Bachufer bergan in Richtung Ruhestein. Nach etwa 25 Minuten, an einem **Waldparkplatz** (650 m. Schutzhütte mit Feuerstelle), gehen wir nach rechts und folgen der Wegbezeichnung R 5. An der östlichen scharfen Kehre des R 5-Weges wenden wir uns scharf nach Süden und folgen der Markierung R 14 bis zum Waldrand am Aiterbachtal. Wir halten uns links und folgen dem Waldrandweg R 16. Am östlichen Waldrand bleiben wir in südlicher Richtung und folgen, mit schönem Blick auf Obertal, dem Rundweg R 15. Er mündet später in der Nähe des Waldrandes in den Rundweg R 19. Dem schließen wir uns nun an, bis wir zum südlichsten Bogen beim Ödenhof, etwa 200 m nach einem Waldparkplatz, kommen. Bei den ersten Häusern von **Mitteltal** (570 m) biegen wir nach rechts ab, überqueren die Talstraße und gehen mit der Z 3 entlang der Murg wieder aufwärts nach Obertal. Zur Ruine Tannenfels hinauf folgen wir nach dem Freibad, etwas unterhalb vom Campingplatz, der Wegmarkierung R 18 und R 13 und steigen zwischen Einzelhöfen hindurch zum Wald und zur Ruine.
Zurück zum Ausgangspunkt in Obertal schließen wir uns der R 9 an oder dem etwas kürzeren Waldsportpfad.

Anmerkung: Wer keine Lust auf die ganze Rundwanderung hat, kann es kürzer haben: von der Straße im Tal her kommend die Murg beim Freibad überschreiten und gleich nach der Brücke rechts bergauf. Die Wegstrecke beträgt, von der Brücke aus gemessen, etwa 400 m Luftlinie.

Die Murg bei Baiersbronn

9 Was die alten Tannen rauschen

In Nadelwälder gebettet ist das Murgtal seit eh und je. Der Fluß mit seinen großen Steinen im Bachbett, die geduckten Heuhütten, das terrassenförmige Ansteigen der Hänge ist typisch. Das sich bietende Bild vermittelt den Eindruck wilder Romantik, des Ursprünglichen, des weitgehend vom Menschen Ungestörten. Und das Glasmännle, der gute Geist des Schwarzwaldes, gibt selbst hier den Sonntagskindern drei Wünsche frei.
Oberes Murgtal. Womit soll ich beginnen? Soll ich festhalten: wo Murg, Forbach und Sankenbach zusammenfließen, lugt Baiersbronn aus der Tallandschaft? Malerisch sind die Häuser zum Teil weithin über die Berghalden zerstreut. Soll ich hinzufügen: die adrette Ortschaft ist flächenmäßig die größte Landgemeinde der Bundesrepublik, auf deren Markung die Stadt Bonn leicht untergebracht werden könnte? Selbst dann blieben noch 50 Quadratkilometer Wald übrig. Müßte ich erwähnen: Geradezu feenhaft aber ist dieser waldreichste Jahreskurort anzuschauen in einer sternenklaren Sommernacht, von der runden Kuppe des 759 m hohen Rinkenkopfs aus? Dann nämlich, wenn vereinzelte Lichter von den Höhen entgegenglänzen, und sich über diesen der dunkle Tann geheimnisvoll vom Firmament abhebt. Es ist, als läge eine mächtige, stufenförmig aufgebaute Stadt in den Bergen, zu Füßen des Baiersbronner Hausbergs, an dem ohnedies nicht weniger als fünf Täler zusammentreffen.
Adalbert, Sohn des Gunzelin von Hochdorf am Schnaitbach, hat zwischen 1099 und 1105 gegeben, was ihm „in monte qui Rincga vocatur“ gehörte. An dieser Stelle wird erstmals jene Erhebung angesprochen, die heute als Rinkenkopf bekannt ist. Die Reste einer recht großen Verteidigungsanlage, die gewaltig beeindrucken, liegen auf dem kleinen Plateau: die „Rinkenmauer.“ Über ihren Ursprung

und ihr Alter ist schon viel gerätselt worden. Heute geht man davon aus, daß die Anlage vor dem 11. Jahrhundert entstanden ist.
Am östlichen Fuß des Rinkenberges wendet sich die Murg nach Westen. Vor uns in dieser Richtung sehen wir Klosterreichenbach. Aus dessen Mitte erhebt sich die mit zwei Türmen im romanischen Stil erbaute Klosterkirche der ehemaligen Benediktinerabtei. Die Grafen von Calw und die Zähringer boten ihr Schutz, von 1369 an die Grafen von Eberstein, nach 1399 auch die Markgrafen von Baden. Die große Revolution im Namen Christi, der Bauernkrieg, fiel in diese Zeit der Oberhoheit Badens über Reichenbach. Die Vierundzwanzig Höfe auf der flachen Anhöhe zwischen Kinzig und Heimbach waren Ausgangspunkt dieses Ereignisses. Am 10. April 1525, dem Montag nach Palmsonntag, zog eine Schar von aufgebrachten Bauern nach Alpirsbach hinunter, um dem Abt auseinanderzusetzen, daß sie hinfort die Kornsteuer nicht mehr bezahlen noch die Willkür der Kirche mehr hinnehmen wollten. Die Klöster in der Umgebung, Alpirsbach und Reichenbach samt dem auf dem Kniebis, sollten geplündert, danach dem Erdboden gleichgemacht werden. Solches begehrten die Schwarzwälder Bauern schon anderentags auf dem Vogelsberg, einem der Vierundzwanzig Höfe. In Thomas Mayer vom Vogelsberg, einem erfahrenen Kriegsmann, erkannten all die verstreuten Fähnlein vom Schönbuch bis Tuttlingen ihren obersten Hauptmann. Er führte sie nun an. Georg Schmid, „Fabri“ genannt, war Prior des Reichenbacher Klosters in jenen schlimmen Tagen. Ihm kam zu Ohren, was die Aufständischen im Schilde führten. In seiner großen Sorge um das, was alles geschehen könnte, ging der in Dagersheim bei Böblingen geborene Bauernsohn den Schultheiß von Baiersbronn um seine Hilfe und Unterstützung an. Brosi Sur bewirkte, daß die Bauern das Kloster vor dem Schlimmsten verschonten. So kam Reichenbach im Bauernkrieg glimpflich davon. Eine Be-

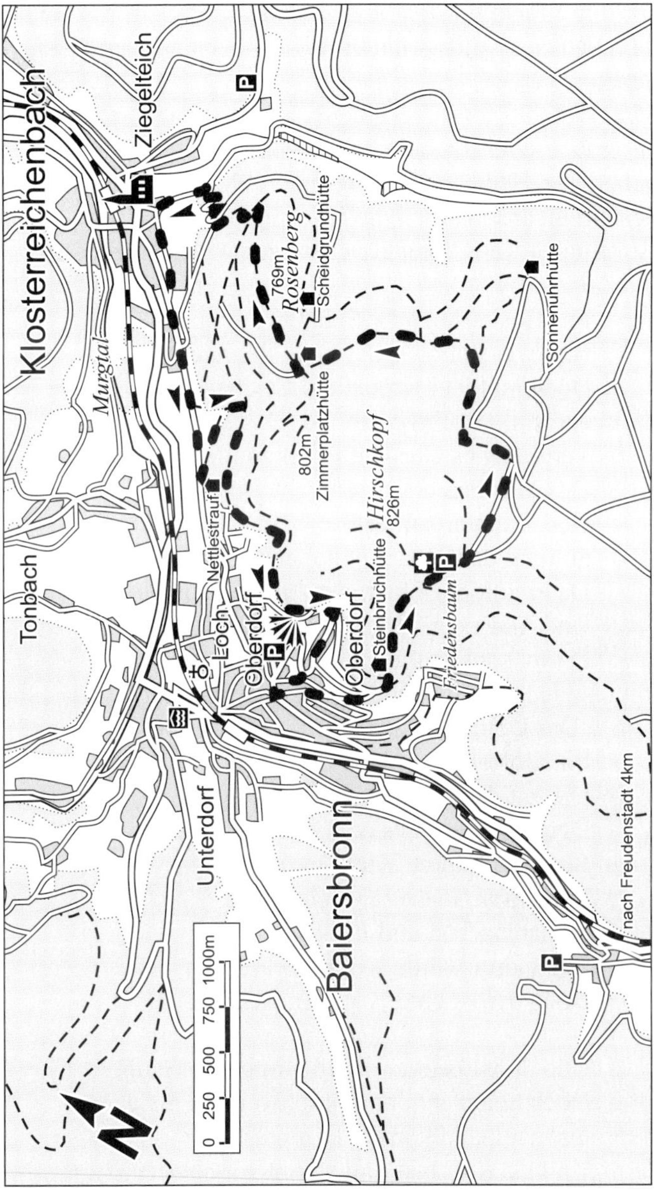
Klosterreichenbach
Ziegelteich
Tonbach
Murgtal
Nettlestrauf
Loch
Oberdorf
Oberdorf
Unterdorf
Baiersbronn
769m
Rosenberg
Scheidgrundhütte
Zimmerplatzhütte
802m
Hirschkopf
826m
Steinbruchhütte
Friedensbaum
Sonnenuhrhütte
nach Freudenstadt 4km
0 250 500 750 1000m
N

setzung mußte es sich aber dennoch gefallen lassen und dem Schwarzwälder Haufen Wein, Vieh und Korn herausgeben.
Man sagt, aus jener Zeit liege im Kloster noch ein Schatz vergraben. Wer ihn hole, der solle ihn auch für alle Zeiten haben. Ein Gedicht in Jakob Bitzers Heimatbuch von 1922 beschreibt anschaulich die Sage um den Fluch, der einem Goldsucher im Kloster Reichenbach widerfahren ist:

Im Kloster liegt ein Schatz vergraben,
Und wer ihn holt, der kann ihn haben;
Doch muß bei Kreuz und Leichenstein
zur mitternächtgen Stund' es sein:
Vergrabenes Gut von Raub und Mord.
Des Mörders Geist schwebt um den Ort,
Und wenn er soll erlöset sein,
So muß der Schatz gehoben sein.
Dann fällt der Fluch dem andren zu
Und find't des Mörders Seele Ruh.
Drum, schlägt die Geisterstunde bang,
so hallt es seufzend durch den Gang:
„Das Geld! – Das Geld! – Das Geld!"
Im Kloster oben, liegt die Magd,
Die hat dem Knecht etwas gesagt;
Doch muß er – es darf's niemand sehen –
Bei Nacht durch Kirch und Kreuzgang gehen.
In finstrer Nacht zur Geisterzeit.
So nah an Tod und Ewigkeit!
Ein andrer würde wohl erschrecken,
Doch der ist einer von den Kecken.

Und dreist geht er durch Kirch und Gang.
Doch hinter ihm hallt's schwer und bang,
und seufzend kommt es hinterher,
Und klagt so laut und stöhnt so schwer:
„Das Geld! – Das Geld! – Das Geld!"

„Das Geld? Gib's her!" der Bursche spricht.
Da füllt die Taschen schwer Gewicht;
Der ganze Schatz auf einmal sein!
Und Mitternacht schlägt traurig drein!
Er ist zu Haus und Hof dann kommen,
Und hat die Magd zum Weib genommen.
Der Schatz, der bracht ihm reiches Gut,
Doch nimmer einen frohen Mut.
Bei Tag und Nacht kommt's hinterher,
Und hängt ihm an so bang und schwer,
Und läßt der Seele keine Ruh,
Und stört sie auf und schreit ihr zu:
„Das Geld! – Das Geld! – Das Geld!"

Wanderung: von Baiersbronn über den Hirschkopf nach Klosterreichenbach

Ausgangspunkt: Baiersbronn, Kirche im Oberdorf
Parken: in der Umgebung des Ausgangspunkts
Gehzeit: knapp 4 Stunden
Karte: Schwarzwaldverein Blatt 3 Bad Wildbad – Freudenstadt; Wanderkarte Baiersbronn, hrsg. von der Kurverwaltung
Wegmarkierung: örtliche Markierung R20, R21, Z2 und teilweise blaue Raute mit weißem Mittelstrich des Schwarzwaldvereins
Einkehrmöglichkeiten: Baiersbronn und Klosterreichenbach.
Wanderroute: Baiersbronn. Schauen wir uns noch ein wenig um, bevor wir den beliebten Luftkurort im Oberdorf verlassen. **Baiersbronn** (546 m. Bhf. 16 700 Einw.) mit den Ortschaften Friedrichstal, Mitteltal, Obertal-Buhlbach, Schliffkopf, Tonbach, Klosterreichenbach-Heselbach, Schönmünz, Röt-Schönegründ, Huzenbach, Schwarzenberg-Schönmünzach umfaßt mit 14 000 ha das Gebiet der oberen Murg und ihrer Nebenflüsse.
1292 erstmals erwähnt als Baiersbrunnen. 1320 mit dem

ganzen „Waldgeding“ an Württemberg gekommen, zählte bis 1806 zum Amt, später Oberamt Dornstetten, seit 1938 zum Landkreis Freudenstadt. Hauptort des nach ihm benannten Baiersbronner Forst, der ab dem 13. Jahrhundert zum Ebersteiner Forst gehörte und 1504 zu Württemberg kam. 1791 brannte der ganze Ort bis auf einige Häuser nieder. 1802 wiederaufgebaut.
Ev. Pfarrkirche „Marienkirche“, 1802 anstelle der 1791 abgebrannten Kirche neu aufgebaut. Untergeschosse des Turms aus romanischer Zeit. Bei der Kirche **Gedenkstein** für Gemeinderat und Schulmeister Joh. Gaiser (1780 bis 1876). 1900/01 Bau der Murgtalbahn Freudenstadt – Klosterreichenbach.
Heimat- und Hauff-Museum (Alte Reichenbacher Straße). Es ist einserseits dem Märchen-Schaffen des schwäbischen Dichters Wilhelm Hauff (1802 – 1827) gewidmet, anderseits bringt es die lokalen, historisch-bedeutsamen Gewerbe (Flößer, Glasmacher, Köhler u. a.) zur Darstellung.
Partnerstadt zu Nogent-le-Rotrou/Frankreich und Midhurst in West Sussex/England.
Die blaue Raute mit weißem Mittelstrich (Schwarzwaldverein) ist zunächst unser Wegbegleiter hinauf zum **Hotel Talblick**. Wir steigen mit einem prächtigen Vier-Täler-Blick noch etwas bergan. Beim Waldrand gehen wir dem unmarkierten Fahrweg in der ersten Linkskurve nach. Ab der **Steinbruch-Hütte** (710 m) wandern wir auf dem Rundweg R21 in östlicher Richtung zur **Sonnenuhr-Hütte** (750 m). Sie hat ihren Namen von den Überbleibseln der Sonnenuhr. In unmittelbarer Umgebung Reste einer um 1753/54 abgegangenen Köhlersiedlung und Spuren von Kohlenmeilern. Die Markierung R 35 bringt uns nun zum **Zimmerplatz** (740 m. Hütte). Dem Volksmund nach soll hier das Holz für den Bau der Reichenbacher Klosterkirche zugerichtet worden sein. Von hier aus der blauen Raute mit weißem Mittelstrich nach über den Rosenberg,

vorbei an der Murgtalblick-Hütte, dann auf dem Zickzackweg hinab nach **Klosterreichenbach** (522 m). Luftkurort im oberen Murgtal. 1082 schenkte der Edelfreie Bern von Siegburg nahe Sulzau, Gde. Starzach, Lkr. Tübingen, dem Kloster zum hl. Aurelius zu Hirsau ein kleines, in seinem Besitz befindliches Grundstück. Es lag im Schwarzwald an einem dort in die Murg mündenden Fluß, der Reichenbach genannt wurde. Bern verlangte, daß Abt Wilhelm dort ein Kloster baue. 1085 war dann die einschiffige Klosterkirche vollendet, und Bischof Gebhard von Konstanz weihte sie zu Ehren Papst Gregors I. ein. Gegen Ende des 12. Jahrhunderts Umbau des alten Chors zu einer dreischiffigen basilikalen Anlage. 1895 erfolgten tiefgreifende Restaurierungen. 1964 renoviert. 1968 Umgestaltung der Türme nach dem Hirsauer Vorbild.
1595 besetzte Herzog Friedrich von Württemberg das Priorat. 1603 reformiert. 1631 überfiel württembergisches Landvolk nachts das Kloster. Die Mönche flohen nach Horb in den Reichenbacher Hof. Der Westfälische Friede 1648 brachte Reichenbach schließlich in den bleibenden Besitz Württembergs. 1650 verließen die letzten Mönche das Kloster. Ein Brand im Jahr 1692 vernichtete Teile der Klosteranlagen. Von den Klostergebäuden sind der spätere Fruchtkasten und ein Turm erhalten, ferner Teile einer Ringmauer des frühen 17. Jahrhunderts. Geringe Baureste des westlichen Klosterflügels, der beim Neubau des ev. Gemeindehauses 1977 wieder übernommen wurde.
Die Klosterreichenbacher stehen im Ruf, besonders genau zu sein. Jedenfalls wird gemunkelt, sie halbierten sogar die Heidelbeeren. Deshalb sind sie im Ländle die „Hoabeereschnitzler".
Für den Rückweg schließen wir uns zuerst der Markierung Z2, später der R20 und R21 an. Über die Alte Reichenbacher Straße kehren wir zu unserem Ausgangspunkt in Baiersbronn zurück.

10 Romantische Wirklichkeit

Nicht gerade arm an Städten ist der deutsche Südwesten. Zweifellos zu den schönsten im Schwarzwald aber rechnet Freudenstadt nach seinem Wiederaufbau. Seine Geschichte ist nicht lang, verglichen mit den Orten ringsherum. Doch gehört die Gründung der Höhenstadt am 22. März 1599 zu den großen Vorhaben Herzog Friedrichs I. von Württemberg. Im Spannungsfeld des großen europäischen Glaubensstreits gegründet und von Glaubensflüchtlingen aus den habsburgischen Landen besiedelt, hat es mitten im Zentrum eines „Zwischenreiches" zwischen Deutschland und Frankreich seinen Platz gefunden (G. Hertel).

Die Arkaden nach italienischem Vorbild geben der Stadt einen südlich anmutenden Charakter. Freilich, sie waren schon im Grundrißplan für die Errichtung der Stadt eingezeichnet. Wer die höchstgelegene Stadt Württembergs besucht, interessiert sich bei seinem Besuch jedoch erst einmal für den Marktplatz, mit 47 000 Quadratmetern der größte Deutschlands. Das älteste wie monumentalste Bauwerk des heilklimatischen Kurortes steht auf seiner Südseite: die evangelische Stadtkirche, die Prunk- und Hofkirche Herzog Friedrichs I., von einem „schwäbischen Leonardo" (E. Kluckert), dem Baumeister Heinrich Schickhardt, errichtet. Das Zifferblatt der Kirchturmuhr schmückt das früher viergeteilte Landeswappen. Die Freudenstädter Kinder suchen sich die Vierteilung mit einem Abzählvers zu veranschaulichen: „Gäbele, Gitterle, Vögele, Fisch und du bisch (bist es)". Gäbele = württembergische Hirschstangen, Gitterle = Wecken von Teck, Vögele = Adler der Reichssturmfahne von Gröningen, Fisch = Barben von Mömpelgard. Für Stadtkirche und Stadthaus genügten die Finanzen des Herzogs noch, sein Traumschloß als Mittelpunkt der Stadt wurde nicht ge-

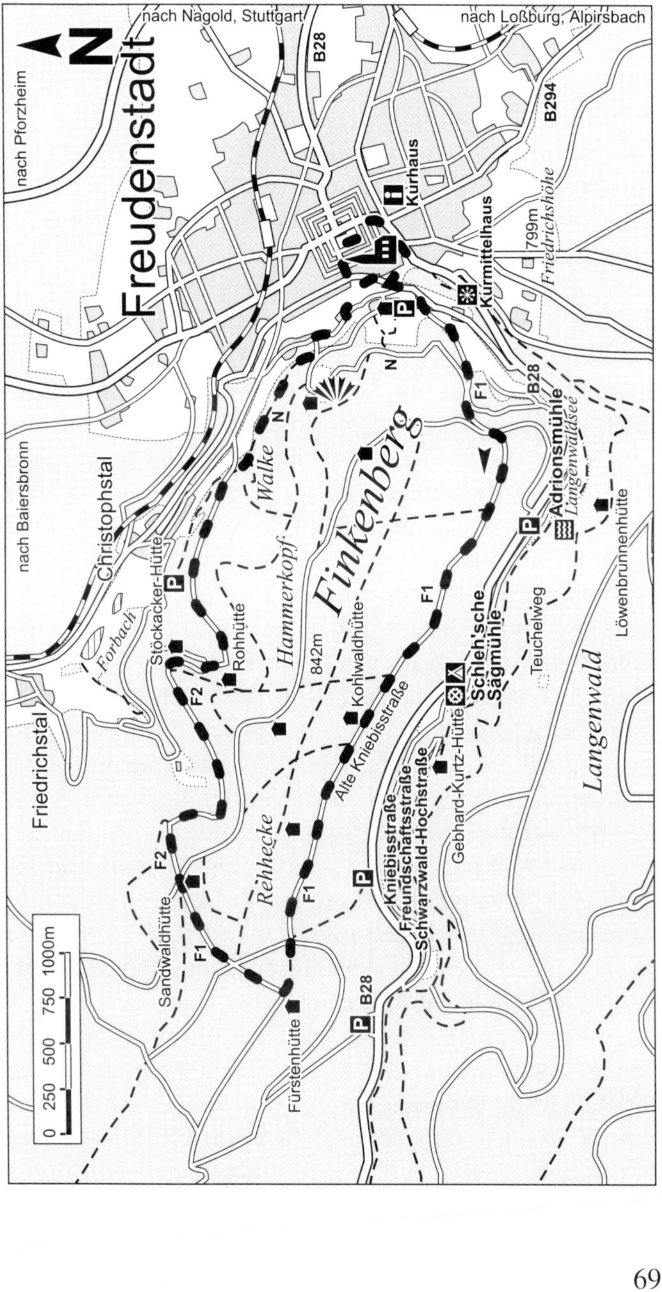
N
nach Nagold, Stuttgart
nach Loßburg, Alpirsbach
nach Pforzheim
Freudenstadt
B28
B294
Kurhaus
Kurmittelhaus
799m
Friedrichshöhe
nach Baiersbronn
Christophstal
Stöckacker-Hütte
Forbach
Friedrichstal
Rohhütte
Hammerkopf
Walke
Finkenberg
842m
Kohlwaldhütte
Alte Kniebisstraße
F1
F2
Adrionsmühle
Langenwaldsee
Löwenbrunnenhütte
Teuchelweg
Schleh'sche Sägmühle
Langenwald
Gebhard-Kurtz-Hütte
Kniebisstraße
Freundschaftsstraße
Schwarzwald-Hochstraße
Rehhecke
Sandwaldhütte
Fürstenhütte
0 250 500 750 1000m

baut. So ist der große Platz, der eigentlich der „Schloßplatz“ sein sollte, zum „Marktplatz“ geworden.
Auf der Stadt lag noch das Elend der Pestepidemie, die im Jahr 1635 434 Menschenleben gefordert hatte. Schon einmal hatten feindliche Truppen Angst und Schrecken verbreitet. Die Kaiserlichen und die Bayern der einen Kriegspartei und die Württemberger und Schweden der anderen zogen plündernd und brandschatzend durch unsere Gegend. Die Villinger Soldateska drang sogar in die Wohnung des evangelischen Stadtpfarrers Georg Stöffler ein. Unflätig pöbelten sie den Geistlichen an und verlangten schließlich, daß er den kostbaren Abendmahlskelch herausgebe. Der unerschrockene Pfarrer weigerte sich mutig. Die Meute packte ihn und schleppte ihn die steile Stiege zum oberen Kirchturm hinauf. Droben banden sie dem wackeren Mann Hände und Füße zusammen und hängten ihn zur Turmbrüstung hinaus. In diesem Augenblick kam drunten auf dem Kirchplatz zufällig ein Kapuziner des Weges. Er hörte das Gegröhle der Soldaten über ihm und schaute unwillkürlich nach oben. Da sah er den Pfarrer über ihm hängen, in höchster Todesnot. Der Franziskanermönch eilte, einem Eichhörnchen gleich, die Treppen empor und trat für Stöfflers Leben ein. Die Soldaten ließen von dem Kirchenmann ab und schickten ihn heim. „Wunder gibt es immer wieder“, murmelte der vor sich hin und stieg nachdenklich die Kirchturmtreppen hinab. Ein katholischer Volksprediger hatte ihm das Leben gerettet.
Ehre wem Ehre gebührt, sagten sich die Freudenstädter. Sie beschlossen, es solle von nun an jedem Kapuziner, der in die Stadt käme, drei Tage Speis und Trank samt Herberge gewährt werden, überreich und gut. Das war auch nicht anders, als in neuerer Zeit Kapuziner an die Freudenstädter Rathaustür klopften, an das Gelöbnis erinnerten und freie Kost und Logis verlangten. Städtische Sparsamkeit hin, staatsbürgerliches Kostenbewußtsein her: der Bürgermeister griff geschichtsbewußt in den Stadtsäckel und

löste in Treu und Redlichkeit das Versprechen der Altvorderen ein.
Die Stadtkirche ist auch der Tatort der Geschichte vom Häfner-Friederle, einem Freudenstädter Maurermeister. Das Dach des Kirchturms war marode geworden. Der Häfner-Friederle sollte es flicken. Also machte er sich an einem Morgen in aller Herrgottsfrühe mit seinem Lehrling ans Werk. Aber wie er es auch deichselte, nichts wollte richtig klappen. Und da der Häfner-Friederle da oben auf dem Turm der Kirche an niemandem seine Wut auslassen konnte, mußte der Lehrling der Sündenbock für die ganze Misere sein. Das wiederum aber wollte der keinesfalls auf sich sitzen lassen und muckte auf. Ein Wort gab das andere. Das Blut des Meisters kam in Wallung, Zornesröte stieg ihm ins Gesicht, er langte zum schweren Hammer und schlug mit diesem seinen Schützling tot.
Dennoch leugnete er seine ruchlose Tat jedermann gegenüber und schwor: er habe mit der ganzen Sache nichts zu tun, eher solle sein Kanarienvogel schwarz werden. Als der Maurermeister heimkam, saß allerdings ein kohlrabenschwarzer Vogel im Käfig. Der Häfner-Friederle war damit als Täter überführt. Zur Sühne muß er nun nach seinem Tod als Geist für alle Zeiten umgehen.
Die abgeschiedene Seele des Häfner-Friederle trieb es hingegen gar arg. Immer wieder hielt der ruhelose Geist den Pfarrer in der Sakristei der Stadtkirche fest, hinderte ihn obendrein daran, den Gottesdienst im vorgeschriebenen Ritus abzuhalten. Niemand wußte, welches Unglück er darüber hinaus noch über die Stadt bringen konnte. Und weil es einfach unheimlich war ihm zu begegnen, sollte er gebannt werden. Nur, kein Mensch wußte wie. Mit Müh und Not fand man – im evangelischen Freudenstadt – drei Kapuziner, die bereit waren, den Geist am Finkenberg, oberhalb des Christophtals, zu bannen. Also machten sie sich kurzerhand stadtauswärts auf den Weg. Über dem Bärenschlößle angekommen, erschien ihnen der Häf-

ner-Friederle plötzlich leibhaftig. Hohnlachend deutete er auf einen der Kapuzinermönche: „Du kasch glei wieder gau, du hosch a Gelerieb gstohle.“ Eine heikle Situation für die Beschwörer. Der Sünder nämlich kam seiner unvollkommenen Tugendhaftigkeit wegen für die Beschwörung nicht mehr in Frage. Ohnedies durfte keine Zeit verloren werden, denn sonst würde der Häfner-Friederle nichtabschätzbare überirdische Kräfte an den Tag legen können. Ein derber, mannsgroßer Schwerspat lag dicht neben der gespenstischen Gestalt des Häfner-Friederle. Die Kristalle des Steins glänzten in der hellen Sonne, und harzige Waldluft fieberte in der Gewitterschwüle. Die beiden übriggebliebenen Mönche gingen daran, den bösen Geist für immer in diesen weiß-trüben Stein zu bannen. Es schien, als wären alle gemeinsamen Anstrengungen für die Katz. Nach langem Gezeter verschwand der Häfner-Friederle von der Stelle. Sogleich stieg über dem Schwerspat eine stinkende Rauchwolke auf, die sich in den dunklen Tannenwipfeln verlor. Seither hat man in Freudenstadt vor dem Häfner-Friederle seine Ruhe. Den weißen Stein am Finkenberg hingegen hat man schon seit langer Zeit nicht mehr gesehen. Die Leute sagen, er sei wie vom Erdboden verschwunden.
Warum die Freudenstädter „Bäre’fanger“ sein müssen? Ach ja! Ein Bär sei am Hirschkopf gesehen worden, erzählten sich Trinkbrüder am Stammtisch in der Stadt. Eine ganze Schar Männer zog anderntags gleich aus, schwer bewaffnet, fest entschlossen, das Tier zu erlegen. In der Dämmerung kehrten sie heim, jedoch ohne Beute. Sie waren den Baiersbronnern auf den Leim gegangen, die hatten ihren Nachbarn nämlich einen Bären aufgebunden.

Wanderung: über das Bärenschlößle und die Alte Kniebisstraße zur Sandwaldhütte
Ausgangspunkt: Freudenstadt, unterer Marktplatz
Parken: Parkhäuser im Zentrum

Gehzeit: etwa 4 1/2 Stunden
Karte: Schwarzwaldverein Blatt 5 Freudenstadt – Schramberg, Wanderkarte Freudenstadt 1:30 000
Wegmarkierung: örtliche Wegmarkierung, ab Sandwaldhütte Wegzeichen des Schwarzwaldvereins
Einkehrmöglichkeiten: Freudenstadt und Bärenschlößle
Wanderroute: Ausgangspunkt für unsere lohnende Rundwanderung ist der untere Marktplatz von **Freudenstadt** (748 m. Einw.: 23 000), Deutschlands größter **Marktplatz**. **Stadtkirche**, Winkelhakenbau im Renaissancestil mit romanischem Lesepult, Taufstein aus dem 12. Jahrhundert. **Barbenbrunnen** von David Fahrner, 1957. **Gedenksäule** oder „Hypothekenvenus", Symbol der Feuersbrunst von 1945. Freudenstadt liegt an der **„Freundschaftsstraße"** Stuttgart – Metz.
Von der Stadtkirche aus gehen wir in Richtung Loßburger Straße. Bei der Ampel biegen wir nach rechts ab und spazieren bis zum **Promenadenplatz**. Links: neues **Kur- und Kongresszentrum**, 1988/89 erbaut. Wir bleiben rechts und folgen der Straßburger Straße. Links am Fuße des Kienberges: katholische **Taborkirche**, 1930 erbaut. Sehenswertes Freskogemälde von Maria Hiller-Foell. Gesundheits- und Fitness-Park Kienberg (Kurmittelhaus) 1971 erstellt. Hinter dem Gebäude schön aufgeschlossene Verwerfungsspalte des „Freudenstädter Grabens". Auf dem Kienberg oder „Freudenstädter Rosenhügel" **Herzog-Friedrich-Turm**, 1899 erbaut. **„Kurbähnle"** durch den Parkwald. Schöne **Wirtshausschilder**. **Rußhütte** an der Stuttgarter Straße. Hinter dem Hotel Rappen (Markierung TC) hinab zum **Bärenschlößle** mit seinen Staffelgiebeln (656 m. Restaurant mit Rotwildgehege) im Christophstal. 1627 von Peter Steim, Generalfaktor des Messingwerks im Christophstal, als Alterssitz zehnt- und steuerfrei erbaut. Nach seinem Tod war das Haus in vielen Händen; bis 1919 arbeitete ein Nagelschmied darin, 1923 erwarb es die Stadt Freudenstadt. Vorzeiten war darin an-

geblich eine Freistätte, in der Verbrecher 48 Stunden Schutz vor Verfolgung genossen. 1267 wird der Silber- und Kupferbau im Christophstal erstmals erwähnt. 1622 bis 1628 ist im Christophstal die Münzprägung betrieben worden. 1694 stand das Bärenschlößle im Zeichen der Bluthochzeit im Christophstal.
Vom Bärenschlößle folgen wir zunächst wieder der TC/F 1. Nach etwa 300 m gehen wir halbrechts von der Talstraße ab zur anfangs etwas steil verlaufenden **Alten Kniebisstraße**. Viele Jahrhunderte, aber sicher seit Gründung des Klösterchens auf dem Kniebis um 1270, hat sich der mittelalterliche Durchgangsverkehr auf dieser Ost-West-Verbindung abgespielt; wenn auch nicht überall auf ihrem jetzigen Verlauf. Von Augsburg – Ulm herkommend, war dieser alte Fernweg die kürzeste Verbindung von den hochadeligen Sitzen Urach, Tübingen, Rottenburg und Horb nach Straßburg. Die angeblich über den Kniebis führende, zum Teil in Karten noch immer eingezeichnete Römerstraße ist bis heute nicht nachgewiesen.
Wir folgen der Markierung F 1. Die **Kohlwaldhütte** (825 m) rechts des Weges ruft uns das Kohlebrennen ins Gedächtnis, dem die Köhler, hier am Fuße des Kniebis, bis weit ins 19. Jahrhundert nachgegangen sind. Glas- und Erzhütten, vornehmlich die Hüttenwerke im Christophstal, waren Verbraucher von Holzkohle. Im Umkreis von Freudenstadt sind rund 300 „Kohlplatten", auf denen Meiler brannten, bekannt. Beim Graben findet man oft sogar noch Holzkohle. Wir kommen zur **Fürstenhütte** (868 m). Sie bleibt linker Hand. Es ist nicht mehr weit bis zur Sandwaldhütte (840 m). Hinter ihr erkennen wir recht gut den abgeflachten Platz einer Kohlplatte, auf der einst ein Meiler stand.
Von hier an der F 2 und der blauen Raute mit weißem Mittelstrich nach, mit reizvollen Ausblicken ins Christophstal und auf die Nordstadt hinab zur **Stöckackerhütte**. Danach bringt uns das Bergsträßle hinab zur **Walke** im For-

bachtal. Am Weg weisen uns die ehemaligen Gruben „Neues Jahr“ und „Dorothea“ auf den einstigen Bergbau im Revier Christophstal hin. Namentlich sind mindestens elf Bergbaustellen noch bekannt. Die Grubeneingänge sind – bis auf die „Silberhöhle“ – im Laufe der Zeit verfallen, verschüttet oder einfach vergessen worden.
Gegen Ende der Wanderung gibt es mehrere Möglichkeiten, wieder zur Kurstadt und unserem Ausgangspunkt bergan zu steigen. Sollte es ein paar kleine Schweißtröpfchen kosten, der prächtige Ausblick zurück ins Christophstal am Fuße des Finkenbergs und Hammerkopfs entschädigen uns reichlich.
Anmerkung: Als Ausgangspunkt für die Wanderung kann auch das Bärenschlößle gewählt werden. Die Gehzeit verkürzt sich in diesem Fall um etwa 1 Stunde. Parkmöglichkeit beim Bärenschlößle.

11 Der Metzgerbursch und die Prinzessin

In der Nähe von Freudenstadt ging einmal ein Metzgerbursch durch den Schwarzwald, denn er wollte in einem benachbarten Dorfe die Kirchweih besuchen. Da stand er auf einmal vor einem Schloß, und aus demselben schaute eine wunderschöne Jungfrau heraus und rief dem Burschen zu, er solle sie doch mitnehmen zum Kirchweihtanz. Dem Burschen war das ganz recht, und er nahm das Fräulein mit. Unterwegs sagte sie ihm dann, er möge sich den Platz wohl merken, wo das Schloß gestanden, damit er sie auch wieder heimführen könne. Dann gingen sie zum Tanz und waren sehr lustig und aßen und tranken. Als aber des Abends der Bursch die Jungfrau heimbegleitete, da gestand sie ihm: sie sei eine verwunschene Prinzessin; er aber könne sie erlösen, und wenn er das vollbringe, so wolle sie ihn reich und glücklich machen. Der Bursch war bereit dazu, und nun belehrte sie ihn, wie er sich zu verhalten habe. Sie sagte, er müsse von nun an drei Freitage nacheinander zu ihrem Schlosse kommen. Dort werde sie ihm dann in wechselnder Tiergestalt erscheinen, und zwar das erste Mal als Bär. Er dürfe aber durchaus keine Angst haben: sie möge noch so arg brummen, sie werde ihm kein Leid antun; doch solle er ja keinen Laut von sich geben, sonst könne er sie nicht erlösen. Am zweiten Freitag komme sie als Löwe und werde noch weit wilder toben und brüllen als das erste Mal; allein er dürfe keine Angst haben, es geschehe ihm nichts. Am dritten Freitag endlich werde sie als Schlange erscheinen und eine goldene Krone auf dem Haupte tragen. Da müsse er einen Degen mitbringen und sich mit demselben an seiner linken Seite verwunden, so daß Blut fließe, und davon müße er drei Tropfen auf ihre goldene Krone fallen lassen und ihr dieselbe dann abnehmen. Wenn er das tue, so sei sie erlöst und wolle ihn zum Dank heiraten und

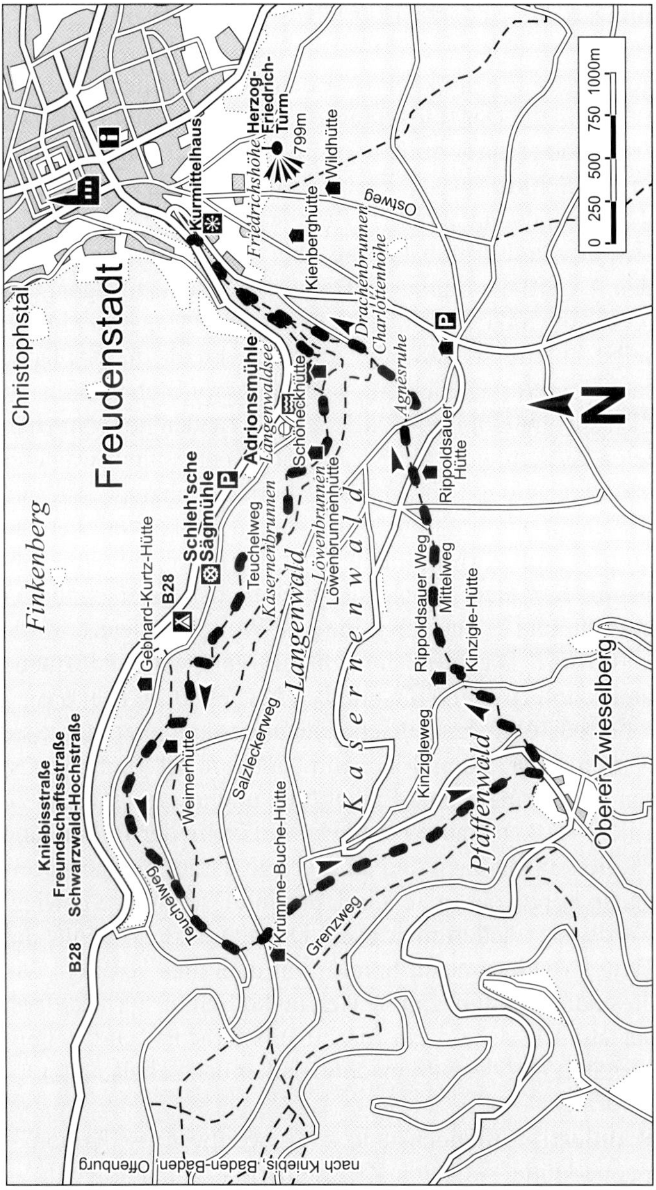
Christophstal
Freudenstadt
Finkenberg
Kurmittelhaus
Herzog-Friedrich-Turm
799m
Wildhütte
Friedrichshöhe
Kienberghütte
Ostweg
Drachenbrunnen
Charlottenhöhe
Agnesruhe
P
Adrionsmühle
Langenwaldsee
Schöneckhütte
Schleh'sche Sägmühle
P
Teuchelweg
Käsernenbrunnen
Langenwald
Löwenbrunnen
Löwenbrunnenhütte
Kasernenwald
Rippoldsauer Hütte
Rippoldsauer Weg
Mittelweg
Kinzigle-Hütte
Gebhard-Kurtz-Hütte
B28
Kniebisstraße
Freundschaftsstraße
Schwarzwald-Hochstraße
B28
Weimerhütte
Teuchelweg
Salzleckerweg
Kinzigleweg
Pfaffenwald
Oberer Zwieselberg
Krumme-Buche-Hütte
Grenzweg
nach Kniebis, Baden-Baden, Offenburg
N
0 250 500 750 1000m

ihm all die Schätze übergeben, die in ihrem Schlosse seien.
Am ersten Freitag kam der Bursch, wie es die Prinzessin gesagt hatte. Der Bär sprang zwar grimmig auf ihn los und tat, als ob er ihn zerreißen wollte, begab sich dann aber still in das Schloß zurück. Ebenso machte es das zweite Mal der Löwe und tat ihm kein Leid, weil er sich nicht fürchtete. Auch am dritten Freitag überstand er unerschrocken den Angriff der Schlange. Dann zog er seinen Degen, entblößte die linke Seite und stach mit der Degenspitze in dieselbe hinein, so daß Blut kam. Da kroch die Schlange sacht zu seinen Füßen hin, worauf er drei Blutstropfen auf die schwere Goldkrone, die sie trug, fließen ließ. Nun hätte er der Schlange die Krone abnehmen sollen, wagte es aber doch nicht recht. Darauf erhob die Schlange langsam ihr Haupt und bot ihm die Krone dar, und als er eben zugreifen wollte, rief plötzlich der Teufel von einem Eichbaume herunter: „Guck, sie sticht dich!" Da erschrak der Bursch, und es entfuhren ihm die Worte: „O Jesus, Maria und Josef!" Da wurde die Schlange ganz wild und wütend und schoß zischend hin und her. Nachdem sie aber ausgetobt, redete sie den Burschen an und sagte, jetzt müsse sie warten, bis von dem Eichbaum, auf dem der Teufel gesessen und gerufen, eine Eichel falle und ausschlage und zu einem starken Baum heranwachse; wenn der Baum dann endlich umgehauen und eine Wiege daraus gemacht werde, so könne das erste Kind, das in dieser Wiege gewiegt werde, sie wiederum erlösen. Doch auch dann könne der Teufel wieder mit im Spiele sein und alles vereiteln wie diesmal. Darauf begab sie sich in das Schloß zurück, darin der Bursch alsbald ein furchtbares Krachen und Poltern vernahm und deshalb machte, daß er nach Hause kam.[1)]

Wandertip: Freudenstadt – Teuchelweg – Krumme-Buche-Hütte – Oberer Zwieselberg – Kinzigle-Hütte – Agnesruhe – Freudenstadt. Wanderzeit: ca. 3 1/2 Stunden.

Wanderung: auf dem Teuchelweg zum Zwieselberg
Ausgangspunkt: Beginn des Teuchelweges in Freudenstadt nahe dem Kurmittelhaus (jetzt: Gesundheits- und Fitnesspark Kienberg, Straßburger Str. 57)
Parken: Parkplatz an der Gabelung Schwarzwald-Hochstraße – Schömberger Straße am Beginn des Teuchelweges, Zufahrt von der Schömberger Straße
Gehzeit: etwa 3 1/2 Stunden
Karte: Wanderkarte Freudenstadt 1:30 000, Schwarzwaldverein Blatt 5 Freudenstadt – Schramberg
Wegmarkierung: blaue Raute auf gelbem Grund (Querweg) des Schwarzwaldvereins bis zum Oberen Zwieselberg und weißer Balken in roter Raute (Mittelweg) des Schwarzwaldvereins bis zurück zum Ausgangspunkt
Einkehrmöglichkeiten: Zwieselberg
Anmerkung: Beachtenswertes von Freudenstadt finden Sie in Kapitel 10 beschrieben.
Wanderroute: Wir starten auf dem Parkplatz am Beginn des **Teuchelweges** (728 m). Pardon: „Deichel- oder Deichelis-Weg“ werden sich einige Freudenstädter mokieren. Mit Recht. So und nicht anders sprechen sie ihr Kleinod von alters her an, mit dem sie sich durch viele Kindheitserinnerungen verbunden fühlen. Daher ist er auch nicht von ungefähr bis heute die beliebteste Waldpromenade der Freudenstädter und ihrer Gäste, überdies wohl der älteste genau festgelegte Waldweg der Stadt überhaupt.
Spazieren wir mit der blauen Raute in den Wald hinein. Was „Teuchel“ sind, weiß jeder Besucher des Paradewegs, besonders seitdem an seinem Anfang ein ausgegrabenes Stück zu sehen ist. Allgemein nahm man dazu ausgehöhlte Baumstämme, in unserem Raum Kiefern oder Forchen, deren harziges Holz haltbarer ist. Stücke von 4 bis 4 1/2 m wurden mit langen Teuchelbohrern ausgebohrt, gewöhnlich auf 3 Zoll, mithin 8 1/2 cm Durchmesser. Die fertigen Stücke legte man bis zum Eingraben in den Teuchel-

weiher. Nichts ist ewig, auch nicht das Material der über 3600 m langen Teuchelleitung. Seit dem 1. Mai 1879 bringt eine eiserne Leitung das Wasser in jedes Haus der Stadt.
Bei der **Schöneckhütte** nicht abwärts zum Freibad, sondern die kleine Steigung hinauf. Wir kommen zum Wassertretbecken, der Löwenhütte und der Attraktion am Teuchelweg, dem **Löwenbrunnen**. Ein weinender Löwe, mitten im Freudenstädter Wald. Das friedfertige Antlitz des Löwen läßt vermuten, daß er nicht aus den heißen Steppen Afrikas stammt und nicht durch selbstgejagte Beute groß geworden ist. Eher hat das bodenständige Schwarzwälder Kost, „Plotzmilch ond Grombiera“, geschafft. Ob daher der Spruch über ihm, „Willst frischen Mut, Trink Löwenblut“, auf praktischer Erfahrung beruht? Karl Rieker, der bekannte Freudenstädter Bildhauer, führte den Löwen 1864 „freiwillig und nicht ohne Zeitaufwand“ aus und setzte ihn an dieses idyllische Plätzchen. Wer dem kleinen Sandstein-Raubtier den Mund zuhält, bringt es ohnehin zum Weinen.
Die blaue Raute geleitet uns an der **Weimerhütte** vorbei in einem großen Bogen zur Kreuzung an der **Krumme-Buche-Hütte** (855 m). Benannt nach der „Krumme-Buche“, die schon unter dieser Bezeichnung 1655 auf einer Karte von Mentzinger auftaucht. Wir lassen sie rechts vor uns liegen und wandern auf einem gut befestigten Weg geradeaus zu den Häusern des Oberen Zwieselbergs an der Straße Freudenstadt – Bad Rippoldsau.
Zwieselberg (850 m, oberer und unterer Zwieselberg), Stadtteil von Freudenstadt. Die ersten urkundlichen Belege von Niederlassungen im Pfaffen- oder Kohlwald, wie Oberzwieselberg bis 1738 auch genannt wurde, stammen aus dem 17. Jahrhundert. Meist kleinere Kohlhütten nur boten den aus Österreich zugezogenen Köhlern und Holzhauern Unterschlupf. Ansiedlungen in Vorder- oder Unterzwieselberg folgten um das Jahr 1716. Die überwie-

gend katholischen Siedler waren bis 1843 dem Amt Alpirsbach zugehörig. Dann kamen sie an Freudenstadt. Doch das war nur in steuerlicher Beziehung so. 1858 erst erhielt Freudenstadt eine katholische Pfarrei. Deswegen trug man die Toten vom Zwieselberg in Rippoldsau zu Grabe. Dorthin mußten sie auch sonst. Das heißt: zu Taufen, kirchlichen Eheschließungen oder eben zur Kirche, an gewöhnlichen Werktagen wie auch an Sonn- und Feiertagen. Die Leute vom Zwieselberg hatten bis zum Ende des 19. Jahrhunderts freilich noch ganz andere Schwierigkeiten, nachdem sie endgültig vom Kloster Rippoldsau gelöst waren und ihr Wald württembergisch geworden war. Bei Dr. Manfred Eimer ist zu lesen: „Sie standen als einzige Gemeinde weit und breit unter dem Patronat der nächsten Klosterpfarrei, nämlich Heiligenbronn bei Horb. Nach Freudenstadt aber mußten sie aufs Standesamt, zur Taufe, zur Hochzeit, ferner zur Schule. Der zuständige Notar amtete in Baiersbronn, das Finanzamt sogar in Dornstetten, und der Schultheiß für die Teilgemeinde saß in Reinerzau."
Zwieselberg ist heute ein „Luftkurort inmitten ausgedehnter Wälder und ein Paradies für Wanderer. Aber auch den Spaziergänger erwartet ein großes, meist ebenes Spazierwegenetz, mit Ausblicken zur Schwäbischen Alb, zum Südschwarzwald und zu den Schweizer Alpen". Solchermaßen werben die Freudenstädter in unseren Tagen, nicht ohne Stolz und Berechtigung, für ihren Stadtteil, der schon seit 1926 eingemeindet ist.
Wir überqueren die Rippoldsauer Straße und treffen dort auf den Mittelweg. Die rote Raute mit weißem Mittelstrich führt uns durch den Wald abwärts zur Kleinen Kinzig. Im oberen Teil nennt man sie „Dürres Kinzigle". Bei der zwergenhaften **Kinziglehütte** über die Steinbrücke und später auf gut befestigtem Weg zur **Rippoldsauerhütte** (827 m). Nach Überschreiten der Straße geht es weiter bergab, in 5 Minuten zu der kleinen Schutzhütte

Agnesruhe. Unser Weg mündet alsbald in den uns schon bekannten Teuchelweg ein. Auf ihm wandern wir bequem zu unserem Ausgangspunkt an der Gabelung Schwarzwald-Hochstraße – Schömberger Straße zurück.

Burgbach-Wasserfall

12 Von Bure und Fuhrleut in Bad Rippoldsau

Im Schapbachtal hatte ein reicher Bauer ein paar kapitale Ochsen im Stall stehen. Einer davon schien nicht ganz geheuer. Schlug die Glocke vom Klösterle nämlich nachts die zwölfte Stunde, fing dieser an zu pfeifen. Es klang gruselig grell. Hinterher rasselte und lärmte es, bei Gott, als hinge ein schweres Gewitter, geladen mit Donner und Blitz, am Himmel. Allemal war es ein Schrecken für Knechte und Rösser, mußten sie in dunkler Nacht dort vorbeifahren. Was Wunder, wenn mancher von ihnen lieber einen weiten Umweg in Kauf nahm.[2)]

Holzfuhrleute wollten eines Tages am Winterbergkopf Langholz holen. Als sie den Berg hinauffuhren, schossen ihnen lange Stämme auf dem schmalen Waldsträßchen entgegen, geradewegs vor die Räder des Wagens. Der blieb stehen. Den Pferden selbst geschah kein Schaden. Vergeblich versuchten die Männer, die Hölzer beiseite zu schaffen. Doch so schwere waren ihnen in ihrem ganzen Waldbauernleben noch nicht in die Finger gekommen. Schließlich wurde es einem der Männer zu dumm. Er fluchte „alle Heiligen vom Himmel" ob der Schinderei. Da, auf einmal, ging es. Wie sie aber von ihrer Arbeit verschnauften, sahen sie, daß ein von Kopf bis Fuß schwarz gekleideter Mann auf dem Wagen saß. Der blieb dort eine ganze Weile seelenruhig sitzen, dann verschwand er spurlos.[3)]

In Schapbach starb vor Zeiten ein Bauer. Fortan ließ sich in seinem Bergwald ein Lichtlein sehen. Es schwebte an einem Grenzstein hin und her. Spät am Abend ging einmal ein Metzger, der war freilich nicht mehr ganz nüchtern, mit einem Kalb an dem Berg vorüber. Als er das glänzende Licht sah, rief er dem zu: „Komm herunter und leuchte mir, da oben hilfst du mir nichts!" Sogleich war das Lichtlein bei ihm. Es brachte ihn und das Kalb im Nu hinauf zum Grenzstein. „Drehe den Stein!“, befahl das Licht dem unterdessen nüchtern gewordenen Metzger. „Das werde ich nicht können“, erwiderte der. „Es geht bestimmt, versuch es nur“, ermutigte ihn das helle Licht. Der Metzger legte Hand an den Stein. Siehe da, er bewegte sich in eine gewisse Richtung. „So, jetzt bin ich erlöst“, sprach darauf das Licht und verschwand. Daheim erzählte der Metzger den Vorfall. Der Sache wurde nun amtlich nachgegangen. Und siehe da: der dahingegangene Hofbauer hatte dem Grenzstein zu Lebzeiten eine andere Richtung gegeben und sich so ein Stück des angrenzenden fremden Waldes angeeignet. Und nun hatte er es dem rechtmäßigen Eigentümer wieder zurückgegeben.[4)]

Wanderung: zum Burgbach im Tal der Wolf
Ausgangspunkt: Gasthof „Klösterlehof“ in Bad Rippoldsau
Parken: bei der Kirche
Gehzeit: etwa 2 1/2 Stunden
Karte: Schwarzwaldverein Blatt 5 Freudenstadt – Schramberg; Wanderkarte der Kurverwaltung Bad Rippoldsau-Schapbach, 1: 25 000
Wegmarkierung: örtliche Wegzeichen R 1, R 2, K 1, K 2, TK 1, TK 3
Einkehrmöglichkeiten: Klösterle, Burgbach und Bad Rippoldsau
Wanderroute: Ausgangspunkt für unsere Wanderung ist die Kirche in **Bad Rippoldsau** (542 m). Sie gilt übrigens als eine der schönsten im Wolftal. Höchstgelegenes Mineral- und Moorbad des Schwarzwaldes, malerisch zwischen hohe Waldberge ins enge Wolftal eingebettet. 1179 erste Nennung, 1296 zusammen mit der Herrschaft Wolfach fürstenbergisch. 1490 wird ein „Badhuß“ erstmals urkundlich erwähnt. Um 1700 wandern Tiroler Bergleute und Waldarbeiter ein. Bis 1713 verschiedentlich Bergbau. Ab dem 16. Jahrhundert Bad. Am 1. 7. 1974 vereinigten

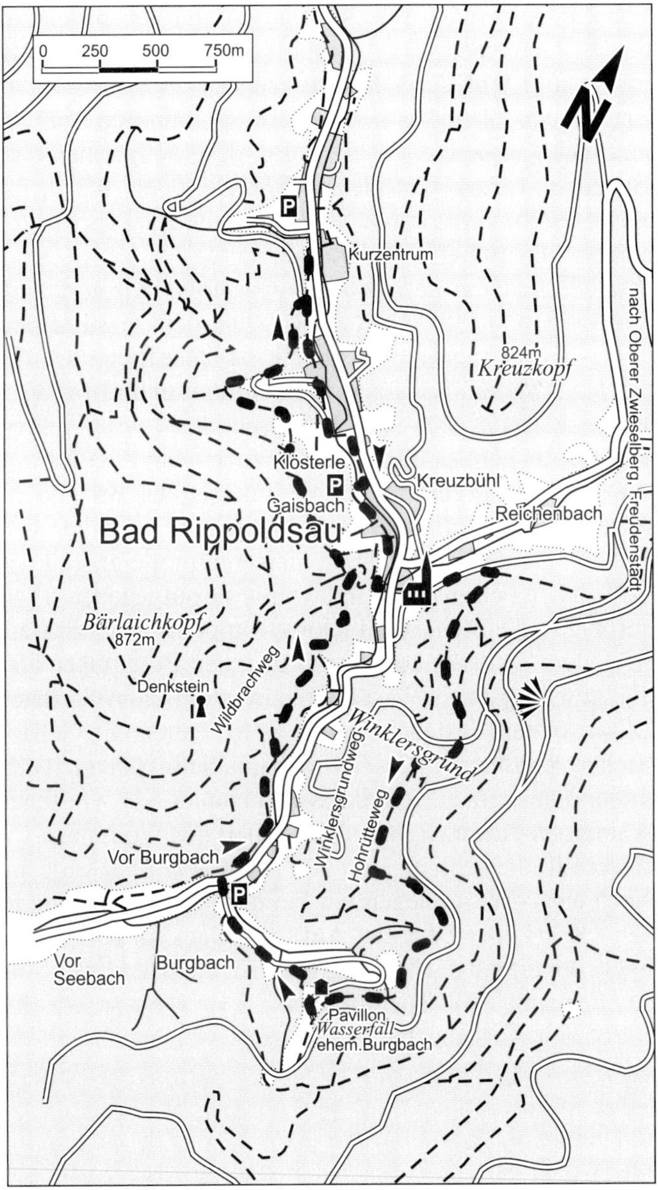
0 250 500 750m
N
Kurzentrum
nach Oberer Zwieselberg, Freudenstadt
824m
Kreuzkopf
Klösterle
Gaisbach
Kreuzbühl
Reichenbach
Bad Rippoldsau
Bärlaichkopf
872m
Denkstein
Wildbrachweg
Winklersgrund
Winklersgrundweg
Hohrütteweg
Vor Burgbach
Vor Seebach
Burgbach
Pavillon
Wasserfall
ehem. Burgbach

sich die Gemeinden Bad Rippoldsau und Schapbach zur neuen Gemeinde Bad Rippoldsau-Schapbach. **Kath. Pfarr- und Wallfahrtskirche**, 1828/29 erbaut. Wallfahrt zur Schmerzensmutter seit dem 18. Jahrhundert. Ausstattung der Kirche aus der 2. Hälfte des 19. Jahrhunderts. Gnadenbild stark verändert. **Klösterle**, heute Pfarrhaus, als Benediktinerpriorat 1768/70 errichtet, 1802 als Kloster aufgehoben. **Scheffel-Denkmal.**

Wir durchqueren den Hof des Gasthofs „Klösterlehof" und steigen auf einem Pfad zwischen dem Gasthof und dem benachbarten Haus bergan in östlicher Richtung. Mit der R 2 wandern wir über den **Winklersgrund** bis zum Wiesengelände über dem Burgbachfelsen, wo der Pfad endet. Jetzt geht es über den R 1 rechts zum Pavillon auf den wuchtig aufgetürmten Granitmassen des **Burgbachfelsens** (556 m). Eine Burg nahm in der Stauferzeit den östlichen größeren und einen kleineren mittleren Teil des natürlichen Felsens ein. 1428 wurde sie aufgegeben, 1746 geschleift, die Steine dem Kloster Rippoldsau überlassen. In steilem Zickzack steigen wir über den Burggraben und die Steintreppe zum Wasserfall talwärts bis zum Gasthaus „Zum letzten G'stehr". Schon 1582 hatten die Schapbacher Waldbauern das Recht zum Selbstflößen. 1887 steuerte das letzte Floß die Wolf hinunter. Das Gasthaus erinnert an die einstige Floßherrschaft des Wolftales.

Unsere Route schließt sich nun der K 2 wolfaufwärts an. Nach etwa 400 m biegen wir bei der linken Gabelung in den TK 3 (Lehrpfad I) ein. Auf ihm gehen wir nach **Gaisbach**, darauf mit der TK 1 bis kurz vor die **Kurklinik**. Auf der bequemen **Wolfpromenade** (K 1) wandern wir abwärts zum Ausgangspunkt.

13 Von Geistern und Hexen im Wolftal

„Das hat der Schwarzwald der Schweiz voraus; er ist lieblicher und wärmer, die Schweiz mit ihren Gletscherfeldern und ihrem grauen, riesenhaften Felsgestein imposanter, aber kälter. Sie bietet nichts für das Gemüt. Der Geist des Menschen staunt zwar über die Majestät der Alpen, aber das Herz bleibt leer und kalt. – An der Südwand des Kniebis hin, über den aus dem ‚Abendläuten' bekannten Zwieselberg fuhr ich dem Wolfthale und damit dem Gebiet der Kinzig zu." Heinrich Hansjakob, der größte Sohn des Kinzigstädtchens Haslach, hat diese Eindrücke im Jahre 1901 in seinen Reiseerinnerungen „Verlassene Wege" festgehalten.
Was damit etwa gemeint: man kann diese herrlichen Wälder nicht beschreiben und auch nicht die Empfindungen, mit denen sie einen erfüllen. Ein tiefes Gefühl von Zufriedenheit ist eine davon. Eine sprudelnde, von Herzen kommende Fröhlichkeit die andere. Und eine dritte, jedoch sehr deutliche Wahrnehmung ist das Gefühl der Entfernung von der Welt des Alltags und der Befreiung davon und von ihren Angelegenheiten, wie Mark Twain nüchtern feststellte.
Die Berglandschaft des Kniebisgebietes ist der erste Begleiter eines Bächleins, das seinen Ursprung in der Nähe der Alexanderschanze hat: die Wolf. Durch das Schapbacher Tal nimmt es seinen Lauf, bis es sich nach gut dreißig Kilometern drunten in Wolfach mit der Kinzig vereinigt.
Ist die Einheitlichkeit der Natur ein Merkmal des Tales, so ist die gemeinsame Kultur der Wolftalgemeinden das zweite. Sprache, Tracht, Brauchtum, Religion und Geschichte sind seit dem Mittelalter einheitlich gewachsen und über das Tal gegangen. Ein modernes Heilbad, das zugleich ein liebenswerter Kurort ist, versteckt sich im Wolftal, umrahmt von den mächtigen Kniebisgebirgsstöcken

und eingebettet in endlos scheinende Tannenhochwälder: Bad Rippoldsau. Daneben Schapbach, geprägt von der Forstwirtschaft und vom Fremdenverkehr, beherrscht von einem schmucken Dorfkern und der barocken Kirche. 1974 schlossen sich die bis dahin selbständigen Gemeinden Schapbach und Bad Rippoldsau im Zuge der Gemeindereform zur Gesamtgemeinde Bad Rippoldsau-Schapbach zusammen.
Auf dem Höhenzug Schwarzenbruch, sagen die Leute, soll, wo heute einige stattliche Höfe stehen, vorzeiten die Stadt Benau gestanden haben. Ihre Bewohner, überliefert die Sage, führten ein Leben wie in Sodom und Gomorra: frevelhaft und Gott lästernd. Das Schicksal der Siedlung ließ sich nicht aufhalten. Eines Tages tat sich der Berg weit auf. Die Einwohner, die Einrichtungsgegenstände aus Holz und sogar jene aus Stein stürzten in die Tiefe. Der Platz auf dem Moos, der den Namen „Kirchhof" trägt, wurde zum Grab, das die Gottlosigkeit rächte. Neun Tage lang noch vernahm die Bevölkerung im Tal das Wehklagen der Versunkenen. Nur der Pfarrer und der Mesner waren Gottes Strafgericht entgangen. Während des Untergangs der Stadt versahen sie anderwärts einen Schwerkranken mit den Sterbesakramenten.
Bis heute noch findet von Kreuzauffindung bis Kreuzerhöhung jeden Sonntagnachmittag unter Teilnahme von Kindern und Erwachsenen aus den dortigen Gehöften eine feierliche Prozession um den Hanselehof statt. Dabei tragen, wie von den ältesten Zeiten her die Sage berichtet, vier bekränzte Mädchen die schön geschmückte Statue der Himmelskönigin, Männer Kreuz und Fahne voraus. An der Stelle, wo seit Menschengedenken die Prozession hielt und mit einer Litanei schloß, ließ der Hanselesbur im Frühjahr 1894 auf seine Kosten eine neue Kapelle bauen.
Mehr als Brot essen im abgeschiedenen Schapbacher Tal konnte einmal ein alter Holzhauer. Wie er weiland mit seinen Genossen im Walde Kaffee kochte, sagte einer der

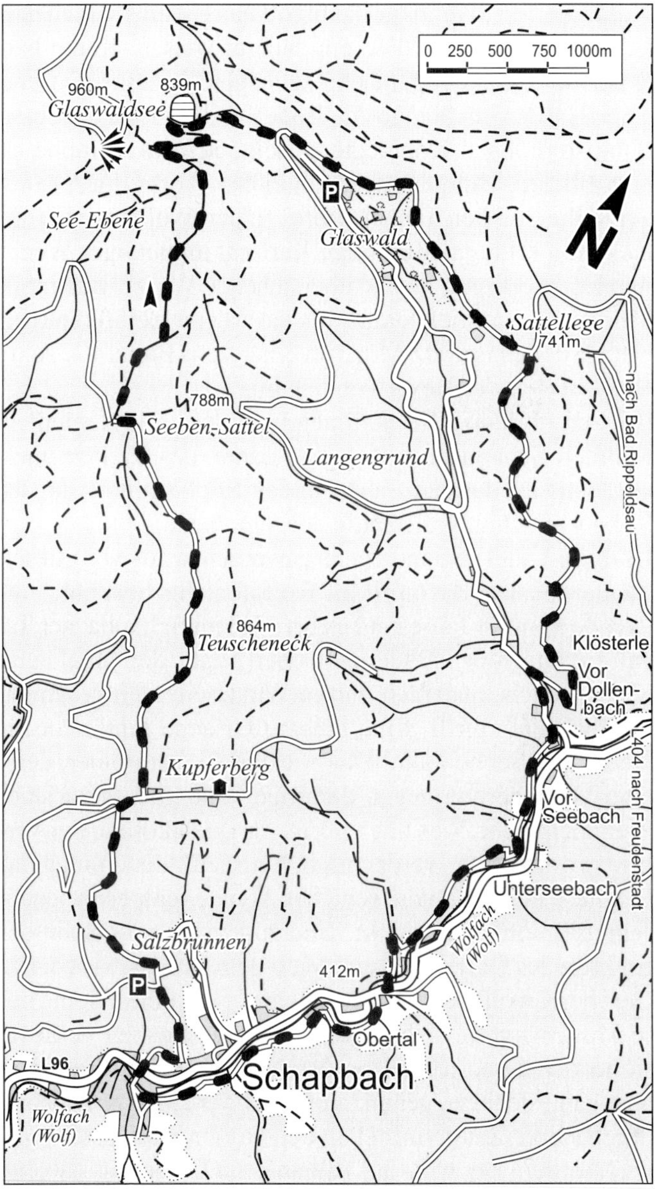
0 250 500 750 1000m
960m
839m
Glaswaldsee
See-Ebene
Glaswald
Sattellege
741m
788m
Seeben-Sattel
Langengrund
nach Bad Rippoldsau
864m
Teuscheneck
Klösterle
Vor Dollen-bach
Kupferberg
L404 nach Freudenstadt
Vor Seebach
Unterseebach
Wolfach (Wolf)
Salzbrunnen
412m
Obertal
L96
Schapbach
Wolfach (Wolf)

Waldarbeiter: „Wenn mr itzt bigott nau e weng Milich hätte.“ „Des hett's gli!“ ließ ein anderer wissen. Kaum hatte der den Mund zugemacht, schnappte er seine Axt und einen Hafen vom bemoosten Boden und steuerte auf einen Baumstumpf zu. Dort legte er seine schwarze Joppe ab und blickte, einige unverständliche Worte murmelnd, durch die dunklen Tannenwipfel zu den Wolken am Himmel. Nun schlug der drahtige Kerl mit unbändiger Wucht sein Hauwerkzeug in eine überstehende Wurzel und molk Milch zum Axtstiel heraus, bis das irdene Gefäß randvoll war. „So, des isch itz Mili von einer vom Bauern X seine Küh“, redete der Hexer vor sich hin.

Der Abend kam. Die Stallmagd auf dem mit Namen erwähnten Schapbacher Hof ging daran, das Vieh zu melken. Was ihr durchaus nicht in den Kopf wollte: eine der Kühe war schon vollständig ausgemolken.

Übrigens: daß jemand reich geworden wäre von diesen Zauberkünsten, davon ist im Wolftal nichts bekannt.

Gerade hundert Jahre sind es her, daß im Schapbacher Tal auf einem großen Bauernhof über Nacht die Maul- und Klauenseuche ausbrach und in Windeseile den gesamten Viehbestand ergriff. Eine faßbare Ursache fand man für die lästige Sache nicht. Das war um so schlimmer, denn eine Versicherung gegen derartige Fälle gab es zu jener Zeit noch nicht. Was blieb übrig: das Vieh konnte nur verhext worden sein. Verdächtige Weibsleut, denen man das Unglück in die Schuhe schieben konnte, gab es in jenem Jahr 1893 ohnehin im Ort. Und zudem war der Sohn der Erzhexe des Dorfes tags zuvor auf dem Hofe gewesen. Ein Geschenk wollte er abholen, bekam aber keines. Seine böse Mutter ärgerte sich darüber, und aus Bosheit verhexte sie in der darauffolgenden Nacht den ganzen Stall. Um aber ganz sicher zu gehen, mußte die Verdächtige gebannt, durch starke Zaubermittel an den Ort ihrer Missetat beordert werden. Doch bis auf Bibiane, die Untermagd, wollte keine der Mägde des Hofes die Beschwörung wagen. Als die Dunkelheit allmählich über die Tannenwälder hereindämmerte, kam die Stunde der Bibiane. Sie nahm die Räucherpfanne unter den Schurz und schlich zum Stall. Nicht ohne vorsichtig um sich zu spähen, ob die Luft auch von allen Seiten rein sei. Auf der Glut in dem Gefäß verbrannte sie langsam drei Messerspitzen Dreifaltigkeitssalz, ebensoviel Butter, drei Stückchen Brotrinde, dazu Osterholz vom Kirchhof. Dabei mußte Bibiane sehr achtsam sein, denn hätte die Hexe von dem ihr drohenden Bann Wind bekommen, so hätte sie der Magd übel mitspielen und das Vorhaben vereiteln können. Bibiane kam wahrlich ungesehen in den Stall, blies auf dem Deckel der Räucherpfanne die Glut an, und während die geweihten Dinge langsam verbrannten, sprach sie die Worte: „Hexe, ich leg' dir Salz und Schmalz und Brot auf dein Herz, daß du leidest großen Schmerz, du sollst haben weder Ruh noch Rast bis du dein Vergehen gestanden hast. In Gottes oder des Teufels Namen!" Solchen Schmerz am eigenen Leib auszuhalten, das war wohl selbst für die hartgesottenste Hexe zuviel. Winselnd und heulend kamen zur selben Stunde nun zwei verdächtige Weibspersonen herangestiefelt. Die eine freilich erklärte öffentlich, sie könne nie und nimmer hexen und habe auch die Maul- und Klauenseuche auf dem Hof nicht gemacht. Die andere leugnete zuerst alles, gab dann aber zu, sie habe die Sache mit der Bibiane „unter vier Augen" ausgemacht.

Wanderung: zum kleinen Bergsee im Tannenwald
Ausgangspunkt: Bad Rippoldsau-Schapbach, Ortsteil Schapbach
Parken: Parkplatz bei der Kirche
Gehzeit: etwa 5 1/2 Stunden
Karte: Schwarzwaldverein Blatt 5 Freudenstadt-Schramberg; Wanderkarte der Kurverwaltung Bad Rippoldsau-Schapbach, 1:25 000
Wegmarkierung: Wegzeichen des Schwarzwaldvereins

Einkehrmöglichkeiten: Keine. Rucksackvesper empfohlen

Wanderroute: Start für unsere stramme Tour ist **Schapbach** (417 m). Anerkannter Luftkurort und stille Sommerfrische im oberen Wolftal. 1222 wird „Shappach“ erstmals urkundlich erwähnt. Nach den Zähringern waren es die Fürstenberger, die im Wolftal lange für stabile politische Verhältnisse sorgten. 1806 wurden alle Fürstenberger Lande dem Großherzogtum Baden einverleibt.

Am Aufgang zur Kirche eindrucksvolles Kriegerdenkmal vom Gutacher Maler und Bildhauer Prof. Curt Liebich. **Kath. Pfarrkirche St. Cyriakus** auf einer kleinen Anhöhe des Segensberges. Kern von 1667. 1723 zerstört, verändert wieder aufgebaut. Heutiger Rokokobau von 1923. Ausmalung 1928 durch J. M. Kitchler. Die Westtürme mit Zwiebelkuppeln wurden 1956 errichtet. **Brauchtum:** Fronleichnamsprozession (Schapbacher Trachten). In der Ortsmitte von Schapbach beginnt der bekannte „Hansjakobweg“.

Die Wegmarkierung für unsere Route, die blaue Raute mit weißem Mittelstrich, finden wir unterhalb der Kirche. Von der Wolfbrücke aus verlassen wir das Tal in nördlicher Richtung. Der Polderhof liegt an unserem Weg. Vor Eintritt in den Hochwald schöner Blick auf Dorf, Obertal und Staufenkopf. Der **Vordere Kupferberg** (738 m) erinnert an den jahrhundertelangen Bergbau nach Silber, Kupfer, Blei und Eisen im Gebirge rund um Schapbach. Hier am Kupferberg bauten unter anderen die Gruben „Herrensegen“ und „Gabe Gottes“. Unterhalb Ausblick auf Brandenkopf, Kandel und Berge des südlichen Schwarzwaldes. Auf befestigtem Holzabfuhrweg zur Baumscheibe, danach fast ebenen Weges zur **See-Ebene** (Naturschutzgebiet) und am Seeblick hinüber zum **Glaswaldsee** (966 m. Karsee, ca. 11 m tief). Der Name: in der Einmündung des Langen Grundes in den Seebach stand im 17. Jahrhundert eine Glashütte mit einem Weiler, Glas-

wald, die viel Holz und klaren Sand benötigte. „Es ist wohl der kleinste, aber nach meinem Geschmack der feinste Bergsee des Schwarzwaldes, und zwar deshalb, weil er der düsterste ist und voll von einer Melancholie, die es einem förmlich antut, in seinem Wasser zu sterben.“ Der Glaswaldsee – „unbeweglich wie ein Stück Ewigkeit.“ So charakterisierte Heinrich Hansjakob ein Juwel des Schwarzwaldes, und sicher zu Recht. An der Behagelhütte nordöstlich des Sees vertrauen wir uns wieder der blauen Raute mit weißem Mittelstrich an, halten uns nach rechts in östlicher Richtung und gehen über **Sattellege** (741 m) hinunter nach **Vor-Seebach**. Nun lenken wir unseren Schritt talabwärts entlang der Wolf, auf der Wolfpromenade, zu unserem Ausgangspunkt in „Schapbe“, wie die Schapbacher liebevoll ihren Heimatort nennen.
Und in ihrer Ortschronik ist unter dem 26. November 1923 zu lesen: „Gebühr für eine Postkarte: 40 Milliarden Mark.“ 1989 steht geschrieben: „Partnerschaft mit der französischen Gemeinde La Tranche-sur Mer/Vendée.“

14 Vom Wustlegeist und den Erdmännle

In dem Dorfe Rötenberg, das im Schwarzwald, nicht weit von Alpirsbach, liegt, hielten sich früher viele Erdmännle auf. Die taten unsichtbar bei Nacht alle Arbeit für die Menschen, fütterten das Vieh, warfen Stroh herab, kneteten die Brotlaible zurecht und backten sie, so daß die Leute sie des Morgens fertig vorfanden. Dafür mußte man den Erdmännlein täglich ihr Essen auf den Herd stellen, was sie dann heimlich verzehrten. Unterließ man das, oder nahm jemand etwas davon, so wanderten sie fort und gingen in ein anderes Haus. Jetzt sind alle Erdmännlein schon lange aus Rötenberg verschwunden und wahrscheinlich von unserem Herrgott in eine andere Gegend der Erde verwiesen worden.[5)]

Östlich von Schenkenzell öffnet sich ein kurzes, steiles Waldtal, der Grubersgrund, in dessen oberem Teil der Wustlegeist – der Volksmund nennt ihn kurz „d'r Wustele"– sein Unwesen treibt. Bald macht er sich nachts auf Matten und Feldern unliebsam bemerkbar, bald ist er auf dem Kegelriß, bald im Schornwald anzutreffen, überall gefürchtet und gemieden.

Warum er eigentlich geistert, läßt sich nicht genau bestimmen. Aber er muß in seinem Erdenleben ein grober und ungeschlachter Geselle gewesen sein. Händel und Raufen bildeten seinen Lebensinhalt, und als Geist möchte er noch einen ähnlichen Wandel führen, weshalb er auch den Namen Wustele trägt. Mit Poltern, Spektakeln und Stockhieben treibt er die Leute, die in seinen Bann geraten, das Tälchen hinaus, oder er führt sie im Walde so kreuz und quer, daß sie in selbiger Nacht nimmer ihren Weg nach Hause finden. Deshalb meiden die Bauersleute, welche das Gebaren dieses Nachtschrecks zur Genüge kennen, gerne die Gegend seines mitternächtlichen Treibens.[6)]

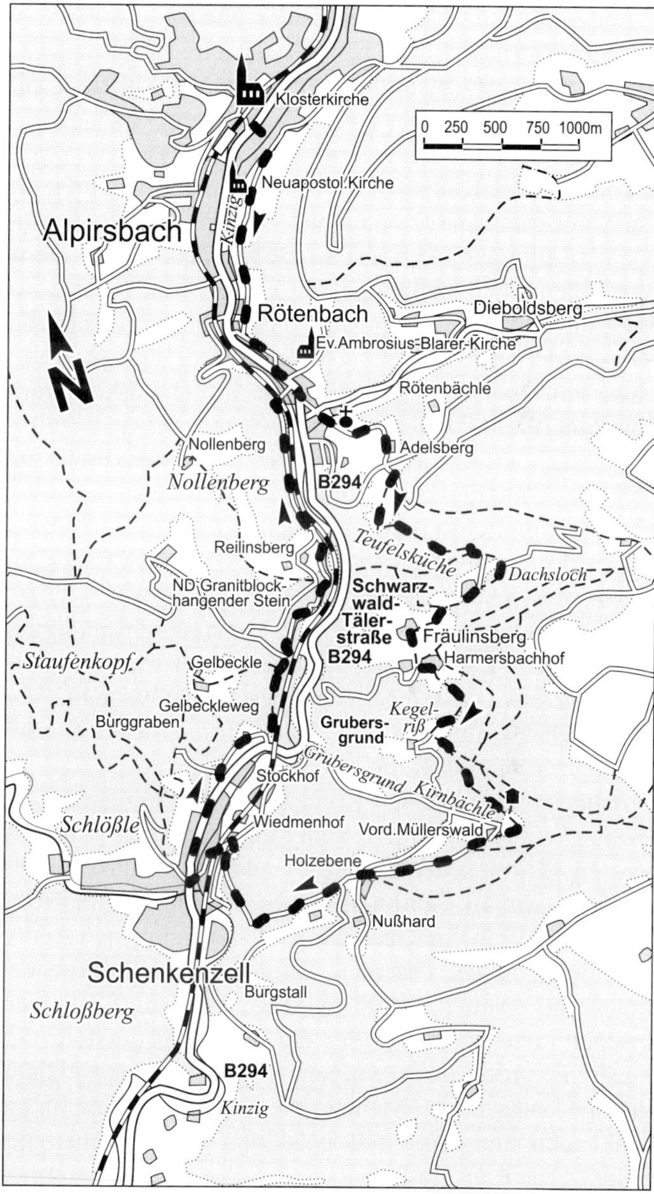
Klosterkirche
0 250 500 750 1000m
Neuapostol.Kirche
Alpirsbach
Kinzig
Rötenbach
Dieboldsberg
Ev.Ambrosius-Blarer-Kirche
N
Rötenbächle
Adelsberg
Nollenberg
Nollenberg
B294
Teufelsküche
Reilinsberg
Dachsloch
ND Granitblock-hangender Stein
Schwarz-wald-Täler-straße
Fräulinsberg
B294
Harmersbachhof
Staufenkopf
Gelbeckle
Gelbeckleweg
Kegel-riß
Burggraben
Grubers-grund
Grubersgrund
Kirnbächle
Stockhof
Schlößle
Wiedmenhof
Vord.Müllerswald
Holzebene
Nußhard
Schenkenzell
Burgstall
Schloßberg
B294
Kinzig

Wanderung: links und rechts der Kinzig
Ausgangspunkt: Rathaus in Alpirsbach
Parken: in der Ortsmitte kaum Parkmöglichkeiten und Parkscheibenregelung; besser nördlich der B 294
Gehzeit: etwa 4 1/2 Stunden
Karte: von der Kinzig zum Neckar, Wander- und Freizeitkarte mit Radwanderwegen und Loipen, 1:20 000. Hrsg.: Kurverwaltungen Alpirsbach, Betzweiler-Wälde, Dornhan, Glatten und Loßburg
Wegmarkierung: Alpirsbach – Holzebene schwarz-rote Raute auf weißem Grund (Ostweg) des Schwarzwaldvereins. Holzebene – Schenkenzell örtliche Markierung Nr. 15 in rotem Punkt auf gelbem Grund. Schenkenzell – Alpirsbach örtliche Markierung Nr. 14 in rotem Punkt auf gelbem Grund und Zeichen des „Jakobusweges“
Einkehrmöglichkeiten: in Schenkenzell
Anmerkung: Beachtenswertes von Alpirsbach finden Sie in Kapitel 15 beschrieben.
Die Route kann auf die sehr schöne Höhenwanderung Alpirsbach – Fräulinsberg – Schenkenzell mit einer Gehzeit von etwa 2 1/2 Stunden beschränkt werden. Von Schenkenzell aus besteht Rückfahrmöglichkeit nach Alpirsbach mit der Bahn.
Freunde von Burgruinen-Romantik kämen mit einem Abstecher zur ehemaligen **Schenkenburg** voll auf ihre Kosten (2 km kinzigabwärts. Einkehrmöglichkeit, kein Ruhetag). Im 13. Jahrhundert erbaute Schutz- und Trutzburg der Herren von Geroldseck, dem mächtigsten Adelsgeschlecht in der Ortenau. Turmstumpf und Reste des Palas sind erhalten. Bei Streitigkeiten mit den fürstenbergischen Lehensherren wurde die Burg 1534 zerstört. Der einstmals große Burgzwinger ist heute zu einer kleinen Anlage ausgebaut. Manch abenteuerliche Geschichte rankt sich um Burg und Felsklotz. Ob sie Ihnen der Schloßgeist preisgibt?
Wanderroute: Unsere sehr schöne Höhenwanderung bei-

derseits der Kinzig hält für uns stärkere Steigungen und Gefälle bereit, vor allem unmittelbar hinter Rötenbach. Wanderlustige kommen also durchaus auf ihre Kosten. Vom **Rathaus** (441 m) über die Bahnlinie und die Freudenstädter Straße zum **Marktplatz**. Gleich über die steinerne Kinzigbrücke zum **Gutleutweg**. Als Panoramaweg führt uns dieser mit prächtigen Ausblicken bis **Rötenbach**. Bis zur Abzweigung nach Rötenberg und zum Schwimmbad bleiben wir auf der Hauptstraße (Bundesstraße 294). Dann biegen wir rechts ein zum **Friedhof**. Steil und ohne ein bißchen Schatten zieht sich der von Pforzheim, der „Pforte zum Schwarzwald", ausgehende Ostweg vom Grund des sonnigen Kinzigtales hinauf ins **Dachsloch** (511 m). Dafür, daß der Aufstieg nicht nur eine reine Trainingstour wird, sorgen reizvolle, ständig wechselnde Fernsichten zum Nollenberg, Staufenkopf und ihren bewaldeten Nachbarn. Zwischen Teufelsküche und Bech, den kurzen Seitentälern, die von der einsamen Hochfläche zur Kinzig hinab sich auftun, erreichen wir **Fräulinsberg** (520 m).
Schön ist der Blick von den wenigen Berghöfen auf die Höhen im Land um die Kinzig.
Vorzeiten, feudale Adelsherren und reiche Klöster beherrschten noch Land und Leute in der Gegend, da soll dieser ganze Bergrücken Besitz eines gottesfürchtigen Edelfräuleins gewesen sein. Alle Diesseitigkeit war ihrem frommen Gemüte indessen fremd, obgleich vom großen Weltgeschehen nur wenig in die Waldesstille drang, in der Luchs und Bär hausten. Ihre Zuwendung und Liebe galt gänzlich den kleinen Bauern auf der abgeschiedenen Anhöhe. Dort mangelte es oft am Nötigsten. Trost und Hilfe suchten die armen Schlucker bei der glaubensstarken edlen Frau. Eines Tages, so weiß man bis heute, schenkte sie ihr ansehnliches Hab und Gut samt und sonders diesen Taglöhnerfamilien. Sie selbst entsagte der Welt. Als Nonne trat das adelige Fräulein in das nahe Kloster der seligen

Luitgard in der Einöde am Wittichener Bach ein, um sich dort in geistlicher Gemeinschaft in allen guten Werken zu üben. Die Nachfahren teilten indessen den stattlichen Edelsitz in vier große Höfe auf und bewirtschafteten sie jeder für sich. Aus Dankbarkeit und zum ewigen Gedächtnis aber gaben sie dem Weiler den Namen Fräulinsberg.[7)]
In knapp 10 Minuten sind wir am **Kegelriß**. Der Platz erinnert mit seinem Namen an das ruchlose Leben eines verrohten Brüderpaares. Das hauste im „Schlößle" links der Straße, auf der man von Schenkenzell nach Alpirsbach kommt. Wälle und eine Ringmauer sind von der wohnturmartigen Burg noch erkennbar. Das Sündenregister der beiden war lang. Doch die Schuld dafür gaben sie ihrer Armut, ihrer schlechten Erziehung, vorzugsweise der bösen Gesellschaft, in die sie geraten waren. Wie Pech und Schwefel hielten die Ganoven zusammen, wenn es darum ging, ihre schändlichen Wegelagereien in die Tat umzusetzen. An der Straße unten im Tal, dort wo die Kinzig eng und schmal über blankgewaschene Felsbrocken, über kahle Baumwurzeln prasselt, lauerten sie miteinander im Hinterhalt auf ihre Opfer. Kam ein Wanderer oder zog ein Pilger gen Sankt Jacob ohne Falsch und Arg des Wegs, überfielen sie die arme Seele, raubten sie aus und trieben ihr gemeines Spiel mit ihr. Später schleppten die Gauner die Beraubten hinauf in diesen verlassenen Erdenwinkel, den Kegelriß, und gruben sie bei lebendigem Leib bis an den Hals in den sandigen Boden. Mit massigen Steinkugeln eröffneten die barbarischen Bösewichte nachher ein wüstes Kegelschieben nach den Unglücklichen, bis der Tod ihnen eine gütige Erlösung brachte.[8)]
Wandern wir auf dem Ostweg zur **Holzebene** (564 m). **Hinweis:** Gemeint ist nicht das Naturfreundehaus Holzebene, sondern der Holzplatz unterhalb von Nußhard. Freilich, sollte der Durst übermäßig sein, sind es nur ein paar Minuten zum familienfreundlichen Haus der Naturfreunde, das jedoch nur sonntags bewirtschaftet ist. Herr-

liche Aussicht. Das „Gasthaus Holzebene“ ist geschlossen.

Auf der Holzebene wohnte einst die leidgeprüfte „Afra“ (Juditha Oberföll), deren Schicksal der große Erzähler aus dem Kinzigtal, Heinrich Hansjakob, in der gleichnamigen Geschichte festgehalten hat.

Hier verabschieden wir uns vom Ostweg und wandeln in Begleitung der Nr. 15 im rotem Punkt auf gelben Grund den Hochbergweg hinab an den Zusammenfluß der Großen und der Kleinen Kinzig. Aus dem Tal weit hinten blinzelt das Flößerstädtchen Schiltach, und unten grüßt uns der Luftkurort **Schenkenzell** (355 m) mit den Ortsteilen Kaltbrunn, Wittichen und Vortal. Ein „Hermannus Pincerne des Shenkenzelle“ ist um 1244 genannt. Die Burg Schenkenzell unterhalb des Ortes war auch Verwaltungssitz für die Herrschaft Schenkenzell. 1265 kaufte Walter I. von Hohengeroldseck „Celle im Kineziginda“ von Konradin, dem letzten Hohenstaufen. 1498 erwarb Fürstenberg Schenkenzell mit Kaltbrunn, die Burg selbst 1500. Bei den Auseinandersetzungen mit ihrem letzten Lehensträger, Hans von Weitingen, mußte der Graf von Fürstenberg 1534 seine eigene Burg mit Waffengewalt einnehmen und zerstören. Schenkenzell kam 1806 zum badischen Amt Wolfach, 1939 zum Landkreis Wolfach. Gruben- und Gewannbeschreibungen der Gemarkung Schenkenzell weisen auf die ehemalige Bergbautätigkeit im Tal von Wittichen hin. Neben Silber wurde damals Kobald gewonnen und bis 1835 in Schenkenzell Kobalterz vermahlen. Die Bergwerkszeit ist Vergangenheit.

Die katholische **Pfarrkirche St. Ulrich** ist ein Neubau von 1982 anstelle der abgerissenen Barockkirche des fürstenbergischen Baumeisters Franz J. Salzmann. Der Turm steht noch. Die Barockaltäre stammen aus der Klosterkirche in Oberndorf und aus Hochmössingen. Prachtvoll ist die Kanzel mit ihren Kirchenvätern, den geschnitzten Ornamentbändern und dem Posaunenengel auf dem Schalldeckel. An der Ostseite des früheren Gottesackers: das zur Gefallenengedenkstätte umgestaltete alte Beinhaus mit schöner Pieta und steinernem Kruzifix von 1772.

Kloster Wittichen (5 km von Schenkenzell) gehört mit zu den verborgensten Kleinodien der Kinzigtäler Landschaft. Wir bewegen uns auf den Spuren einer bedeutenden Mystikerin, der seligen Luitgard. Das Elternhaus der „Heiligen des Kinzigtales" stand vermutlich im Vortal. Um 1290 geboren, trat sie mit 12 Jahren in die stille Klause im Rankenbachtal bei Oberwolfach ein und wirkte dort 20 Jahre. 1324 gründete Luitgard in göttlichem Auftrag in einer Wildnis nahe der Burg Wittichenstein das Klösterlein Wittichen, in dem sie 1347 starb. Die **Kirche** ist im wesentlichen ein Neubau von 1681. Hochaltar 1687; Altarblatt die „Krönung Mariens". Flankierende Holzstatuen: hl. Franziskus von Assisi und die hl. Klara. Schöne Kanzel, reich mit Bändern und Rankenwerk verziert, aus der Frühzeit des 18. Jahrhunderts. Unter den bedeutenden Grabmälern steht die Grablege der Stifterin, rechts unter der Empore, an erster Stelle. Steinsarkophag von 1629. Darüber Reliquienschrein mit der Hirnschale der Klostergründerin. Grabrelief des Herzogs Rainald von Urslingen. Er starb 1442 als der letzte seines Stammes in Schiltach. Grabmal der Gräfin Barbara von Montfort-Fürstenberg. Gestorben 1592. Passionstafeln mit origineller Bemalung aus der Zeit des Bergbaus. Bemalte Holzdecke mit bäuerlichen Tafelgemälden aus der Heils- und Klostergeschichte. Das Abteigebäude mit reich gestaltetem Portal gehört dem 17. Jahrhundert an.

Wir sagen Schenkenzell adieu. Mit der stilisierten gelben Muschel des „Kinzigtäler Jakobswegs" ziehen wir zunächst neben der B 294 her. Dann biegen wir links ab und sind alsbald beim **Stockhof**. Das vorspringende „Schlößle" hinter ihm trug einst die Burg, mit deren Bewohnern wir bereits am Kegelriß Bekanntschaft gemacht haben. Das Teersträßchen leitet uns zum Rinkenbächle. „Han-

gender Stein“ nennt man den Granitblock, der als Naturdenkmal unmittelbar aus der Kinzig sich auftürmt. Ein schmaler Trampelpfad, der von unserem Waldsträßlein rechts abzweigt, führt zu ihm. Ob der Enge im Tal machen sich die Bahn und die Talstraße den Platz bei der **Kläranlage** ganz schön streitig. Wie's scheint: die Klügere gibt nach. Beim „Bertishof“ heißt es für uns rechts halten. Wir stehen auf dem alten Rodungsgebiet des **Reilinsbergs** (460 m). Das Großherzogtum Baden und das Königreich Württemberg berührten sich hier einmal. Heute sind es die Grenzen der Landkreise Rottweil und Freudenstadt. Geschwind geht's im Wald, an den Gebäuden des Eckhofs vorbei, abwärts in den langgestreckten Alpirsbacher Stadtteil **Rötenbach** (420 m). Am Fuße des Friedrichsbergs kommen wir auf den **Elmenweg**, von diesem zur Friedrich-Preuniger-Straße und „Am Hummelbühl“ unter den Schienensträngen hindurch zurück in das charmante Städtchen, welches von der wildromantischen Schwarzwald-Tälerstraße durchzogen wird.
Wir sollten uns unbedingt noch ein bißchen Zeit nehmen für Alpirsbach. Das berühmte Kloster, den ältesten erhaltenen Kulturbau des Schwarzwaldes. Seine Schönheit offenbart er erst im Inneren. Und im gotischen Kreuzgang möchte man einmal eines der stimmungsvollen Abendkonzerte miterleben, wie sie allenthalben im Sommer stattfinden.
Fällt die Wahl gar schwer, wenn ich ergänze: das „Museum für Stadtgeschichte“ (Ambrosius-Blarer-Platz 10) illustriert die lange und bewegte Geschichte der Stadt. Die „Alpirsbacher Galerie“ (Ambrosius-Blarer-Platz 1) zeigt in wechselnden Ausstellungen Bilder, Gemälde und Skulpturen bekannter Künstler. Oder die „Alpirsbacher Glasbläserei“ (Krähenbadstraße 3), die uns zusehen läßt, wie aus Sand und Feuer heute noch wie vor 500 Jahren gläserne Kunstwerke entstehen.

15 Vom Quälgeist und dem abtrünnigen Abt

In der Beschreibung des Oberamts Freudenstadt von 1858 ist zu lesen: „Die Kinzig entspringt in einer starken Quelle 1/4 Stunde westlich von Rodt und verläßt nach einem halbstündigen Lauf den Oberamtsbezirk, um in dem Oberamt Oberndorf durch das Ellenbogental nach Alpirsbach, Röthenbach und unter diesem Ort über die Landesgrenze in das Großherzogthum Baden auszutreten, wo sie bei Kehl in den Rhein mündet.“
Landschaftlich äußerst reizvoll ist das Bild dieser Buntsandstein-Landschaft bis hinunter nach Hausach. Der untere Teil des Tales, mit dem Städtchen Hausach, direkt zu Füßen der Burg Husen und dem reichsstädtischen Offenburg, zeichnet sich andererseits durch üppige Fruchtbarkeit aus. Hier floriert der Weinbau. Weich und meist sandig sind die Wege, die durch die dunklen Schwarzwaldwälder hindurchführen. Die Sonnenstrahlen, die hineinleuchten, zeichnen eindrucksvolle Stimmungsbilder. Tannengekrönte Höhen, Matten, Hänge in vielerlei Blauschattierungen. Da und dort ein Bauernhaus. Ein Rhythmus der Ruhe. Eine Bilderbuchwelt. Die Gasthöfe heißen „Hirsch“, „Ochsen“, „Traube“ oder führen einen sonst hierzulande gängigen Namen. Am häufigsten mußte dafür eine Wappenfigur der Grundherrschaft herhalten. Löwe, Adler oder Krone sind Beispiele. Sie sind gemütlich und behäbig und wie geschaffen für des Wanderers Rast und Ruh’.
Dennoch, eine merkwürdige Sache mit diesem Ursprung der Großen Kinzig. Den Quelltopf hat man in Sandstein gefaßt und den Hinweis „Kinzigursprung“ eingemeißelt. Die Hirschstange des württembergischen Wappens krönt die Inschrift. Besagt wohl, die Kinzig ist ein echtes Kind des Schwabenlandes. Sind die Jahreszeiten naß, haben die beiden Quellen sogar Wasser übrig. Und weil das kleine Bächlein nichts anderes zu tun hat, hüpft es munter über

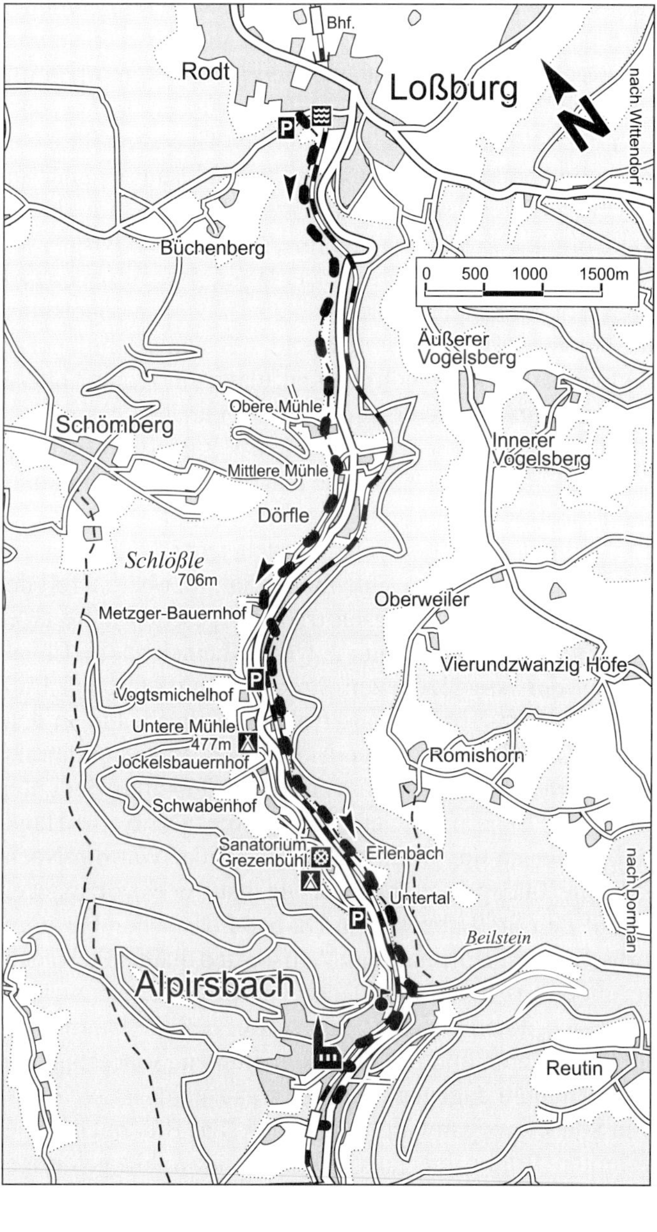
Bhf.
Rodt
Loßburg
N
nach Wittendorf
Büchenberg
0 500 1000 1500m
Äußerer Vogelsberg
Obere Mühle
Schömberg
Innerer Vogelsberg
Mittlere Mühle
Dörfle
Schlößle 706m
Metzger-Bauernhof
Oberweiler
Vierundzwanzig Höfe
Vogtsmichelhof
Untere Mühle 477m
Jockelsbauernhof
Romishorn
Schwabenhof
Sanatorium Grezenbühl
Erlenbach
nach Dornhan
Untertal
Beilstein
Alpirsbach
Reutin

Stock und Stein schnurstracks die Sandwiese hinunter. Vormals stand den Wiesenbesitzern im oberen Kinzigtal das Recht zu, von Samstagabend bis Montagmorgen mit ihm ihre Wiesen zu bewässern. In dieser Zeit hielt es nämlich der Müller von Loßburg mit den Geboten Gottes: er ruhte und heiligte den Sonntag. Am Waldsaum weiter unten entspringen zwei weitere große Quellen. Eine davon, das Mühlbächlein, versorgte im „Pfarrdorf Loßburg“ zwei Weiher und auch den Graben der Wasserburg oben im Ort. Durch die Senke des Kinziggebietes hingegen zogen einst die Heere und brachten viel Elend, selbst in die entlegenen Seitentäler. Es kam auch der Kaufmann mit seinen Gütern, es kamen die Bergleute, die Holzknechte, die Glasmacher, die Harzer und Kienrußbrenner. Bis zum Eisenbahnbau vor rund 110 Jahren zählte die Kinzig zu den wohlbekannten Floßstraßen im Lande.
Ein rechter Quälgeist scheint auch jener Habersäer gewesen zu sein, der im Ehlenboger Tal, im oberen Teil der Kinzig also, sein Unwesen trieb. Abgesehen hatte er es aber, wie man weiß, nur auf die Mannsleut. In Ehlenbogen, der langgezogenen Streusiedlung zwischen Loßburg und Alpirsbach, stand früher ein altes Haus, in dem dieser Geist sein Unwesen trieb. Überall nannte man ihn den „Hafersäer“, weil er am hellichten Tag oft in der guten Stube des Bauern ein Geräusch machte, als ob eine Handvoll Hafer an die Wand geworfen würde. War die Nacht über die Talenge hereingebrochen, hatte er es vorzusgweise auf den Stall abgesehen. Da band das scheinbar überirdische Wesen oftmals das Vieh los und quälte die Knechte, indem es ihnen die Decke von ihrem Lager wegzog oder sich ihnen auf den Hals setzte, daß sie kaum mehr atmen konnten und fast ersticken mußten. Sonderbar, den Weiberleuten dagegen tat es nie was zuleide.
Ein Stück kinzigabwärts mag vielen „das Bier mit dem berühmten Brauwasser aus dem Schwarzwald“ geläufiger sein als das Kloster, mit dessen Namen es sich schmückt:

Alpirsbach. Über seinen Häusern erhebt sich die 900 Jahre alte Klosterkirche des ehemaligen Benediktinerklosters, dominierender Mittelpunkt des Städtchens.
Vor ihm erhebt sich der Heilenberg. Eine Stadt soll auf ihm gestanden haben. Ein uraltes Wallviereck hat dort oben einst die Volksburg umschlossen. Die Erdmännlein, das Mutesheer und ähnliche Gestalten beleben nicht nur die Sagenwelt um den Berg, sondern vielmehr den ganzen Talwinkel, in welchen die Wellen des neuen Glaubens wohl erst spät hereingedrungen sind.
Bis zur Renovierung der Klosteranlage in den sechziger Jahren waren in der Vorhalle der Klosterkirche Knochenreste eines Mammuts an Ketten aufgehängt. Darunter ein Zahn dieses Tieres. Die „Topographische Geschichte des Herzogthums Wirtemberg“ von 1784 überliefert, diese Knochen seien das Horn und der Wirbel eines Riesenochsen. Ein solcher habe die Steinkolosse für die Säulenschäfte der Kirche herbeigeschleppt. Als er den letzten Stein herbeizog, sei er tot umgefallen. Zum ewigen Andenken habe man an dieser Stelle ein Horn und einen Wirbel von dem treuen Tier aufgehängt.
Andere sagen, ein Adeliger aus dem württembergischen Geschlecht habe die Knochenreste von einem Kreuzzug mitgebracht und zur immerwährenden Erinnerung dem Kloster geschenkt.
Die prächtige romanische Klosterkirche aus dem frühen 12. Jahrhundert hat fast unverändert die Unbill der Zeit überstanden. Bis auf einen hat der Bildersturm der Reformation sie ihrer Altäre beraubt. Im Kloster haben eine ganze Reihe von Toten ihre letzte Ruhe gefunden. Außer den Äbten und einzelnen Priestermönchen wurden in katholischer Zeit in der Kirche nur die Schutzvögte beigesetzt.
Bei einem der Klostervorsteher sind merkwürdigerweise gleich zwei Grabplatten vorhanden. Beide wurden noch zu Lebzeiten des Abts angefertigt. Eine davon findet sich

links vom Turmeingang, nahezu am entgegengesetzten Ende der Kirche. Im Halbrelief zeigt sie einen Knochenmann in straffer Haltung von vorne. Am linken Arm des Totengerippes ringelt sich eine Schlange empor. Aus dem aufgerissenen Oberbauch schauen zwei Kröten hervor. Es ist der Gedenkstein vom Grab des Abts Alexius (1505 bis 1523). Das Bild auf dem Grabmal hat zu Sage und Legende wie zur wissenschaftlichen Forschung gereizt.
Die bekannteste Erzählung gibt zum besten, Hintersassen des Klosters hätten im nahegelegenen Glaswald Bäume gefällt. Der Tag sei heiß und schwül gewesen. Und damit die Arbeit nicht unter dem Wetter litte, sei der Abt höchstpersönlich in den Wald hinausgeritten, um den Fortgang der Arbeit zu kontrollieren.
Ihn selbst verfolgt die Hitze, der Schweiß bricht ihm aus allen Poren. Er gerät außer Atem. Der Gaumen trocknet aus, und durstig kommt er an eine Quelle. Hastig stürzt er auf sie zu. Ausgelaugt trinkt er gierig und hastig und so viel, wie er auch nur kann. – Dann legte er sich in den Schatten einer mächtigen Tanne. Er war müde, sein Bauch vom eisigkalten Wasser gebläht. Sein Leichtsinn aber wurde bald bestraft. Mit dem Wasser hatte der frevlerische Abt den Laich von Kröten mitgeschluckt. Und die wuchsen, nahmen in seinem Leib zu an Größe und Gestalt, bis sie ihn schließlich ums Leben gebracht hatten.

Wanderung: von Loßburg auf dem Breuningerweg nach Alpirsbach
Ausgangspunkt: Loßburg, St. Jakobuskirche, nahe der B 294
Parken: Kirche, Heimatmuseum, Rathaus oder Kinzig-Haus
Gehzeit: etwa 2 1/2 bis 3 Stunden
Karte: Schwarzwaldverein Blatt 5 Freudenstadt-Schramberg; Von der Kinzig zum Neckar, Wander- und Freizeitkarte mit Radwanderwegen und Loipen, 1:20 000

Wegmarkierung: Wegzeichen des Schwarzwaldvereins und des „Kinzigtäler Jakobusweges"
Einkehrmöglichkeiten: Loßburg, Ehlenbogen und Alpirsbach
Wanderroute: Wir beginnen bei der Jakobuskirche in der Ortsmitte von **Loßburg** (666 m. 6100 Einw.). Luftkur- und Wintersportort mit den Ortsteilen Büchenberg, Ödenwald, Lombach, Schömberg, Sterneck, Vierundzwanzig Höfe und Wittendorf. 1282 als „Loseburch" urkundlich erstmals erwähnt. Abgegangene Burg oben im Ort auf dem Schloßbuckel um 1250 erbaut. 1590 abgetragen. Um die Burg entwickelte sich im 13./14. Jahrhundert eine Siedlung. Bereits 1301 ist mit der Burg auch eine Stadt Loßburg erwähnt. 1501 kam Loßburg in den Besitz des Klosters Alpirsbach, 1535 mit diesem an Württemberg, 1810 zum Oberamt Freudenstadt.
1409 wird die **St. Jakobuskirche** von Loßburg erstmals genannt. Heutige Kirche von 1833 mit älterem Turm. Jetzt „Bürgerhaus Jakobskirche".
Thomas Mayer, Hauptmann des „hellen Haufen vor dem Wald" im Bauernkrieg von 1525, war Loßburger Bürger und im eigenen Haus dort ansässig. Kurz nach der Schlacht bei Böblingen nahm man den Bauernführer in Herrenberg gefangen. In Tübingen wurde er hingerichtet.
Nun vor zur B 294 Freudenstadt-Alpirsbach. **Kornspeicher** von 1822. Heute Heimatmuseum mit interessanten Funden aus der Alemannenzeit. Davor der **„Jakobusstein"**, am Beginn des neugeschaffenen und 1993 eingeweihten „Kinzigtäler Jakobusweges" von Loßburg nach Schutterwald. Mit diesem überqueren wir die B 294 und wandern einige Meter geradeaus. Am „Schloßbuckel" erinnert der „Place d'Anse" mit dem Brunnen an die 1979 mit der französischen Stadt Anse besiegelte Partnerschaft.
Wir biegen rechts in den „Schloßberg", dann links in den Schloßring ab. Gleich darauf geleitet uns der Plattenweg durch die einstige Burganlage, von der wir deutlich den

Ringwall ausmachen können. Die Minigolfanlage lassen wir rechter Hand. An der Neuapostolischen Kirche vorbei gelangen wir rechts und etwas abwärts zur Kreisstraße, die nach Ödenwald und Schömberg führt. Wir verlassen die Straße nach links. Rechts lädt das völlig neu gestaltete Loßburger Waldschwimmbad jung und alt zum Badespaß ein. Vierzig Minuten sind es der blau-gelben Raute des Schwarzwaldvereins wie auch der Jakobsmuschel nach bis zur Mittleren Mühle in Ehlenbogen. Seinen Namen hat der Ort von der Ellbogenform des Kinziglaufes bei Alpirsbach. Früher war er geografischer Mittelpunkt des sogenannten „Rodgerichts", in dessen Gebiet eigentümliche Rechte galten. Aus der Zeit, als Johann Esthofer 1601 bis 1606 als fünfter evangelischer Abt in Alpirsbach regierte, wird von einem Ehlenbogener Hexenprozeß berichtet, der 1604 nicht nur Ehlenbogen, sondern weite Kreise in der Nachbarschaft beschäftigte.

Der Lohmühlebach sprudelt von rechts herbei. Einige Lohmühlen standen in diesem Seitental. Sie mahlten getrocknete Baumrinde zu Lohe, die zum Gerben der Häute zu Leder benötigt wurde. Der burgartige Turm der evangelischen Kirche von Ehlenbogen am Berghang, danach die **Mittlere Mühle** (522 m) bieten unserem Auge immer wieder eine erfrischende Abwechslung. Gleich nach dem Metzgerbauernhof, den wir rechts liegenlassen, überschreiten wir eine kleine Brücke, um unmittelbar darauf in einen schmalen Wiesenpfad nach rechts einzubiegen. Bei der Bushaltestelle geht's raschen Schrittes über die B 294, dann auf dem Waldweg etwas steil bergan. Der Erlenhof grüßt uns bald am Wanderweg, derweil wir dem Endpunkt unserer Tour, der Bierbrauer- und Klosterstadt Alpirsbach, zustreben.

Alpirsbach (441 m. 7200 Einw.) mit den Stadtteilen Ehlenbogen, Reinerzau, Reutin, Römlinsdorf, Rötenbach und Peterzell. Der reizvolle Luftkurort schmiegt sich in die weite, grüne Talaue des quellenreichen oberen Kinzigtals.

Die Siedlung entstand aus dem 1095 bis 1099 gegründeten Benediktinerkloster. Mittelpunkt und Kennzeichen ist seit eh und je die altehrwürdige Klosterkirche mit ihrer interessanten Baugeschichte. Seit 1563 Sitz des Klosteramts, das – ab 1805 als Oberamt – bis 1810 bestehen blieb. Alljährlich großer Pfingstmarkt. Alpirsbach hat seit der Mönchszeit das Recht, Märkte abzuhalten. 1869 Erhebung zur Stadtgemeinde.

Kloster- und Münsterkirche, ehemalige Benediktiner-Klosterkirche. 1095 Gründung des Klosters durch die Grafen Adalbert von Zollern, Alwig von Sulz und Ruotmann von Husen. 1099 Weihe der ersten steinernen Klosterkirche. 1293 existiert eine Klosterschule. 1420–70 Niedergang und Zerfall der Abtei. 1525 erheben sich Bauern der Klosterherrschaft ohne Erfolg gegen den Abt. 1535 fällt das Kloster nach Einführung der Reformation an Württemberg. 1630–48 Rekatholisierung des Klosters durch Ochsenhausener Mönche. 1956–66 Renovierung der gesamten Klosteranlage.

Vorhalle aus dem frühen 15. Jahrhundert. Westportal mit Tympanon, broncenen Türklopfern und Beschlägen, frühes 12. Jahrhundert. Im Innern: Auf der linken und rechten Säule sind an den Basen die Laster und an den Kapitellen das Gute dargestellt. Sie sind das Werk lombardischer Steinmetzen. Im nördlichen Seitenschiff romanische Sitzbank. Grabsteine hier und an den Wänden entstammen dem 12. bis 17. Jahrhundert und gehören überwiegend zu Äbten des Klosters. Hochaltar um 1520/25, Ulmer Arbeit. Sulzer Kapelle: Grablege der Sulzer Grafen mit spätgotischem Chorabschluß von 1506. Romanische Altarnischen mit Fresken aus dem 13. Jahrhundert. Auf deutschem Boden einmalig. Kreuzgang mit Netzgewölbe.

Das Kloster Alpirsbach hatte das **Hagestolzenrecht**. Wenn hier eine Manns- oder Weibsperson 50 Jahre im ehelosen Stand erreicht hatte, so wurde sie „Hagestolz" genannt. Das bedeutete: wenn eine solche Person starb, erbte das Kloster alle ihre beweglichen und unbeweglichen Güter. Nur die Lehen waren ausgenommen. „Den alten Jungfern zum Troste sollte dieses Recht überall eingeführt seyn – mit Ausschluß derjenigen, die ohne ihre Schuld ehelos bleiben. – Denn Gott schuf ein Männlein und ein Fräulein (1. Mose 1.)“, lesen wir ebendort im Hagestolzenrecht des Alpirsbacher Klosters. **Rathaus**, Arkadenbau, von Herzog Christoph 1566 erbaut. **Glasbläserei**. **Museum** für Stadtgeschichte. Alpirsbacher **Galerie**. **Trinkwassertalsperre** „Kleine Kinzig“.

Loßburg – Ortsmitte

16 Vom Bärenkreuz bei Loßburg und dem ewigen Jäger

Einem Ritter, der einst in Loßburg einkehrte, erzählte man, daß im nahen Walde ein wilder Bär hause. Der habe am Vortag des Kuhhirten schönstes Kalb weggetragen, und man wolle in den nächsten Tagen eine Treibjagd gegen das Raubtier veranstalten. Der Ritter erbot sich nun, das Tier allein zu erledigen, und machte sich, obwohl man ihm abriet, am nächsten Morgen, nur von seinem Hund begleitet, mit seinem Jagdspieß in der Hand auf den Weg in den Bärenwald. Bald verriet sich das Ungetier durch ein tiefes Brummen, und der Jäger hetzte seinen Hund immer schärfer gegen es an. Doch bald blieb das treue Tier, von einem kräftigen Schlag der Bärentatze getroffen, tot liegen. Nun ging der tapfere Ritter mit seinem starken Spieß gegen den wütenden Bären vor. Der jedoch schlug die Waffe entzwei und wandte sich gegen den Jäger. Dieser raffte schnell das eine Stück des Spießes auf und stieß es dem ungebärdigen Raubtier mitten in den weit aufgerissenen Rachen. Tödlich getroffen brach der Bär zusammen und begrub den zu spät zurückspringenden Jäger im Fallen unter seinem schweren Leib. Als man am anderen Tage nachsuchte, fand man alle drei tot am Boden liegen, den Bären, den Hund und den Jäger.[9)]

In der Umgebung von Freudenstadt erzählt man, der ewige Jäger habe in der Heiligen Nacht oder Karfreitagsnacht gegen die Sonne geschossen, worauf Blut herabgeflossen sei. Dieses Blut habe er in einem Tuche aufgefangen und Bleikugeln damit benetzt. Mit solchen Kugeln habe er alles treffen können, was er nur habe treffen wollen. Seien die Kugeln verschossen gewesen, so habe er einen neuerlichen Schuß gegen die Sonne getan. Dafür müsse er nun jagen und ziehe mit Hundegebell und Jagdgetöse in der ganzen Welt umher.

In Loßburg dagegen sagt man, der ewige Jäger habe einst ein schönes Stück Wild verfolgt und nicht erreichen können. Da habe er geschworen, „haben müsse er's, und wenn er ewig danach jagen sollte". Er jagt nun immer noch danach und wird es wohl nie einholen.[10)]
Im Schellenbergwald bei Unterbrändi befand sich früher die Wohnung eines Jägers. Der Jäger ist längst gestorben, und das Haus ist verschwunden, aber immer noch geistert der Jäger im Schellenbergwald herum. Sobald man mit einem Holzwagen in seine Nähe kommt oder ihn gar mit dem Kopf unter dem Arm durch die Büsche laufen sieht, will der Wagen nicht mehr von der Stelle.[11)]

Wanderung: ein Besuch beim Loßburger Bärenkreuz
Ausgangspunkt: Jakobusstein vor dem alten Kornspeicher an der Hauptstraße in Loßburg
Parken: Bürgerhaus Jakobuskirche
Gehzeit: etwa 2 1/2 bis 3 Stunden
Karte: Von der Kinzig zum Neckar, Wander- und Freizeitkarte mit Radwanderwegen und Loipen, 1:20 000. Hrsg.: Kurverwaltungen Alpirsbach, Betzweiler-Wälde, Dornhan, Glatten und Loßburg
Wegmarkierung: örtliche Wegmarkierungen L 6, V, W 3, L 9
Einkehrmöglichkeiten: Betzweiler-Wälde
Anmerkung: Sehenswürdigkeiten von Loßburg und Umgebung finden Sie in Kapitel 15 beschrieben.
Wanderroute: vom „Jakobusstein" (666 m) zunächst zur Kreuzung Alpirsbacher Straße (B 294) – Oberndorfer Straße. Wir verlassen Loßburg auf der Oberndorfer Straße. Vor der Maschinenfabrik **Arburg** (Hersteller von Kunststoffspritzgußmaschinen) gehen wir rechts ab in die Arthur-Hehl-Straße und entlang des Arburg-Werkes zum **Spielplatz** (685 m). Hübsch ist der Blick von dieser Stelle auf das Gebiet um die Obere Kinzig. Mit der Markierung L 6 wandern wir weiter. Nach 500 m müssen wir uns links

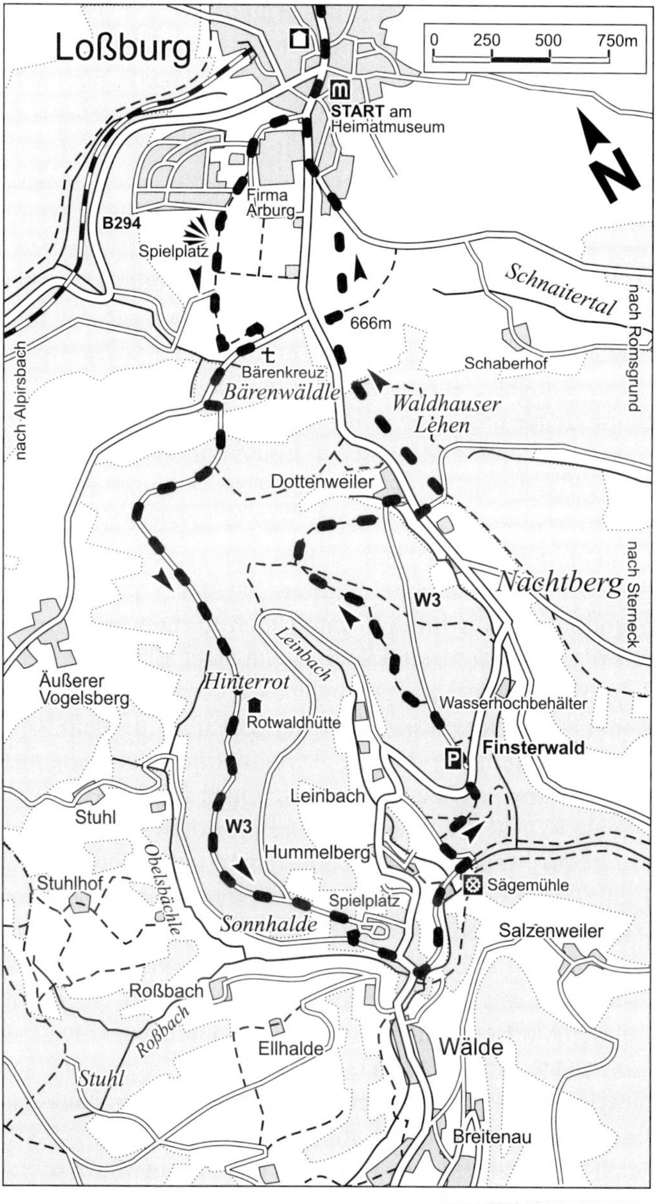
Loßburg
0 250 500 750m
START am Heimatmuseum
Firma Arburg
B294
Spielplatz
666m
Schnaitertal
nach Romsgrund
nach Alpirsbach
Bärenkreuz
Bärenwäldle
Waldhauser Lehen
Schaberhof
Dottenweiler
Nachtberg
nach Sterneck
W3
Leinbach
Äußerer Vogelsberg
Hinterrot
Rotwaldhütte
Wasserhochbehälter
Finsterwald
Stuhl
Leinbach
W3
Hummelberg
Stuhlhof
Obelsbächle
Sägemühle
Spielplatz
Sonnhalde
Salzenweiler
Roßbach
Roßbach
Ellhalde
Wälde
Stuhl
Breitenau

halten (Grenzstein), danach ca. 150 m auf dem Teersträßchen parallel zur Landstraße L 408 weiterziehen. Auf der kleinen Anhöhe entdecken wir rechter Hand, ganz nahe der Straße, das **Bärenkreuz**. Die Besucherzahlen halten sich hier in Grenzen. Der Verkehr hin zum Neckartal, vielleicht zum Bodensee, rauscht vorüber. Kaum jemand nimmt Kenntnis vom heimatkundlichen Kleinod, steigt aus, um das in Stein gehauene Kreuz zu beschauen. Zwei Ruhebänke stehen dort, und der Wald spendet an heißen Tagen kühlen Schatten. Die Geschichtsbücher der Orte ringsherum berichten nichts vom Bärenkreuz. Zweifellos ist es aber ein Erinnerungszeichen an einen Jagdunfall. Seine Größe und seine sehr seltenen Darstellungen beiderseits des Steins machen es zu einem einzigartigen Stück der Vergangenheit, das möglicherweise noch ins Hochmittelalter gehört. Ein württembergisches Lagerbuch von 1560 erwähnt es als „Schweglers Kreuz".
An den halberhabenen Figuren hat der Zahn der Zeit gründlich genagt. Sie sind kaum noch zu erkennen. Es darf uns nicht wundern, sind doch, wenn nicht alles trügt, neun Jahrhunderte ins Land gegangen, seit der Stein geschaffen und aufgestellt wurde. Von jeher haben sie deshalb wohl der Volksphantasie stärkste Anregung gegeben. Abgebildet sieht man auf der einen Seite einen Mann oder Jäger mit Hund. Auf der anderen einen Bären dem sich ein Spieß durch das Maul bohrt. Vor 200 Jahren lautete eine Erklärung: „Nahe am Loßburger und Wittendorfer Scheidweg ist auch ein alter ausgehauener Stein, welcher ein Wahrzeichen sein soll, daß ehemals ein reisender Bauer von einem Bären daselbst angefallen worden, der die Bestie mit seinem Spieß, dergleichen die Bauern vorzeiten trugen, zwar getötet, aber doch so unglücklich gewesen sei, daß der Bär auf ihn und seinen bei sich gehabten Hund gefallen und beide zerquetscht habe."
Vor 100 Jahren erzählte man sich, hier sei ein Metzger, der mit seinem Hund ein Kalb habe nach Hause treiben wol-

len, von einem Bären angefallen und nebst Hund und Kalb getötet worden, wobei während des Kampfes aber auch der Bär tödlich verwundet worden sei.[12)]
Bleiben wir noch 10 Minuten den Vierundzwanzig Höfen zu auf der L 408, bis uns der Wanderweg „V“ links aufnimmt und kurz darauf scharf rechts abbiegen läßt. Nur knapp einen Kilometer weit müssen wir der Markierung folgen, dann treffen wir auf den **Oberen Rotwaldweg** (W3). Links verläuft die W3 nach Dottenweiler. Also heißt es für uns auf dem befestigten Oberen Rotwaldweg mit der W3 geradeaus gen Betzweiler-Wälde zu. Nach 25 Minuten sind wir bei der **Rotwaldhütte**. Weitere 20 Minuten brauchen wir, und inmitten stiller Wälder grüßt uns **Betzweiler-Wälde** (536 – 700 m) im Heimbachtal. Der Erholungsort Betzweiler-Wälde ist durch den freiwilligen Zusammenschluß der ehemaligen selbständigen Gemeinden Betzweiler und Wälde am 1. 1. 1971 entstanden. Obgleich am Rande des Landkreises Freudenstadt im Heimbachtal gelegen, gilt es seinen Einwohnern als Schwarzwälder Ortschaft. **Ortsteil Wälde** (536 m). Wälde gehörte zur Herrschaft Sterneck, die 1749 an Württemberg kam. In den letzten Kriegstagen des 2. Weltkrieges wurde der Ort durch Kriegshandlungen schwer betroffen. Mehrere Wohnhäuser und auch das Rathaus brannten ab. Die in der Breitenau gelegene Evangelische **Pfarrkirche zur hl. Brigitte** wird 1460 als Kapelle bezeugt. Der mittelalterliche Kern ist, wie die Inschrift besagt, 1773 und 1969 erneuert worden. **Ortsteil Betzweiler** (563 m. 2,5 km von Wälde entfernt). Der Ort erscheint erstmals 1128 in der erneuerten Stiftungsurkunde des Klosters Alpirsbach. 1511 schaffte es das Kloster, die letzten Güter und Rechte von dem mit den Herren von Brandeck verschwägerten Wilhelm von Bach anzukaufen und so den Ort ganz unter seine Herrschaft zu bringen. Bis 1806 blieb er beim Klosteramt Alpirsbach. Der Ort nennt zwei Kirchen sein eigen. Sprechen die Einheimischen vom „alten

Kirchle“, so meinen sie ihre **Georgskapelle** aus dem Jahre 1604. Vermutlich steht das kleine Gotteshaus an der Stelle der ehemaligen Burg der 1125 auftretenden Herren von Betzweiler. In der neuen, 1926/27 von Klatte und Weigle errichteten **evangelischen Pfarrkirche** besitzt Betzweiler ein einzigartiges Werk des Expressionismus, einer künstlerischen Revolution, die zu Beginn unseres Jahrhunderts Europa erschütterte.

Naturschutzgebiet „Heimbachaue“. Ein ungefähr 10 Hektar großes Feuchtgebiet für Tiere und Pflanzen, deren Arterhaltung durch die Zerstörung von Gewässer- und Feuchtbiotopen bedroht ist. **Heimbachmühle**, frühes 19. Jahrhundert, mit bemerkenswerten Portalgewänden und Sinnspruch. Urkunden geben schon 1337 von ihr Zeugnis.

Fast unverzeihbar wäre, würde ich es vergessen: Haben Sie Lust, einmal einem Imker über die Schulter zu schauen, vieles über Bienen zu erfahren und vor allem auch zu sehen? Zu sehen gibt es jedenfalls sehr viel. Man beobachtet die Bienen beim Polleneintrag, bei der Pflege der Königin, die Eiablage der Königin, die Brutpflege, den Eintrag von Futter und Honig in die Zellen, auch das Versiegeln der Wabenzellen mit Wachs. Die große Attraktion ist jedoch der „Bienenbaum“ vor dem Bienenstand. Neugierig geworden? Fragen Sie einfach nach dem Schau- und Lehrbienenstand der Familie Hirt im Ortsteil Betzweiler (Auskünfte und Voranmeldung unter Herbert Hirt, Tel.: 07444/1012).[13)]

Von der Kuranlage in Wälde das Heimbachtal abwärts in Richtung Sterneck. Bald nach der Sägemühle marschieren wir mit der W3 über die Straße und – leicht steigend – zum **Finsterwaldparkplatz** unweit der Straße nach Dottenweiler. Am Wasserhochbehälter und einer Schutzhütte vorbei, wandern wir durch den **Finsterwald** zur L 412, Loßburg – Dottenweiler. Hier verlassen wir den Wanderweg W3. Wir wenden uns nach rechts und gehen – wohl oder übel – ein paar Meter auf dieser Landstraße. Bei der Einfahrt nach **Dottenweiler**, einem Streuweiler am oberen Ende eines Nebentals zum Heimbach, überqueren wir die Straße und schlendern etwa 100 m Romsgrund zu. Danach biegen wir links in den **Waldhauser Lehen** ein. Ohne größere Steigungen bringt uns der Wanderweg L 9 bis Loßburg, zu unserem Ausgangspunkt am Jakobusstein.

Bad Rippoldsau

17 Hohenbergische Vasallen überm Heimbachtal

Die Zeit der Staufer war die hohe Zeit der Ritter. Auch in unserem Raum.

Zu Beginn des 12. Jahrhunderts treten zwischen Sulz und Alpirsbach die Herren von Brandeck auf. Sie scheinen ein Zweig des in Hochmössingen und Leinstetten ansässigen Adelsgeschlechts gewesen zu sein. Alle diese Familien führten das gleiche Wappen: drei sechsstrahlige Sterne. Sie waren gräflich-hohenbergische Vasallen. Ihre Burg stand auf dem Brandeck (von brennen = roden), einem Bergvorsprung über dem Heimbachtal bei Busenweiler. Erhalten geblieben von ihr sind nur Wall und Graben, vom östlichen Teil der Anlage ein Stück der Umfassungsmauer aus Kalkbruchsteinen.

Es ist die Zeit um 1230–1250. Auf der Buntsandsteinplatte über dem Heimbachtal bauen die Brandecker die heute noch vorhandene Saalkirche mit rechteckigem Chor.

Zwischen 1250 und 1350 beziehen die Herren von Brandeck ihre neue, strategisch günstiger gelegene Burg Sterneck. Von hier aus verwalten sie jetzt ihre Herrschaft gleichen Namens. Der Versuch, die Herrschaft entlang dem Heimbach mit der Stammburg Brandeck und der Stadt Dornhan als Schwerpunkte auszubauen, scheitert am Widerstand des Klosters Alpirsbach. 1531 ist Volmar von Brandeck Bevollmächtigter des Ritterkantons Schwarzwald beim Kanton Hegau. Er stirbt 1549. Nach seinem Tode kommt die Pfarrkirche in Unterbrändi mit der Herrschaft Sterneck an den Schwiegersohn, Georg VII. von Ow zu Hirrlingen, der mit Katharina von Brandeck verheiratet ist. 1749 gibt Christian von Attems die Herrschaft im Heimbachtal gegen Güter in Hirrlingen an das Haus Württemberg ab.

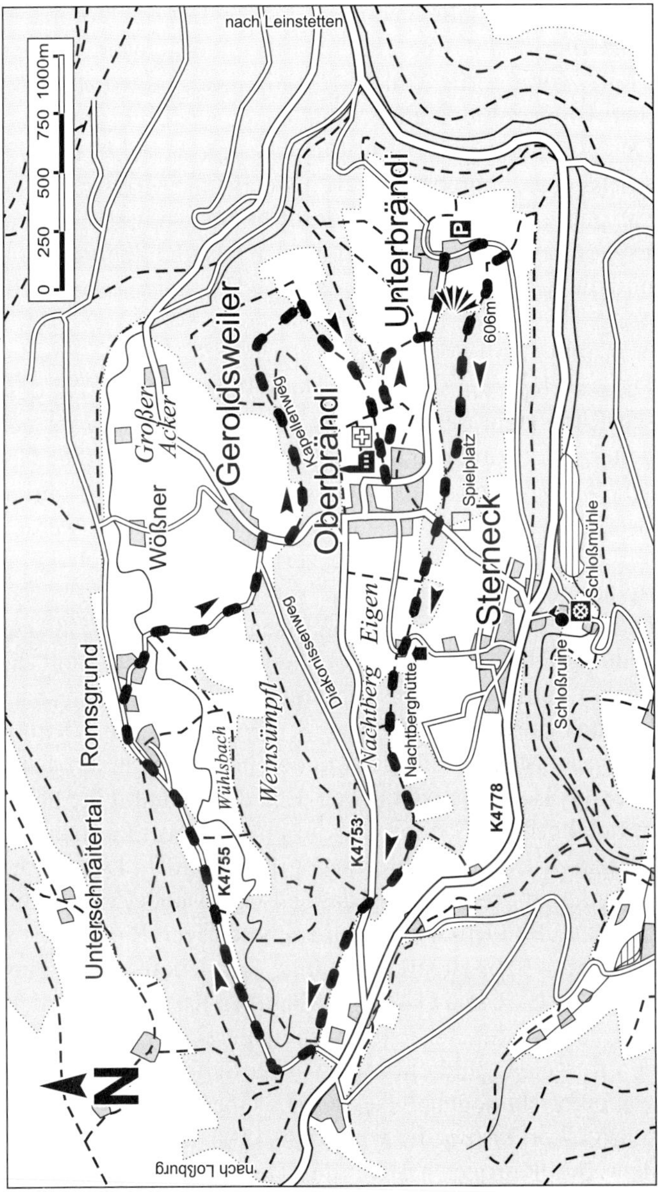
nach Leinstetten
0 250 500 750 1000m
Unterschnaitertal
Romsgrund
Wößner
Großer Acker
Geroldsweiler
Weinsümpfl
Wühlsbach
K4755
Diakonissenweg
Kapellenweg
Oberbrändi
Eigen
Nachtberg
K4753
Nachtberghütte
Unterbrändi
P
Spielplatz
Sterneck
606m
K4778
Schloßruine
Schloßmühle
nach Loßburg
N

1777, kaum 30 Jahre nach dem Tausch, läßt der Dornhaner Vogt die katholische Herrschaftskirche „Unserer lieben Frau“, von der die Volkssage weiß, zwei Schwestern aus dem Burgschloß Brandeck hätten sie gestiftet, schließen. Der protestantische Verwaltungsbeamte befiehlt, den Tabernakel aufzubrechen, und entwendet die Monstranz und das Ziborium (Speisekelch) mit den geweihten Hostien. Er leert den Kelch über dem Boden aus und deponiert ihn und die Monstranz mit der heiligen Hostie in seiner Wohnung.
Nun entwickelt sich ein fast 16jähriger Streit zwischen der Diözese Konstanz und dem Haus Württemberg. An dessen Ende steht der Vergleich von 1793. Der Pfarrer aus dem benachbarten katholischen Leinstetten bringt die Geschichte auf den Punkt: das Gnadenbild und die übrige Kirchenausstattung mitsamt den Kirchenbänken werden auf einen Fuhrwerkskarren verfrachtet und nach Leinstetten geschafft.
Die Legende von der „Wandelnden Madonna“ weiß „gar Wunderliches“ davon zu berichten. Heute noch feiert die Pfarrei Leinstetten jedes Jahr mit dem Translationsfest am Sonntag nach Mariä Geburt (8. September) die Übertragung des Marienbildes. So ziehen über vierhundert Jahre über das Heimbachtal hinweg. Erst dann kommt die hochmittelalterliche Saalkirche, die einstige Wallfahrtskirche „Maria zu Unterbrändi“, wieder ins Gespräch. Der private Eigentümer „rekultiviert“ das seit Großvaters Zeiten fehlgenutzte Baudenkmal. In vierzehnjähriger Bauzeit, von 1972 bis 1986, ist die vormalige Herrschaftskirche zum stilvollen Café und Gasthaus „Zur alten Kirche“ geworden. Teile der mittelalterlichen Wandmalereien im Chor wurden freigelegt, und ein romanischer Schlußstein zeigt ein von einer Hand gehaltenes Kreuz. Oberhalb des frühgotischen Chorfensters die Jahreszahl 1506. Es ist das Jahr, in dem die Patronatsherren, die Herren von Geroldseck, wahrscheinlich die Kirche renovierten. Über der spitzbogi-

gen Tür zur 1450 angebauten Sakristei finden wir ihr Wappenschild. Es ziert auch, neben dem der Herren von Brandeck, das feine Netzgewölbe des Nebenraums der früheren Kirche. Rechts vom Eingang zur Sakristei das Sakramentshäuschen, das einmal ein eisernes Gitter verschloß. Als Überbleibsel der ehemaligen Ausmalung sind einige Weihekreuze und Reste einer ornamentalen Bemalung der Gewölberippen erkennbar. Die Wallfahrt geht heute ins Café: ein gemütliches Verweilen zwischen romanischen Säulen und historischem Mauerwerk.

Oben im Dorf, das sind freilich nur ein paar Häuser, steht auf einem kleinen Stück Rasen das Sühnekreuz von Unterbrändi. Die schmale Verbindungsstraße von Sterneck nach Oberbrändi schlängelt sich an ihm vorbei. Gleichwohl stellt Besuch sich selten bei ihm ein. Kaum jemand hält mit ihm Zwiesprache. Der Dorfbrunnen aus längst vergangener Zeit, gleich daneben, plätschert unmutig in seinen Trog hinein. An seinem angestammten Platz, vorne an der Straße, war er ein zentraler Ort für Mensch und Tier. Das einfache Steinkreuz hat bis vor einigen Jahren am Weg zur Steige am Heimbachhof gestanden. Dort bei der Sägemühle klopften zwei Männer, wohl Handwerksburschen ihres Zeichens, einen „Benokel" (= Binokel, schweiz. Kartenspiel). Während sie so mit dem Spiel ihre Zeit vertrieben, erhitzten sich ihre Gemüter. Sie disputieren um die „Schellensau", das Schellen-Ass. Ein Wort gibt das andere. Dem einen, dem Schneider, steigt das Blut zu Kopf. Er kommt in Rage. Mit einer Schere ersticht er seinen Spielgesellen, den Metzger.

Eine andere mündliche Überlieferung besagt, es sei im Dreißigjährigen Krieg gewesen. Auch die Bevölkerung in der Herrschaft Sterneck litt furchtbar unter den Kriegsereignissen. Teuerung und Hungersnot griffen um sich. Gras, Wurzeln und Gesträuch, im günstigsten Falle einige Bodenfrüchte, ernährten die Menschen. In der Nähe des Heimbachhofs sollen zwei schwedische Soldaten mit aus-

gehungerten Mägen um die „Schellensau“ gespielt haben, wird berichtet. Eine Maus oder eine Katze, am Spieß gebraten, sollte ihren Kohldampf lindern. Doch das war eben der Tropfen, der das Faß zum überlaufen brachte. Es gab Streit, in dem der eine den anderen umbrachte. Die Flurnamen „Schellensau“ und „Kreuzwiese“, wo das Sühnekreuz vordem seinen Platz hatte, halten bis heute die Geschichte lebendig.
1648 hatte Wildhans von Ow, also jener, dessen Gebeine 1981 aus der Pfarrkirche in Unterbrändi nach Hirrlingen überführt und dort wieder beigesetzt wurden, seinerseits „zu Unterbrändi auf kirchlichem Boden drei spanische Kreuze aufstellen lassen“. Dem Herzog Eberhard II. von Württemberg waren die Mahnmale ein Dorn im Auge. Er ließ sie „wegsprechen“. Die Ritterschaft Neckar-Schwarzwald verwendete sich für Wildhans beim Herzog, doch ohne Erfolg. 1657 wurden die Kreuze zerschlagen. Ein „Dengelstock“ vor der „alten Kirche“ könnte ein letztes Relikt dieser Denksteine sein, die der Junker im Zeichen des Westfälischen Friedens hatte errichten lassen. Und die Kehrseite: in jenem Jahr wurde geklagt, Junker Wildhans lasse seine evangelischen Dienstboten an evangelischen Sonn- und Feiertagen arbeiten und zwinge sie, die katholischen zu halten.

Wanderung: auf einsamen Wegen über dem Heimbachtal
Ausgangspunkt: Unterbrändi, Gde. Loßburg
Parken: im Dorf
Gehzeit: etwa 2 1/2 Stunden
Karte: Schwarzwaldverein Blatt 5 Freudenstadt-Schramberg, Von der Kinzig zum Neckar, Wander- und Freizeitkarte mit Radwanderwegen und Loipen, 1:20 000
Wegmarkierung: örtliche Wegmarkierung L 9
Einkehrmöglichkeiten: Sterneck, Oberbrändi, Unterbrändi

Wanderroute: Der Ausgangspunkt für unsere wohl wenig begangene, anderseits recht bequeme Wanderstrecke liegt südöstlich von Loßburg, im kleinen **Unterbrändi** (584 m). Alte Urpfarrei mit den vorreformatorischen Filialen Fürnsal, Geroldsweiler, Oberbrändi, Sterneck, Wälde und zwei Höfen von Leinstetten. Ursprünglich Pfarrsitz der Herrschaft Sterneck. Der Name deutet auf eine Rode-Siedlung hin.

Von der Mitte des Weilers aus wählen wir zunächst die Kreisstraße in Richtung Oberbrändi, streben aber kurz darauf auf dem schmalen Teersträßchen Sterneck zu. Etwa 100 m nach den letzten Häusern von Unterbrändi gehen wir rechts ab und mit der L 9 durch den Lauchwald hinauf zum Spielplatz oberhalb von Sterneck und weiter zur **Nachtberghütte** (630 m. Schutzhütte, Feuerstelle und Grillplatz). **Sterneck**, die Siedlung unter der Burg, entstand erst im Anschluß an die Burg und wird noch 1815 als Hof bezeichnet. Seit 1938 dem Kreis Freudenstadt angegliedert. **Burg Sterneck**, erbaut 1220/1250, ab 1749 nicht mehr bewohnt und dem Verfall überlassen. Reste der Ringmauer und der Stumpf eines Bergfrieds mit Resten eines achteckigen Aufsatzes aus der Renaissance sind als Ruine erhalten.

Von der Nachtberghütte etwas bergan, dann eben weiter. Etwa 500 m vor Dottenweiler überschreiten wir die Kreisstraße Oberbrändi – Dottenweiler und spazieren oberhalb von Dottenweiler mit schönem Ausblick, später auf dem Talsträßle (K 4755) mit leichtem Gefälle nach **Romsgrund** (564 m) im Wühlsbachtal. Bei den letzten Häusern bleiben wir rechts und wandern auf der Gemeindeverbindungsstraße Romsgrund – Geroldsweiler (Markierung L9) zunächst leicht bergab in den Talgrund des Wühlsbachs, danach wieder aufwärts zur Gemarkungsexklave **Geroldsweiler,** rechts über dem Wühlsbachtal. Am Ende von Geroldsweiler verlassen wir das Landsträßchen nach links in den Kapellenweg. Dem folgen wir etwa 800 m, darauf dem Kohlwaldweg durch den Kohlwald bis zum Waldrand. Wir treffen auf einen freien Platz mit einer Tanne. Hier wenden wir uns nach rechts. Im Geleit der L9 schlendern wir bis kurz vor **Oberbrändi,** in einer sich zum Wühlsbachtal hin ausdehnenden Buntsandsteinmulde gelegen. Beim Friedhofsparkplatz scharf links ab und der L 9 treu bleibend nach Unterbrändi, das sich bereits vor uns ausbreitet.

Dornstetten

18 Die Schlacht im Ländle

Schon im Jahre 1399 taucht in den Urkunden von Leinstetten im engen Glattal, nordwestlich von Sulz am Neckar, eine Wiese bei den „Crützen“ auf. Am 1. Juli 1989 weiht man dort auf dem grünen Rasen eben dieser Kreuzwiese, nahe bei der Einmündung des Heimbachs in die Glatt, in feierlicher Zeremonie ein von drei Steinkreuzen umsäumtes „Minnesängerdenkmal“ ein. Die in Bronce gegossene Gedenktafel auf dem rund zehn Tonnen schweren Findling erinnert an den Minnesänger Graf Albert II. von Haigerloch (Hohenberg). In der Schlacht bei Leinstetten, welche die Reichs- und Landesgeschichte beeinflußte, hatte er im Jahre 1298 sein Leben lassen müssen.

Darüber ist das Reitersiegel des Grafen aus dem Jahre 1284 angebracht.

Vergegenwärtigen wir uns den geschichtlichen Hintergrund, die Jahre zwischen 1254 und 1273. Raubritter treiben landauf, landab ihr Unwesen. Es ist die Zeit des Interregnums, die kaiserlose, schreckliche Zeit. 1273 rufen eine Anzahl deutscher Fürsten Graf Rudolf aus der Grafschaft Habsburg im schweizerischen Aargau zum König aus. Er ist mit Gertrud von Hohenberg, der „Blume vom Heuberg“, verheiratet. Am 24. Oktober 1273 wird Rudolf von Habsburg gewählt. Gertrud, die sich nach der Königswahl Anna nennt, wird als seine Gemahlin zur Stammutter des späteren habsburgischen Kaiserhauses. Sie ist die Schwester Alberts II. von Hohenberg, der als Minnesänger der Nachwelt in Erinnerung blieb.

Graf Albert II. ist seit 1274 Statthalter von Niederschwaben, Reichsvogt auf der Achalm und Schirmvogt zahlreicher Klöster. Auf vielen Reichstagen sieht man ihn an der Seite seines Schwagers. In den Jahren 1289 bis 1290 zählt man in Schwaben, Franken und Thüringen um die neunzig

Raubritterburgen, die er mit König Rudolf zum Schutze seiner Untertanen in Schutt und Asche legt.
Am 15. Juli 1291, nur wenige Wochen nach dem Hoftag von Frankfurt, stirbt Rudolf in Speyer. Das Reich bleibt zehn Monate lang verwaist. Über die Thronfolge entsteht zwischen Adolf von Nassau und dem Habsburger, Herzog Albrecht I. von Österreich, ein spannungsgeladener Streit. Die Kurfürsten entscheiden sich 1292 indessen für den wenig staatsmännischen Grafen von Nassau, wählen das „Gräflein" zum neuen König.
Albert II. bleibt dem habsburgischen Hause treu und versucht zusammen mit anderen Adeligen, seinen nach ihm getauften Neffen nun auf den deutschen Königsthron zu bringen.
König Adolf hingegen verfehlt sich schwer gegen das „Hl. Römische Reich Deutscher Nation". Bei der Krönungsfeier König Wenzels in Prag im Juni 1297 wird beschlossen, ihn abzusetzen und Herzog Albrecht I. von Österreich auf den deutschen Thron zu erheben. Albert II. von Hohenberg reist in dieser Sache sogar zu Papst Bonifaz VIII. nach Rom. König Adolf dankt nicht ab. Der Habsburger entschließt sich daher zu einer Heerfahrt gegen ihn. Um den 20. April 1298 stehen sich König Adolf und Albrecht I. von Österreich bei Kenzingen im Breisgau gegenüber.
Mittlerweile macht sich Herzog Otto III. von Niederbayern in seinem Lande auf und eilt dem bedrängten König Adolf zu Hilfe. Bei Fluorn, nahe Oberndorf am Neckar, kommt der Bayernherzog in die Nähe der Grafschaft und der Besitzungen Alberts II. von Hohenberg. Zu denen zählen unter anderem auch Burg und Dorf Leinstetten. Graf Albert erfährt von der Überschreitung des Neckars durch die Bayern. Er beschließt, sie anzugreifen, denn er will ihre Vereinigung mit der feindlichen Streitmacht unter allen Umständen verhindern.
Am 17. April 1298 kommt es am Nadelöhr im Glattal bei Leinstetten zum blutigen Zusammenstoß mit Otto von

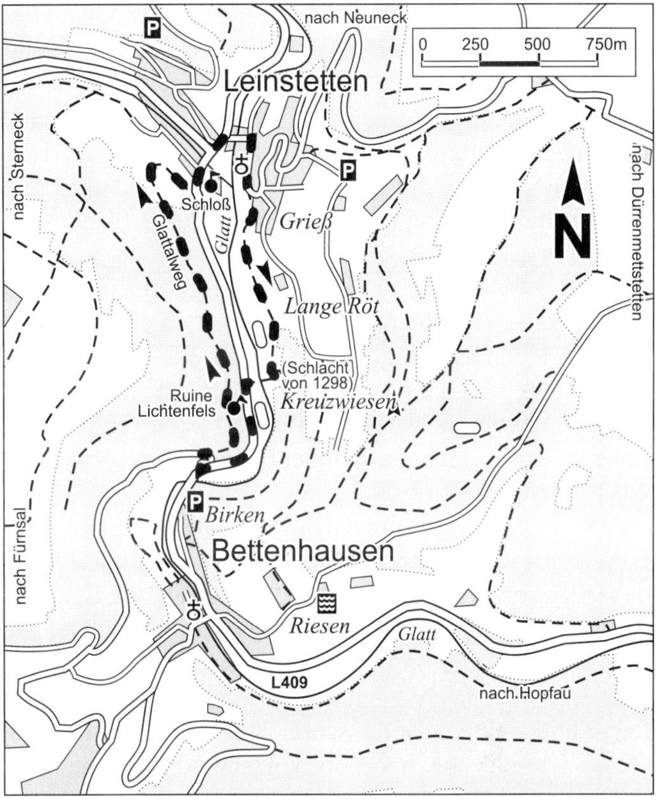

Niederbayern. 2000 Mann dreschen aufeinander ein, schlagen sich die Köpfe blutig. Graf Albert II. von Hohenberg fällt, 400 bis 500 seiner Bauern fallen mit ihm. Die Zahlen in den Geschichtsbüchern schwanken. Die Ritter von Weitingen hatten den Hohenberger schändlich verraten, während sich seine Bauern aus Nieder- und Oberhohenberg tapfer und treu um ihn scharten.

Eine bildliche Darstellung dieses Kampfes findet sich unter der Überschrift „Graf Albrecht von Heigerloch“ in der Manessischen Liederhandschrift. Auf der Rückseite sind überdies zwei Strophen eines Minneliedes aufgeschrie-

ben. Sie geben Zeugnis von seinem dichterischen Schaffen. „Graf Albrecht von Heigerloch" ist freilich kein anderer als Albert II. von Hohenberg und Haigerloch.
Im uralten Stammland seiner Vorfahren, im Chor der Dominikanerinnenkirche des Klosters Kirchberg, fand der bedeutende Staatsmann, Stadtgründer von Rottenburg am Neckar und Herr von Haigerloch nach der Schlacht seine letzte Ruhestätte.
Dem steilen Aufstieg dieses Hochadelsgeschlechts folgte mit der verlorenen Schlacht bei Leinstetten ein ebenso rascher Niedergang. Keine 100 Jahre dauerte es bis zu dem Tag – dem 31. Oktober 1381 – an dem der letzte männliche Nachkomme der Rottenburger Linie, Rudolf III., seine gesamte Herrschaft Hohenberg an Herzog Leopold von Österreich für 66 000 Gulden verkaufte.
Die Walstatt im Tal der Glatt, wo Albert II. und seine Bauern im Kampf um die Sicherung der Thronfolge des habsburgischen Hauses starben, war noch am Ende des 16. Jahrhunderts durch viele Steinkreuze bezeichnet. Sie trugen die Wappen und die Namen der Gefallenen und die Jahreszahl 1298.
Die Steindenkmale sind schon längst nicht mehr. Die „Kreuzwiesen" aber haben im Volksmund und in der Flurkarte von Leinstetten die Zeiten überdauert.

Wanderung: durchs Glattal zur Ruine Lichtenfels
Ausgangspunkt: Leinstetten, Stadt Dornhan, Kreis Rottweil
Parken: beim Rathaus
Gehzeit: etwa 1 1/2 bis 2 Stunden
Karte: Schwarzwaldverein Blatt 5 Freudenstadt-Schramberg, Von der Kinzig zum Neckar, Wander- und Freizeitkarte mit Radwanderungen und Loipen, 1:20 000
Wegmarkierung: örtliche Wegzeichen und Markierung des Schwarzwaldvereins
Einkehrmöglichkeiten: Leinstetten

Wanderroute: Leinstetten (477 m) an der Einmündung des Heimbachs in die Glatt. Der Ort gehörte mit Bettenhausen zur Grafschaft Hohenberg. Seit 1474 Besitz der Herren von Bubenhofen. 1805 mediatisiert und dem württembergischen Oberamt Sulz angegliedert.
Vom Rathaus auf der Dürrenmettstetter Straße in Richtung oberes Dorf. Am Weg die spätgotische **Pfarrkirche zum hl. Stephan**, 1558 erbaut, 1948 großzügig umgebaut und erweitert. Im Chor der gotischen Marienkapelle thront auf einem Flügelaltar eine von zwei Engeln gehaltene Madonna aus dem 13. Jahrhundert. Es ist jenes Gnadenbild, das einmal in der Pfarrkirche der Herrschaft Sterneck der Herren von Brandeck stand. Württemberg hatte die romanische Saalkirche 1777 aufgelöst. Der Ort war evangelisch geworden, die ehemals blühende Marienverehrung erloschen. Die Leinstettener holten das Gnadenbild aus der Kirche zu Unterbrändi. Dafür mußte ein Schaltkarren, der sonst zur Beförderung des Stallmistes diente, herhalten. Die Verwunderung anderntags war freilich groß: das Muttergottesbild war verschwunden. Es stand wieder an seinem angestammten Platz, oben in Unterbrändi. Also wurde es abermals auf dem Mistkarren nach Leinstetten geschafft. Aber auch diesmal kehrte die Statue ins Gotteshaus über dem Heimbachtal zurück, von wo sie herkam. Jetzt begriffen die Leinstettener: die Muttergottes von Unterbrändi wollte in der ihr geziemenden Weise zu ihrer neuen Heimstatt gebracht werden. Das geschah dann auch in einer feierlichen Sakramentsprozession. Seit diesem Tag hat das Gnadenbild seinen Platz an der heutigen Stelle. Alljährlich aber wird seit altersher am Sonntag nach Mariä Geburt (8. September) mit dem „Translationsfest“ der Heimholung Mariens gedacht. Rechts vom Marienaltar: Grabmal des Hans Marx von Bubenhofen zu Leinstetten, der 1550 auf seiner Pilgerreise nach Santiago de Compostela gestorben ist. Rechts vom Haupteingang eine seltene Kostbarkeit: Gemälde; Brückensturz des hl. Nepomuk in die Moldau. Um 1780.

Von der Kirche 100 m aufwärts. In der breiten Linkskurve halbrechts in die Kreuzwiesenstraße und talwärts zum **Minnesängerdenkmal** in den Kreuzwiesen. Schauplatz der Schlacht bei Leinstetten im Jahre 1298.
Auf dem Glattalweg am Sportplatz vorbei in Richtung Bettenhausen. Kurz vor dem Dorf überqueren wir die L 409 Bettenhausen – Leinstetten hinüber zum Wanderparkplatz.
Wer nachts auf dieser Straße geht, dem kann es vorkommen, daß er eine Begegnung mit dem Schloßfräulein vom Lichtenfels hat. Meist sitzt es auf einem Markstein in den Wiesen und strickt. Auch auf dem Kilometerstein, der in der großen Straßenbiegung unterhalb der Ruine Lichtenfels steht, wurde es schon gesehen. Genauso soll es schon vorgekommen sein, daß bei völlig windstillem Wetter der Wald um das alte Schlößle – so nennt man die Ruine Lichtenfels – plötzlich rauschte, als ob ein Sturm dahergebraust käme.
Vom Parkplatz aus folgen wir der blau-gelben Raute auf weißem Grund des Schwarzwaldvereins (oder örtliche Markierung L5), zum Teil etwas steil bergan, zur **Ruine Lichtenfels** (508 m). Kleinere Burganlage mit gut erhaltener spätstaufischer Schildmauer, innerem Wehrgang, Schießkammern und Schlitzscharten. Gräfin Henriette von Mömpelgard-Württemberg zerstörte die Burg 1428 in einer Fehde mit Friedrich dem Öttinger von Zollern. Ab dem 15. Jahrhundert als Burgstall bezeichnet. Die Herren von Lichtenstein traten im Jahre 1296 auf und starben 1601 aus.
Wir schließen uns wieder der Markierung des Schwarzwaldvereins an, die uns durch den Wald führt. Nach Verlassen des Waldes breitet sich hübsch vor uns Leinstetten aus, und wir brauchen nicht mehr lange, bis wir zurück sind am Ausgangspunkt.

19 Die Geister vom Martinsbühl

Schwarzwald, sogenanntes „Hecken- und Schlehengäu". Hier oben auf dem schmal sich hinziehenden Bergrücken wechselt die Landschaft fast unmerklich von der einen in die andere. Die Ursprünglichkeit, die naturgegebene Vielfalt, der Zauber der nicht von Menschen geschaffenen Welt beeindrucken in diesem Gebiet.
Aus den ausgedehnten Tannenwäldern winkt ein Gewirr von Giebeln und Dächern. Alte Häuser reihen sich auf der Stadtmauer aneinander, der Hang hinter ihr zieht sich steil zur Glatt hinab. Ein massiger Kirchturm überragt alles: Dornstetten. Der Eindruck trügt nicht. Es ist das anheimelnde Bild eines mittelalterlichen Städtchens, selbst wenn manches der Zeit zum Opfer gefallen ist. Dennoch, Anziehungspunkt sind die Fachwerkgiebel des über 700 Jahre alten Handwerker- und Bergbauortes. Ein ausgedienter Dornstetter Poststempel trägt ihr Zeichen und die Aufschrift „Stadt der Fachwerkhäuser". Und das Jahr über rücken nunmehr hunderte von Glühbirnchen an den Fassaden die Baukunst der letzten Jahrhunderte vom Einbruch der Dunkelheit bis Mitternacht ins rechte, in verzauberndes Licht.
Eine halbe Stunde Fußmarsch ist es vom steinbeschlagenen und gekandelten Stadtkern bis zum 707 m hohen Martinsbühl in Richtung Schopfloch. In „Bühl" steckt „Hügel" oder „Berg". Das „Martin" ist umstritten. Ob von Römersiedlung oder Rechten der Heiligenpflege St. Martin zu Dornstetten, ist ungeklärt, letzteres aber anzunehmen. Wohl diente der Muschelkalkklotz den Vorfahren als Kultstätte. Geweiht hatte man sie wahrscheinlich Ziu, dem Schwertgott (Dienstag/Zeischtig). Spuren, wenn auch nur geringe, deuten darauf hin, daß der Berg außerdem zur Verteidigung hergerichtet war. Immerhin berührt er die äußerste Westgrenze des Gebiets, das von den Schwaben

nach der Vertreibung der Römer am Ende des 3. Jahrhunderts n. Chr. besiedelt wurde. In den unruhigen Zeiten der Völkerwanderung, bei den schweren Zusammenstößen und Streitereien vor der Wende des 1. Jahrtausends entlang der Stammesgrenze, mag auch der Martinsbühl für die flüchtenden Bauern ein sicheres Versteck gewesen sein.

Mit der Eingliederung der Alemannen ins fränkische Reich, Mitte des 8. Jahrhunderts, beginnt gleichzeitig die kirchliche Geschichte unserer Heimat. An die Stelle der altheidnischen Opferstätten traten christliche Kirchen und Kapellen. Vielfach waren sie dem fränkischen Nationalheiligen Martin geweiht.

Was es mit dem Martinsbühl auf sich hatte, darüber ist viel gerätselt und geschrieben worden. Alles sind Vermutungen, nichts ist belegt. Weder, daß der Dornstetter Hausberg als heidnische Kultstätte diente oder als Fliehburg benutzt wurde, ein Klausner sich ihn als Wohnort ausgesucht hatte und dort eine Kapelle baute, noch ob wir auf dem Bühl die Ursiedlung Dornstettens, das „in pago Tornegowe in villa Stedden", mit der ersten Martinskirche suchen müssen.

Sagenumwobener Martinsbühl. Der alte Benzing legt ein Zeichen in die abgegriffene Bibel und bläst das Heiligabendlicht, das er zum Abendessen auf den Tisch gestellt hat, mit einem kräftigen Atemstoß aus. Morgen, wenn der Tag anbricht, will er die Stelle von der Geburt des Herrn wieder aufschlagen. Heute treibt ihn etwas anderes um. Er nimmt die verrußte Laterne von der Wand, schlüpft in den abgeschabten Wollmantel und stapft dem kleinen Durchlaß im Stadttor zu. Still und unheimlich ist draußen die Finsternis am Geburtstag des Heilandes, fast, als braue sich all jener Wunderglaube zusammen, der stets an der Scheide der Zeit steht.

Stockdunkel geht die Nacht auf die zwölfte Stunde zu. Nur der Schnee leuchtet der hageren Gestalt des Benzinger ge-

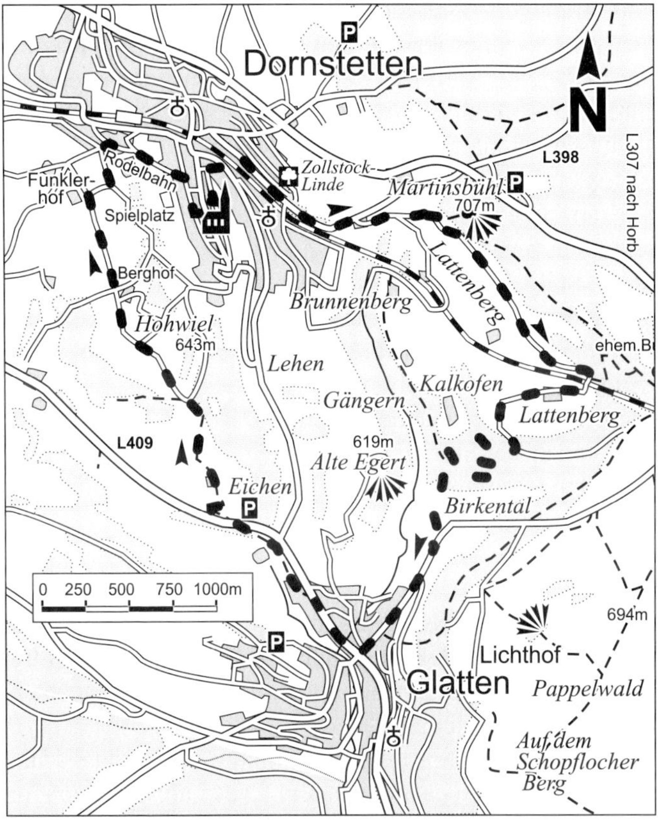

rade soviel, daß sie auf den verschneiten Wegen vorwärts kommt. Spärlich blinkt zuweilen ein heller Schimmer des Mondes durch das treibende Schneegewölk. Hinter wallenden Nebelschleiern erscheint geisterhaft die Kontur des Waldschopfs vom Martinsbühl über dem Tal. Zwölf schwere Schläge tönen vom Dornstetter Kirchturm herüber. Der Benzing erschrickt. Ein Stern fällt plötzlich vom Himmel. Gleich darauf erhebt sich ein wunderbarer Schein, ein himmlischer Schimmer über der Gegend, und es flammen glänzende Reihen von Lichtlein von Glatten,

Schopfloch und Dornstetten her auf den Berg zu. Sie werden immer heller, erscheinen deutlicher, kommen näher und näher, bis sie oben auf dem Martinsbühl angelangt sind. Der weißbärtige Alte weicht in Ehrfurcht zurück. Er sieht eine Schar lichttragender Knaben und Mädchen, gleich einer Wolke von Engeln, den Hügel heraufsteigen. Sie sammeln sich um einen strahlenden Christbaum, der scheinbar bis in den Himmel hinein reicht. Mit Stimmen, die wie Glöcklein aus einer anderen Welt klingen, beginnt die Schar zu singen: „Ehre sei Gott in der Höhe", und zagend, dringlich, leis verklagend: „Friede, Friede ... auf Erden". Dann steckten sie die Lichtlein ringsum an den Baum und verschwanden wieder. Der gute Benzing aber ging von dieser Stunde an wie im Traum umher. Sein Herz hingegen zitterte vor lauter Glück. Und das begleitete ihn demütig auf der Reise aus überirdischen Fernen zur winterlichen Erde, auf der soeben das Christkind geboren ward.
Man weiß: wie in der Heiligen Nacht kommt der Chor der Geister noch drei Nächte nacheinander. In der ersten tragen sie weiße, in der zweiten rote und in der dritten Nacht goldstrahlende Lichter.
In den drei Nächten des Palmsonntags, Karfreitags und des Osterfestes ist es nicht anders. Diesmal nahen sich, im Aufdämmern eines mehr und mehr heller werdenden Scheins, mitten in der Nacht, geheimnisvoll, erwachsene Männer und Frauen. Nicht Lichtlein sind es, die sie in ihren Händen tragen, sondern strahlende Kränze auf ihren Häuptern, geflochten aus den im Lenz aufgeblühten Zweigen des Schwarzdorns. Es sind mit Blüten überhäufte Dornenkronen. Auf der Höhe des Martinsbühl treten sie um ein schwarzes Kreuz, das aus der Erde himmelwärts strebt. Der Choral, den die seltsamen Wesen singen, ist die Botschaft des Lebens, das ein Wechsel ist von Lust und Leid. Dann hängt jedes seinen Dornenkranz an die auf einmal in gleißendem Licht aufscheinenden Balken, und sie

entfernen sich ebenso merkwürdig, wie sie gekommen sind.
Am Johannistag, wenn die Sonne am höchsten steht, am Fest der Apostelfürsten Peter und Paul und an den Gedenktagen der christlichen Märtyrer besteigen sie den Martinsbühl wieder. Sie erwarten einen neuen Christtag.
Mit dem Spottnamen der Dornstetter haben indessen diese Erscheinungen ganz und gar nichts zu tun. Zu dem kamen die Höhenstädter nämlich so: an einem warmen Sommertag rückten sie einst aus, um einen Bienenschwarm einzufangen. Der Bienenschwarm war in Wirklichkeit aber eine Schnakenwolke, und die Dornstetter sind seither „d'Schnoke'klopfer" oder „d'Schnoke'stupfer".

Wanderung: von Dornstetten über den Martinsbühl und Lattenberg nach Glatten

Ausgangspunkt: Dornstetten, Marktplatz
Parken: am Ausgangspunkt
Gehzeit: etwa 3 1/2 Stunden
Karte: Schwarzwaldverein Blatt 3 Wildbad-Freudenstadt, Von der Kinzig zum Neckar, Wander- und Freizeitkarte mit Radwanderwegen und Loipen, 1:20 000
Wegmarkierung: örtliche Wegmarkierung
Einkehrmöglichkeiten: Dornstetten und Glatten
Wanderroute: Die recht abwechslungsreiche Wanderung beginnt auf dem Marktplatz von **Dornstetten** (715 m. 7200 Einw.). Luftkurort mit den Stadtteilen Hallwangen und Aach. Älteste Stadt auf den Höhen des Nördlichen Schwarzwaldes. Seit 1969 Partnerstadt der französischen Gemeinde Scey-sur-Saône. Historische Altstadt. **Rathaus** nach dem Stadtbrand von 1683 wieder errichtet. **Marktbrunnen** mit Ritterstandbild von 1509. Schöne Fachwerkhäuser aus dem 17./18. Jahrhundert. Zwischen 1267 und 1276 wird das Dorf Dornstetten vom Tal auf den Bergsporn verlegt und von den Fürstenbergern zur Stadt erhoben. Von 1320 bis 1807 württembergische Amts- und

Oberamtsstadt. 1415 und 1675 brannte sie ganz und dreimal großenteils ab. **Ev. Stadtkirche St. Martin**, 1490 erbaut. Der Turm ist das Wahrzeichen der Stadt. Bei der Kirche Nonnenbrunnen von 1743 mit einem Wappenlöwen. Am 4. Mai 1551 legte der württembergische Reformator Johannes Benz mit Straßburger Reformatoren hier, in Dornstetten, das evangelische Bekenntnis für das Konzil in Trient fest. 1635 raffte die Pest die Hälfte der Einwohnerschaft dahin. Großer **Ostermontagsmarkt** mit über 400jähriger Tradition. Heimatmuseum, Puppenmuseum. Vom Marktplatz aus folgen wir der schwarz-gelben Wegmarkierung „D 1“ zu Zehntgasse – Tor an der Zehntscheuer – Staffelabgang zur Sulzer Straße – Silcher Straße – Brunnenbergstraße. Über die Tübinger Straße rechts ab zum Aussichtspunkt **Zollstocklinde** (670 m). Ab hier mit der D2 zur Tübinger Straße (L 370), die wir überschreiten. Links am Fischbachhof und oberhalb der Quellen vorbei, nach 100 m rechts haltend, mit der S 2 zum Lattenberg. Links ist der **Martinsbühl**. Am ersten Hof (Dornstetter Markung) zum Brücklein über die darunter verlaufende Bahnlinie. Beim früheren Gasthaus „Zaunkönig“ mit dem Zeichen „G 8“ links vorbei, entlang dem Bahnkörper. Gleich nach den abwärtsführenden Stufen lenken wir unseren Schritt rechts in den Wald hinein. Der Fußpfad geht in einen Waldweg über. Auf diesem gehen wir weiter bis zur Einmündung in das Lattenbergsträßchen. Im Geleit der „G 8“ steigen wir nun in das Birkental ab. Von rechts kommt der Fischwangbach, der sich mit dem Birkenbach vereinigt. Wir kommen zur K 4700, die uns in den Viertälerort Glatten führt.

Glatten (532 m) tritt im Jahre 767 als „Glatehemer marca“ erstmals in das Licht der Geschichte. Nachrichten zwischen 1283 und 1308 zeigen eine enge Verbindung zu Dornstetten. Die Pfandschaft Dornstetten samt Glatten wurde von den Grafen von Hohenberg 1320 an Württemberg vergeben und nicht mehr eingelöst. Nach Auflösung

des Amtes Dornstetten im Jahre 1807/08 kam auch Glatten zum Oberamt Freudenstadt.
Kirchlich war Glatten ursprünglich Filial der Pfarrei des hl. Michael in Oberiflingen, hatte aber seit Anfang des 13. Jahrhunderts eine eigene Kapelle. Die heutige Kirche wurde 1906 eingeweiht. Der Kirchturm stammt aus dem 12., der Taufstein aus Buntsandstein in der Kirche aus dem 14. Jahrhundert.
Wir wandern mit der blau-gelben Raute des Schwarzwaldvereins auf der Hauptstraße in Richtung Dornstetten. Später überqueren wir die L 409 Glatten – Aach und wandern durch das Gewann **Eichen**. Beim Aufstieg zum Hohwiel genießen wir immer wieder den prächtigen Blick über das Glattal, nach Dietersweiler und auf Teile von Freudenstadt. Wir treffen auf die Markierung TK 1 und folgen dieser geradeaus bergan zum **Hohwiel** (643 m), der uns eine herrliche Rundschau bietet. Beim Funklerhof (Kreuz) biegen wir nach rechts ab und steigen mit großartigen Ausblicken auf das Schwarzwaldvorland und die Schwäbische Alb wieder ab nach Dornstetten zu unserem Ausgangsort.

20 Von der Hoheburg und allerlei Wesen

Auf der Burg zu Hallwangen lebte einst ein Ritterfräulein. Das hatte einen einfachen Bürgersohn so lieb, daß es dem Vater erklärte, lieber sterben als ihm untreu werden zu wollen. Dieser aber suchte seine Tochter auf jede Weise davon abzubringen. Als alle Bemühungen nichts halfen, verstieß er sie ohne Gnade von seiner Burg. Sie floh nun mit dem Geliebten, aber der Himmel selbst schien ihnen zu zürnen. Ein Blitz streckte den Geliebten tot zur Erde. Das Edelfräulein war untröstlich. Zum Vater zurück konnte es nicht. So ging es in ein Kloster. Der Vater hat aber die Tochter nicht vergessen können. Als sein einziger Sohn in einer Schlacht gefallen war, hätte er seine Tochter gerne wieder nach Hause gerufen. Aber er wußte nicht, wo sie zu finden war. Da erschien ihm im Traum ein Engel, der nannte ihm den Ort, wo die Tochter sich aufhielt. Der Engel trug Gesicht und Gewand der Tochter als Nonne. Sofort gelobte der Vater, ein Kloster in Hallwangen zu stiften, wenn er seine Tochter glücklich wieder nach Hause brächte. Er fand sie wirklich, und so entstand dann auch das Nonnenklösterlein unter der Burg in Hallwangen und erhielt zum Andenken an den hilfreichen Engel des Traumes den Namen „Engeltal“. Die Tochter wurde die erste Vorsteherin des Stifts. Sie baute da, wo sie ihrem Geliebten zum ersten Male begegnet war, eine Kapelle. Die Stelle heißt heute Bußbuckel. Hier sah man sie oft lange für den Toten beten, bis sie selbst in hohem Alter verstarb.[14)]
Zwischen Wittendorf und Loßburg befindet sich das Gewann „Wanne“. Dort geht der „Wannenfülle“ um. Der Schultheiß Beilharz, der dort nächtens einmal „Wannenfülle komm“ gerufen haben will, soll anschließend von unsichtbarer Hand eine schallende Ohrfeige verabreicht bekommen haben.[15)]

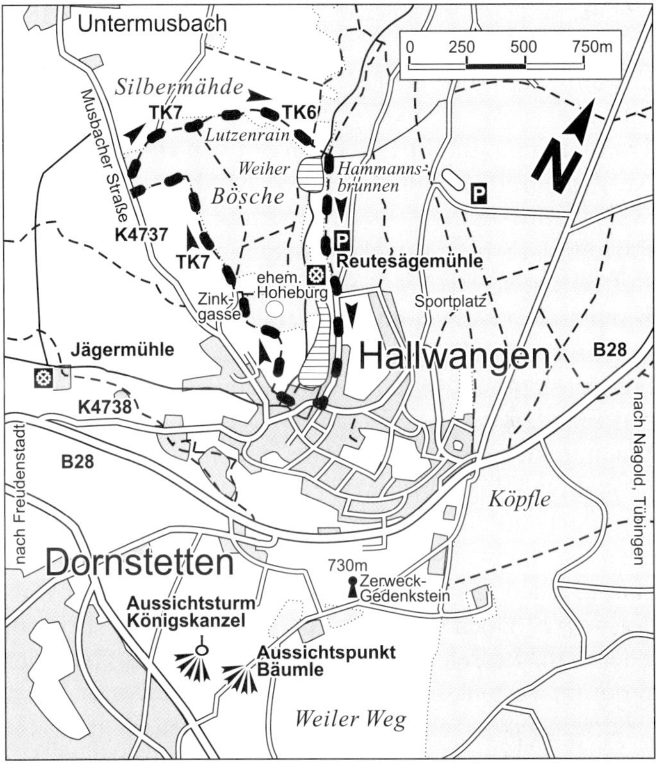

Früher erzählten die Leute beim „z' Liachtgehen" in den Spinnstuben manche merkwürdige Geschichte von geisterhaften Erscheinungen, wobei sie den und jenen nannten, der sie gesehen haben wollte. Da war der „Kappengeist", der oft bis an den Dorfrand gekommen sei und in einem alten Haus, das heute längst abgebrochen ist, sein Unwesen trieb. Der „Harteckgeist" soll einst viele Leute, die schon am Dorfeingang waren, wieder in die Irre geführt haben, so daß sie eine entgegengesetzte Richtung einschlugen. Im Wald zwischen Lombach und Lautermühle spukte ehedem der „Brandjäger" mit mehreren Hunden und führte ebenfalls die Leute in die Irre. Tatsache ist, daß viele Einwohner von Dietersweiler in diesem Wald schon vom Fußweg abgekommen sind und in den Mühlwiesen oder an der unteren Sägemühle herauskamen.[16)]

Wanderung: zur Burg der Herren von Haldewang
Ausgangspunkt: Rathaus oder ev. Kirche in Hallwangen, Stadt Dornstetten
Parken: Ortsmitte von Hallwangen
Gehzeit: etwa 1 1/2 Stunden
Karten: Dornstetten und Umgebung, Wander- und Freizeitkarte 1:25 000, Hrsg.: Stadt Dornstetten; Wanderkarte Freudenstadt 1:30 000, Schwarzwaldverein Blatt 3 Wildbad-Freudenstadt
Wegmarkierung: örtliche Wegzeichen
Einkehrmöglichkeit: in Hallwangen
Wanderroute: Eigentlich müßte man bei dieser Route eher von einem ausgedehnten Spaziergang als einer Wanderung reden. Ganze vier Kilometer nur beträgt die Wanderstrecke. Doch Hallwangen lohnt einen Besuch auf jeden Fall. Lassen wir die Einheimischen ihr Fleckchen Erde am besten selber vorstellen. Und das tun sie so: „Hallwangen ist einer der schönstgelegenen, ruhigsten und sonnigsten Höhenluftkurorte des ‚Nördlichen Schwarzwaldes‘ auf Sichtweite von der heilklimatischen Kurstadt Freudenstadt entfernt. Er liegt idyllisch an einem leicht geneigten Südwesthang, geschützt gegen Norden und Osten durch ausgedehnte prächtige Tannenwälder. Von den stillen Pfaden am Waldessaum aus genießt man die Weite der Landschaft mit der Aussicht auf das gegenüberliegende Freudenstadt, den eindrucksvollen Rundblick auf das Panorama des südlich sich ausbreitenden Hochschwarzwaldes (Hornisgrinde bis Feldberg) bis hin zu der sich in östlicher Richtung mächtig auftürmenden Schwäbischen Alb und den sich bei günstigen Wetterlagen schemenhaft vom hellen Horizont abhebenden Schweizer Alpen.“

Die Urkunden sprechen im 11. Jahrhundert von einem Ortsadel. Sehr wahrscheinlich war die „Hoheburg“ auf einer Anhöhe über der Glatt unweit des Ortes die Burg dieser Edelfreien von Haldewang, wie Hallwangen damals hieß. Mit der Stadt Dornstetten ging der Ort 1320 größtenteils an Württemberg und gehörte zunächst zum Amt, dann Oberamt Dornstetten, seit 1807/08 zum Oberamt Freudenstadt, ab 1939 zum Altkreis Freudenstadt. Heute ist Hallwangen ein Stadtteil von Dornstetten. Schon um 1150 ist von einem Silberbergwerk „Himmlisches Heer“ in Hallwangen die Rede. Und bis kurz vor dem Ersten Weltkrieg spielte der Bergbau nach Silber und Kupfer noch eine besondere Rolle in der Geschichte des alten Dorfes im Glattal. Erfreulich wäre, würde den Bemühungen des Kurvereins Hallwangen Erfolg beschieden. Will er doch seit geraumer Zeit die Bergwerksstollen „Irmgardsglück“ oder „Himmlisches Heer“ aus dem Dornröschenschlaf erwecken und wenigstens teilweise zugänglich machen.
Erst um die Jahreswende 1963/64 wurde Hallwangen kirchlich selbständig. Über 400 Jahre zählte es zur Pfarrei Grüntal. Die **evangelische Kirche** erbaute man während des Dreißigjährigen Krieges, im Jahre 1630. Daneben lag der alte Friedhof und steht der bis in unsere Tage erhaltene Torbogen vom 1535 aufgelösten Dominikanerinnenkloster Engeltal. Das Kloster zählte nicht zum Waldgeding, hatte aber über viele Besitzungen Waldrechte, die häufig zu Konflikten mit dem Waldgericht führten. Die heutige **Klostermühle** ist wohl eines der ältesten Häuser von Hallwangen. Einst war sie Eigentum des Klosters und Erblehenhof.
Im Wappen der bis 1975 selbständigen Gemeinde Hallwangen weisen zwei gekreuzte Hämmer auf das einstige Bergwerk hin, und ein Engelskopf mit zwei Flügeln erinnert an das ehemalige Nonnenkloster „Engeltal“. Das Kloster hat aber in Wirklichkeit nichts mit Engeln zu tun.

In den ältesten Urkunden wird es nämlich „Egeltal“ oder auch „Engental“ bezeichnet. Das heißt: enges Tal der Glatt bzw. des Kübelbaches.

Heinrich Schäff-Zerweck, der Dichter, Schriftsteller, Philosoph und Maler, verbrachte die letzten 22 Jahre seines Lebens – von 1915 bis 1937 – in Hallwangen. An seinem 70. Geburtstag verlieh ihm die Gemeinde das Ehrenbürgerrecht. Beim Brand seiner Dichterklause über der Stuttgarter Straße fand der „Freund aller Blumen“ und „Nachbar des Grases“ in einer kalten Winternacht im Jahre 1937 in den Flammen den Tod. Eine Straße in Hallwangen trägt heute seinen Namen, und auf dem „Köpfle“ erinnert inmitten des Forchenhains ein eindrucksvoller Gedenkstein an den Mann, von dem Hermann Hesse meinte: „Ein Dichter von starkem Kaliber, ein schwäbischer Charakterkopf, der in die Nachbarschaft Vischers gehört.“

Aber nun geht's los. Die TK7 gibt den Ton an. Also vom **Rathaus** (623 m) auf der Straße in Richtung Musbach. Wir überqueren den Kübelbach. Gleich zu Anfang der Musbacher Straße verlassen wir die Markierung. Nun führt uns ein kleiner Fußweg aufwärts bis zum Feldweg unterhalb der **Hoheburg** (660 m). Am Ende des 11. Jahrhunderts Sitz der edlen Familie von Haldenwang. Zu sehen ist nur noch ein fast kreisrunder Hügel, der von Graben und Wall umzogen wird. Das Schicksal der Burg hüllt sich ins Dunkel. Indes lebt in der Überlieferung einiges fort. Den Klatschmohn nennt man in Hallwangen bis heute „Burgfräulein“. Und geheimnisvoll wird vom kostbaren Schatz in den Kellerverließen tief unter der Burg getuschelt. Mit einer schwarzen Katze, einer schwarzen Henne und einem schwarzen Geißbock müsse derjenige zu nächtlicher Stunde in den Berg steigen, der den unbeschreiblichen Reichtum haben will. An einem goldenen Faden jedoch hängt im Inneren ein Mühlstein. Ohne zu sprechen oder zu lachen, muß er an dem Gewichtsstein

ziehen, dann öffnet sich die Schatzkammer. Der Glanz des Goldes wird blenden. Doch was der Glücksritter davon tragen kann, darf er mitnehmen.
Ein asphaltierter Weg bringt uns längs des Waldsaums um den Distrikt „Bösche“ bis zur K 4737 Hallwangen – Musbach. Ab hier schließen wir uns der TK 6 um die Bösche an. Danach kommen wir über den Mühlweg sicher zurück zum Ausgangspunkt.
Tip: Haben Sie nach dieser kleinen Tour noch Lust etwas zu unternehmen? Das Spielzeug- und Puppenmuseum (Marktplatz 12) und das Heimatmuseum in der Zehntgasse, oben in Dornstetten, lassen nicht nur Kinderherzen höher schlagen. Und zum ältesten Gasthaus im Nordschwarzwald, einem 425 Jahre alten historischen Fachwerkbau, noch im Urzustand mit großer geschichtlicher Vergangenheit, ist’s auch nicht weit. In Aach, gleich nebenan, ist er leicht zu entdecken.

21 Das Heidenjokele und Bundelweible bei Schopfloch

Gegen Waldach zu liegt die Flur, die man die „Heide“ nennt. Am Abend muß man darauf bedacht sein, rechtzeitig dort mit der Feldarbeit aufzuhören, sonst kommt nicht nur die Nacht herbei, sondern auch das Heidenjokele, das kleine Kinder mitnimmt. Wenn die Kleinen einmal nicht gern ins Bett wollen, sagt man in Weiler manchmal zu ihnen: „So, so, jetzt kommt no's Hoidejokele und holt de, wenn de net ins Bett gohst!“ Es kann aber auch gutmütig sein, das Heidenjokele, und wenn sich ein Mädchen im Wald verirrt hat, dann kommt es und führt es heim.[17)]

Am Lichthof stand eine alte Tanne. Sie war so zerzaust, daß man selbst bei Tag sehen konnte: da war ein Geist hineinbeschworen. In mondlosen Nächten konnte jeder sehen, wie sich ein Licht in die Höhe hob und wieder senkte. Wollte gar einer bei Nacht über die Heiden nach Böffingen, so tat er gut daran, nicht allein zu gehen. Oft half aber auch das nichts. So wurden etliche Burschen verführt, einen falschen Weg zu nehmen. Die ganze Nacht irrten sie umher. Stießen sie auf einen Grenzstein, so versuchten sie mit Streichhölzern ihren Standort zu bestimmen. Es war vergeblich. Erst mit dem letzten Zündhölzchen und dem Morgengrauen fanden sie den Weg zurück nach Schopfloch. Heute hört man nichts mehr, und keiner der Lebenden hat je den Heidengeist gesehen oder kann sagen, wo er blieb.[18)]

Zum Fürchten war es. Der Weg von Dettingen herauf war beschwerlich, auch wenn das Fuhrwerk leer. Kaum kamen Rosse und Fuhrmann an eine Stelle, die heute niemand mehr benennen kann, da spürten sie plötzlich: das Bundelweible geht umher. Schwer mußten sich die Pferde in die Seile legen, kaum drehten sich noch die Räder. Es nützte keine Peitsche. Auch den Wanderern zu Fuß erging es so.

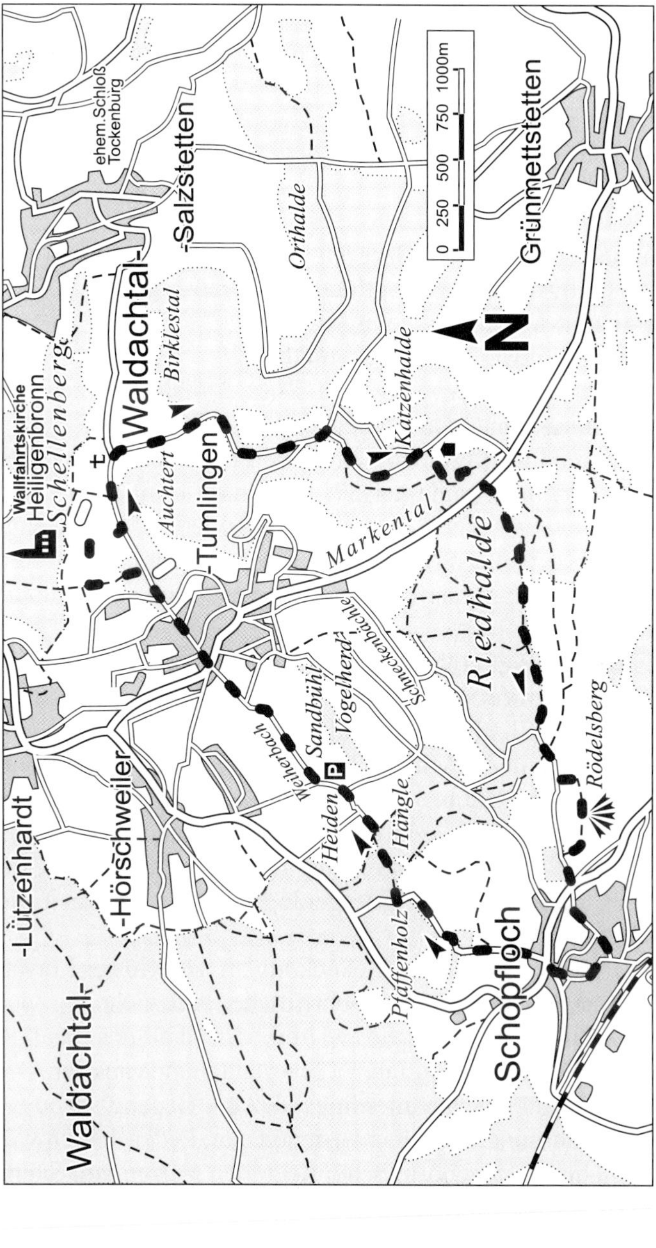
Waldachtal-
-Lützenhardt
-Hörschweiler
Waldachtal-
-Salzstetten
Tumlingen
Schopfloch
Grünmettstetten
ehem. Schloß
Tockenburg
Wallfahrtskirche
Heiligenbronn
Schellenberg
Auchtert
Birklestal
Orthalde
Katzenhalde
Markental
Riedhalde
Rödelsberg
Sandbühl
Vogelherd
Schneckenbächle
Weiherbach
Heiden
P
Hängle
Pfaffenholz
N
0 250 500 750 1000m

Eine Last drückte, ein Kichern oder Seufzen war deutlich zu hören. Kamen die Betroffenen aber bis zur Ortschaft, war der ganze Spuk vorbei. Ob dieses Bundelweible etwas Böses getan hatte, gar einen Markstein versetzt und deswegen umgehen mußte, hat noch niemand herausgefunden.[19)]

Wanderung: an den oberen Lauf des Waldachtals
Ausgangspunkt: Schopfloch, Lkr. Freudenstadt
Parken: Marktplatz beim Rathaus
Gehzeit: etwa 3 bis 3 1/2 Stunden
Karten: Schwarzwaldverein Blatt 3 Wildbad-Freudenstadt und Wanderkarte Waldachtal, 1:25 000
Wegmarkierung: von Schopfloch bis Sportanlagen S6; von dort bis Tumlingen S7; bis hinter Tumlingen keine Markierung. Ohne Orientierungsschwierigkeiten gelangt man jedoch alsbald auf den Gäurandweg, der mit der roten Hagebutte in grüner Raute auf weißem Grund bis Schopfloch führt.
Einkehrmöglichkeit: Tumlingen
Wanderroute: Wer von Horb nach Freudenstadt fährt, kommt auf halbem Weg durch eine Gemeinde, die ziemlich genau in der Mitte des Landkreises liegt: **Schopfloch** an der alten Hauptverkehrsachse Straßburg – Ulm. Der Nordschwarzwald geht hier in das Heckengäu über, und die nördliche Randverwerfung des „Freudenstädter Grabens“ durchzieht als eine geologische Besonderheit die Gemarkung.
Die Urkunde über eine Schenkung an das Kloster Lorsch ist die erste erhaltene schriftliche Aufzeichnung der „scopfolder marca“. So wissen wir, daß das heutige Schopfloch schon im Jahr 772 bestand. Funde aus der Alemannenzeit belegen allerdings, daß die Gegend schon etliche Jahrhunderte früher besiedelt war. In den Jahren von 1350 bis 1515 gehörte Schopfloch den Herren von Steinhülb. Sie stammten aus Wurmlingen bei Rottenburg am

Neckar. Auch zum geroldseckischen Besitz und zu dem der Familie von Hornberg zählte der Ort, bevor er 1526 an das Kloster Alpirsbach, dann 1589 endgültig an Württemberg gelangte. Anfang des 19. Jahrhunderts löste sich das Oberamt Dornstetten auf. Schopfloch kam zum Oberamt Freudenstadt, das in dem späteren Kreis Freudenstadt aufging. 1974 vereinigten sich die Gemeinden Schopfloch und Ober- und Unteriflingen zur neuen Gemeinde Schopfloch.
Unmittelbar über dem neugestalteten Marktplatz erhebt sich die ehemals dem hl. Bartholomäus geweihte **evangelische Kirche**. In ihrer Form ist sie oft verändert worden. Der zweifellos älteste Teil ist der Chorraum mit seinem gotischen Kreuzrippengewölbe auf Fratzenkonsolen. Als Baujahr für das recht bescheidene Gebäude darf man wahrscheinlich das Jahr 1473 ansehen. Über dem Westportal finden wir die Zahl 1618, das Jahr in welchem man die Kirche unter Magister Melchior Remper von Wildberg neu errichtete.
Vom **Marktplatz** (667 m) wandern wir auf der Hauptstraße leicht bergan zur Straßenkreuzung. Wir überqueren die Horber Straße. Den Weiterweg mit der S6 finden wir zwischen der Tankstelle und dem Bauernhaus rechter Hand. Auf dem geteerten Feldweg schlendern wir zur Schopflocher **Sportanlage** im Pfaffenholz (610 m, Parkplätze). Schutzhütte, Feuerstelle und Kinderspielplatz laden zum Rasten ein. Wenn Sommer und Sonne das Land regieren, ist es zum sportlichen Badevergnügen nicht mehr weit. Ein Katzensprung nur, und wir sind mit der S7 beim künstlich angelegten **Hörschweiler See** (auch: Sandbühlsee. 590 m. Badesee, Kinderspielplatz, Liegewiese, Parkplatz). Sonnenhungrige und Wasserratten sollten aber das Heidenjockele nicht vergessen. In dieser Umgebung ist es zu Hause. Daher geschwind längs des Seeauslaufs, des Weiherbachs nach **Tumlingen** (574 m), in der breiten Talmulde eines Quellbachs, der Waldach, gelegen. Es handelt

sich um einen echten ingen-Ort, also um eine alemannische Siedlung. „Tungelingen“ wird in einer Urkunde vom 6. Mai 782 aus dem Kloster Lorsch an der Bergstraße zum ersten Male genannt. Die Oberhoheit über Tumlingen kam im 13. Jahrhundert offenbar an die Grafen und Pfalzgrafen von Tübingen als Abkömmlinge und Rechtsnachfolger der alten Grafen im Nagoldgau. Die Neunecker verkauften 1625 den Ort an Württemberg, und das führte gleich ein Jahr darauf in dem bisher katholisch gebliebenen Dorf die Reformation ein. Nach der Schlacht bei Nördlingen wurde Tumlingen wieder katholisch und Filial von Salzstetten. Erst im Jahre 1654 konnte abermals ein evangelischer Pfarrer eingesetzt werden.
Ungefähr 750 m südlich vom Tumlinger Rathaus, droben an der Pforte des alten Friedhofs, hält ein kleiner quadratischer Turmstumpf mit spitzem Zeltdach die Wacht. Es ist der letzte Rest der einstigen Pfarrkirche **St. Hilarius**. Wann sie erbaut wurde, ist nicht bekannt. Nachrichten über sie gibt es erst seit dem 13. Jahrhundert. Nach den Jahren 1687/91 diente das Gotteshaus nur noch als Friedhofskirche, und die brach man 1823 ab. Nur der Turm blieb stehen. 1834 stürzte während eines Sturmes auch dieser ein. Sein unterster Teil steht heute noch. Zeuge einer 700 Jahre alten Vergangenheit, ehemals Ziel der weiten Umgebung für eine am St.-Georgs-Tag (23. April) gehaltene Wallfahrt, Ruheplatz der Toten von Tumlingen und Hörschweiler. Die 1688 erbaute Dorfkirche riß man 1954 ab. 1929 erfolgte der Neubau der jetzigen, der vierten Kirche von Tumlingen.
Im Tumlinger Pfarrhaus kam 1830 **Theodor Schüz**, der „Maler schwäbischen Volkslebens“ – wie David Koch meint –, zur Welt (Gedenktafel). Er übersiedelte 1854 nach München, im Jahre 1866 in die rheinische Kunststadt Düsseldorf. Am 17. Juni 1900 verstarb Schüz in Freudenstadt. Sein Sohn Friedrich malte für die evangelische Kirche in Haigerloch in langjähriger Arbeit eine Kopie des

weltberühmten Bildes von Leonardo da Vinci „Das Abendmahl“.[20]

Beim Sportplatz verlassen wir Tumlingen in Richtung Schellenberg. Links vom Waldrand grüßt die Schellenberghütte mit Grillplatz des Schwarzwaldvereins – Ortsgruppe Waldachtal –. Wir gehen auf dem Sträßchen in östlicher Richtung bergauf und kommen auf der Hochlage der Markung zum **Steinernen Kreuz** (680 m). Nun auf dem Gäurandweg wieder bergab überqueren wir beim Wanderparkplatz am Eingang zum **Markental** die Kreisstraße zwischen Tumlingen und Grünmettstetten. Kurz den Waldtrauf entlang und durch die Riedhalde zur Aussichtsplatte des Rödelsbergs.

Der Sage nach soll früher oberhalb der Riedhalde eine Stadt gelegen haben. In der Oberamtsbeschreibung vom Jahr 1858 heißt es: „In der südlich von Tumlingen gelegenen Riedhalde wurden unfern einer Römerstraße zuweilen Grundreste von Gebäuden gefunden, die ohne Zweifel von den Römern herrühren. Doch kann es sich nicht um eine Stadt, eher um einen römischen Gutshof handeln. Eine Abteilung der Riedhalde heißt ‚Geldloch‘. Es besteht oder bestand aus zwei wenige Meter auseinandergelegenen Höhlen. Die östliche, die größere und tiefere ist das eigentliche Geldloch. Alte Leute erzählen, daß es früher lange gepoltert habe, wenn man Steine das Loch hinunterrollen ließ. Zuletzt habe man gemeint, die Steine fielen ins Wasser, so habe es in der Tiefe gepatscht. Die Sage weiß nun: Unten auf dem Boden des Geldlochs steht eine große Kiste und die ist proppenvoll mit lauter Gold und Geld. Auf der Kiste aber sitzt ein großer, schwarzer Pudelhund mit langem, struppigem Haar und glühenden Augen. Wenn sich ihm oder der Kiste jemand nähern würde, den fräße er mit Haut und Haar.“[21]

Rödelsberg (718 m) mit einzigartiger Weitsicht und einem fast vollständigem Rundblick. Ausblick nach Freudenstadt und zur Hornisgrinde – südlich zur Schwäbischen Alb, an klaren Tagen Sicht zum Feldberg und zu den Schweizer Alpen, die 180 bis 250 km entfernt sind. Eine Panoramatafel finden wir auf der Aussichtskanzel. Die botanisch und geologisch interessante Gäulandschaft um den bedrohten Rödelsberg steht unter Landschaftsschutz. Der Schopflocher Schwarzwaldverein feiert auf dem stehengebliebenen Muschelkalkklotz jedes Jahr am Fest Johannes des Täufers (24. Juni) die Sommersonnenwende mit einem Höhenfeuer.

Wir gehen abwärts. Unterhalb der Firma HOMAG (Hersteller von Formatbearbeitungs- und Kantenanleimmaschinen für die Plattenmöbelindustrie. Gegründet 1960) überschreiten wir die L 370 Schopfloch – Horb und gelangen auf der Kirchsteige zurück zum Marktplatz.

Freudenstadt – Marktplatz und Rathausturm

22 Das Muttergottesbild und die Quelle

Im Bebenhauser Lagerbuch wird 1356 ein Mariabronn erwähnt. Da es Filial des Klosters der Franziskanerinnen von Heiligenbronn bei Schramberg war, übertrug der Volksmund später diesen Namen auf das kleine Quellheiligtum am östlichen Saum des Schwarzwaldes. Aus dem Weiler in der Mulde eines Waldach-Seitentales, auf der Grenze von Buntsandstein und Muschelkalk, wurde das „untere Heiligenbronn“. Politisch gehört es zur Gemeinde Waldachtal-Salzstetten, unweit von Horb am Neckar.
Nach einer frommen Überlieferung fanden hier zwei Hirtenbuben eine kleine Statue der schmerzhaften Muttergottes in der Quelle. Die Herkunft des Bildes ist unbekannt, es dürfte jedoch um 1500 entstanden sein.
Das Wasser erwies sich bald als heilkräftig, wundersame Genesungen geschahen, für die niemand eine Erklärung hatte. Darum baute man an diesem Platz eine kleine Kapelle und stellte darin das Bild zur Verehrung auf. Die Wallfahrt zum heilsamen Bronnen am Gnadenort der Schmerzensmutter blühte auf. Nach kurzer Zeit war das Gotteshaus für die vielen Pilger aus dem ganzen Land zu klein. Pfarrer Johann Heinrich Schertlin von Salzstetten ergriff die Initiative, brach die ohnedies baufällig gewordene Kapelle ab und errichtete an ihrer Stelle 1745–47 das heutige Heiligtum. Der ehemalige Vogt des Freiherrn von Isenburg, Anton Christoph Radelmayer aus Nordstetten, war der erste Klausner. Als Lützenhardt 1904 eine eigene Pfarrkirche erhielt, wurde die Wallfahrtskirche zur eigenen Pfarrei erhoben. Dem neuen Pfarrherrn von Heiligenbronn vertraute man jedoch darüber hinaus auch die zahlreichen im protestantischen Gebiet des angrenzenden Nordschwarzwaldes verstreut wohnenden Katholiken an.
Über der Quelle aber, in der einstmals das Gnadenbild gefunden wurde, erhebt sich heute der barocke Hochaltar der

Kirche, der aus deren Bauzeit stammt. Ein üppiger Altaraufbau umfaßt das Altarbild, das die Kreuzabnahme Jesu zeigt. Auf Konsolen zu beiden Seiten stehen die Apostelfürsten Petrus und Paulus. Das Geschehen setzt sich im Gnadenbild über dem Tabernakel fort: der Kreuzabnahme folgt die Szene, in der Maria den Leichnam ihres Sohnes auf dem Schoß hält. Und zu dieser schmerzhaften Mutter kommen die Menschen von überall her, seit eh und je, in ihrem Unglück, mit ihrer Bürde.
1897 war die Gnadenkapelle Ausgangspunkt für die Gründung des Knaben- und Jugendheims St. Antonius. Sozial- und milieugeschädigten Jungen und Mädchen vermittelte es fast einhundert Jahre lang Heimat, Bildung und Erziehung. In der Mitte des Jahres 1988 allerdings ist aus dem großen Gebäudekomplex von St. Antonius ein Übergangswohnheim für Aussiedler geworden.
Einen Katzensprung entfernt nur, drüben über dem Schellenberg, liegt Tumlingen in der breiten Talmulde eines Quellbachs der Waldach. Ein Schäfer hatte vor langer Zeit unweit des Ortes seinen Pferch aufgeschlagen. Da kam jedesmal in der Abenddämmerung ein großer, kräftiger Wolf daher und stahl dem Schäfer das fetteste Schaf, obwohl der alte, weißbärtige Mann sich immer in der Nähe der Herde aufhielt. Dem fiel freilich auf, daß das hundeartige Raubtier bei seinem Beutezug immer vom Dorf herkam und mit seinem Fang auch dorthin wieder zurückrannte. Die Sache sprach sich im Dorf herum, und der Schäfer selbst zeigte sie dem Büttel an. Der hingegen stellte sich taub. Sogar der Schultheiß wollte nicht eingreifen, denn der Glaube an geheimnisvolle Wolfsmenschen war damals weit verbreitet. Schließlich erbot sich der herrschaftliche Jäger, der im Dorf wohnte, den Begebenheiten auf den Grund zu gehen. Seite an Seite legten sich der Jäger und der Schäfer an einem Abend hinter dem Pferch auf die Lauer. Da, auf einmal, sahen sie einen ihnen wohlbekannten Bürger vom Dorf her auf einen Heuhaufen zu-

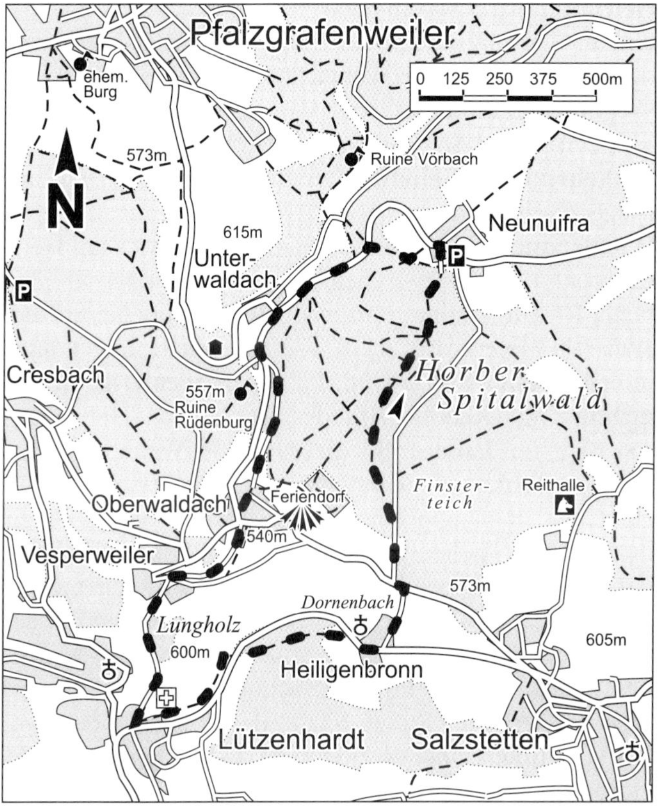

schleichen. Unter diesem verkleidete der sich als Wolf und sprang dann dem Pferch zu. Der Jäger zielte auf das riesige Viech und traf. Verwundet rannte der Räuber lautlos dem Dorfe zu. Mit einer bedrohlichen Schußwunde aber lag anderentags einer der Einheimischen, der Werwolf von Tumlingen, in seinem Bett.

Wanderung: vom Heiligen Bronnen zum Äschenteich
Ausgangspunkt: Heiligenbronn, Gde. Waldachtal – Salzstetten
Parken: am Ausgangspunkt

Gehzeit: etwa 3 1/2 Stunden
Karte: Schwarzwaldverein Blatt 3 Wildbad – Freudenstadt und Wanderkarte Waldachtal, 1:25 000.
Wegmarkierung: örtliche Wegzeichen und teilweise Markierung des Schwarzwaldvereins
Einkehrmöglichkeiten: Neunuifra, Oberwaldach und Lützenhardt
Wanderung: Wir verlassen den Salzstetter Ortsteil Heiligenbronn (584 m) zwischen den Heimgebäuden in nördlicher Richtung mit der örtlichen Markierung Nr. 8. Nach etwa 300 Metern wird die K 4720 überquert, man kommt in den **Horber Spitalwald**. Ita von Toggenburg, die Gemahlin Graf Rudolfs III., des letzten von Hohenberg, schenkte im Jahre 1387 dieses große Waldgrundstück mit der Hälfte von Salzstetten dem Horber Spital zum Hl. Geist. In knapp eineinhalb Stunden, von Heiligenbronn aus, erreichen wir **Neunuifra** (628 m). Die Bevölkerung der umliegenden Orte nannten es „Äschenteich". 1721 legten nämlich Pottaschesieder den Weiler an, seinen Namen allerdings hat er vom benachbarten, wesentlich älteren (Alt-)Nuifra, das schon 1080 genannt wird. Nun auf der Alten Steige, später der K 4722, hinab nach **Unterwaldach** und entlang dem westlichen Rand des Horber Spitalwaldes nach **Oberwaldach** und **Lützenhardt** (555 m). Der Ort kam 1090 durch Schenkung an das Kloster Reichenbach. Die Herrschaft hatten ursprünglich die Pfalzgrafen von Tübingen. 1381 kam Lützenhardt mit der Grafschaft Hohenberg an Österreich, 1805 an Württemberg. Seit 1975 ist der schmucke Ort staatlich anerkannter Luftkurort. Schwarzwald-Heimatmuseum.
Kurz nach Eintritt in den Ort links in den Friedhofweg, weiter zum Zurdreller Kreuz und über den Distrikt Ziegelbrunnen zurück nach Heiligenbronn.

23 Seltsame Geschichten aus dem Weiler Wald

„Weiler Wald"? – Der erstreckt sich zwischen Nagold und Waldachtal. Fünf Orte mit klingenden Namen liegen in den großen Rodungsflächen: Pfalzgrafenweiler und Durrweiler, Edelweiler, Herzogsweiler und Kälberbronn. Der Ostweg Pforzheim-Schaffhausen durchzieht den alten Reichswald Karls des Großen, in dem die Bäume besonders lang werden. Eines der schönsten Schwarzwaldtäler, in unseren Tagen jedenfalls, schlängelt sich durch das gastliche Ferien- und Wanderparadies: das Zinsbachtal.

Eine getuschte Silberstiftzeichnung von Hans Baldung Grien, wohl aus dem Jahr 1515, zeigt, wie es dort am „Eselsweg" einmal ausgesehen hat. Der vielbegangene Weg von Stuttgart nach Freiburg zog vorbei. Eine kleine Mahlmühle stand an der rechten Seite im Talgrund. Im Hintergrund eine Lichtung mitten im Wald. Der Blick dringt in die Tiefe. Er trifft auf ein kleines hochgiebeliges Kirchlein mit einem zierlichen Dachreiter und einem auffallend niedrigen Chorvorbau: die Wallfahrtskapelle „Unsere liebe Frau im Zinsbach". Daneben zwei weitere Gebäude. Das Pfründehaus, in dem offenbar der Kaplan und ein „Waldbruder" lebten. Das andere ein Gasthaus. Es wurde 1539 verkauft, abgebrochen und in Pfalzgrafenweiler nahe der Kirche neu aufgebaut. Die Kapelle zerfiel, geriet in Vergessenheit. Heute ist jede Spur verschwunden.

Wer von Pfalzgrafenweiler ins Zinsbachtal wandert, kommt an der Hexendole vorbei. Ein kleines Bächlein ist's, das die Halde hinabrinnt und, unter dem Weg hindurch, sich aus dem Staub macht. Vorzeiten glaubten die Leute von Pfalzgrafenweiler fest, man dürfe keine Mädchen in die Zinsbachmühle schicken, weder am Tag noch in der Dunkelheit der Nacht, es könne ihnen sonst etwas Böses zustoßen. Denn in der Hexendole, so sagte man,

hause ein verbiestertes Wesen, eben eine Hexe, und wenn ein Mädchen an dem Graben vorbeikomme, dann erhasche sie es und zerreiße ihm den Rock. Und unter der Erde habe sie einen Backofen, da schiebe sie das junge Geschöpf dann hinein. Denn die Hexe sei meist voller Heißhunger.
Lassen wir uns noch eine Geschichte aus dem Weiler Wald von Graf Froben Christoph von Zimmern erzählen, gestorben 1567. Festgehalten hat er sie in seinem kurzweiligen Werk, der Zimmerischen Chronik. „Dieses capitel sagt allaine von den erdenmendlin, auch von maister Eppen und seinem jagdhündlin Willen und Wallen.“ Keine Sorge. Ich werde die Begebenheit mit Meister Eppen in der geläufigen Sprachform ausspinnen. In einem Dorf im Schwarzwald, Pfalzgrafenweiler genannt, stand einst eine Burg, von der man heute noch die Gräben sieht; aber im Laufe der Zeit ist sie in einen solchen Zustand gekommen, daß der Platz nunmehr mit großen Bäumen ganz verwachsen ist und kaum noch einer Burgstelle gleicht. Hier wohnte ein Graf von Tübingen, der neben anderem Vergnügen auch viel zu jagen pflegte.
Einmal zog dieser Graf ins Holz. Da kam ihm ein winzig kleines Jägerlein entgegen, das zwei Jagdhündchen an einer Koppel führte. Der Kleine nannte sich Meister Eppen, Will und Wall die zwei Hündchen. Der Graf fand an Eppen und seinen Hündchen soviel Gefallen, daß er sie mit nach Pfalzgrafenweiler nahm. Er behielt sie bei sich, und fing, weil er mit Meister Eppen und seinen zwei Hunden häufig in den Wald zog, so viel Wildbret, daß er niemals ohne Beute heimkam. Außerdem fühlte er sich, solange er dieses Erdmännlein oder Jägerlein in seinem Schlosse hatte, glücklich an Leib und Seele.
Einmal jagte der Graf mit seinem Jägermeister Eppen und dessen Hündchen Will und Wall hinter dem Schloß Feherbach (Vörbach über der Waldach). Sie kamen in den Wald hinein. Da scheuchten die zwei Hündlein unversehens einen mächtigen Hirsch auf die Füße, der nicht aus diesem

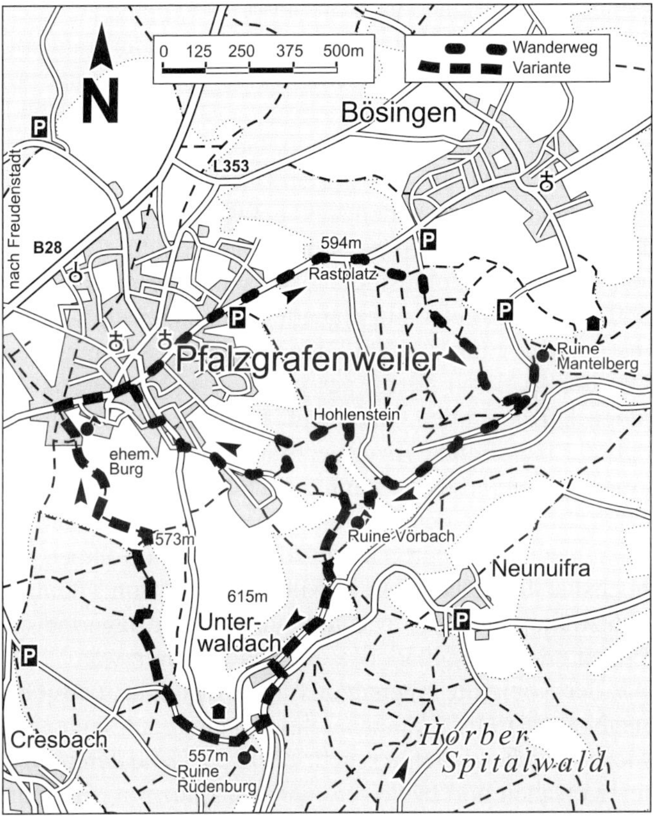

Lande war. Das Tier flüchtete. Zuerst nach der Stadt Horb und in einen Wald, der Weitow genannt wurde, in Richtung Tübingen, dann aber weiter nach Gmünd, Ellwangen, Dinkelsbühl, Nürnberg und durch den Böhmerwald bis nach Prag. Der Graf und sein Jägermeister zogen den ganzen Tag mit den Hunden hinter dem Hirsch her, bis zur Nacht und frühmorgens wieder, bis sie endlich nach mehreren Tagen nach Prag kamen. In der Burg von Prag regierte damals der König von Böhmen. Der Graf kam mit seinem Jäger und den Hunden an die Pforte, die war aber ver-

schlossen. Will und Wall, die beiden Jagdhündchen, waren jedoch so laut, daß sich manch einer darüber wunderte. Das wurde dem König gleich gemeldet. Dieser ließ sie ein, worauf der Graf mit seinem Jägermeister und den Hündchen bis in des Königs Saal zog. Dort hingen an die Tausend Hirschgeweihe. Die beiden Hündchen sahen nun das Geweih des Hirsches, den sie die Tage über gejagt hatten. Jetzt wurden sie abermals so laut, daß sich der König mit seinem ganzen Hofgesinde darüber wunderte. Er befahl, daß man die zuletzt aufgehängten Hirschgeweihe abnehme und den Hündchen zu Füßen lege, was auch geschah. Die beiden fielen über eines her, wie es Hunde tun, die einen Hirsch stellen. Daraufhin sagte des Königs Jäger, daß der betreffende Hirsch erst am Tage zuvor gefangen worden sei. Und daran konnte man erkennen, daß es derselbe Hirsch war, den die Hunde zuerst im Weiler Wald bei Feherbach aufgespürt hatten. Der König von Böhmen war höchst erstaunt. Nun erzählte ihm der Graf von Tübingen von Anfang bis Ende, was ihm durch seinen Jägermeister Eppen und seine Hündchen alles widerfahren war.
Als der König die Abenteuer vernahm und dazu des Grafen Namen hörte, erkannte er ihn und fand auch seinen Namen in etlichen Briefen geschrieben. An Hand derer konnte er ersehen und beweisen, daß der Pfalzgraf ein Feind des Königs war. Darüber erschrak der Pfalzgraf nicht wenig. Der König aber sagte zu ihm, er brauche nichts zu fürchten, bei ihm sei er an Leib und Gut sicher. Die Räte und das Hofgesinde redeten auf den König und den Grafen soviel ein, daß sie schließlich in allen Dingen einig wurden und der König Gnade vor Recht walten ließ.
Nach einer gewissen Zeit wollte der Graf mit seinem Jägerlein Eppen und mit seinen zwei Jagdhündchen Will und Wall wieder Abschied nehmen. Der König bat ihn recht ernstlich, ihm die zwei Hündchen zu überlassen. Er bot an, ihm dafür nichts zu versagen, um was er auch bitten werde. Darauf sprach der Graf mit seinem Jäger Ep-

pen. Dieser aber riet dem Grafen davon ab, dies zu tun, und so versagte der Graf dem König die Bitte, wenn auch ungern. Doch der König drängte immer und immer wieder. Dem Pfalzgrafen kamen Zweifel. Er gab schließlich nach und schenkte dem König die Hündchen. Das Jägerlein wollte sich aber von denen ihm liebgewordenen Hündchen nicht trennen und blieb beim König zu Prag. Daraufhin stattete der König von Böhmen den Pfalzgrafen von Tübingen mit Knechten, Pferden und auch anderen Geschenken und Ehrengaben aus. Dann ließ er ihn in allen Gnaden ziehen. Der Graf reiste wieder nach Pfalzgrafenweiler. Bald vermißte er seinen Meister Eppen mitsamt seinen Jagdhündlein. Das Verlangen nach ihm wurde so stark, daß er anfing, an Leib und Seele abzunehmen. Es ging nicht lange, und er starb vor lauter Heimweh. Seine Nachkommen verließen Pfalzgrafenweiler. Keiner von ihnen blieb in der Landschaft ansässig. Gleichwohl änderte der Ort den Namen nicht. Die Herrschaft der Grafen von Tübingen ist in fremde Hände gekommen.
Vielen Vermutungen nach hat sich diese Geschichte unter Kaiser Heinrich III. zugetragen. Er hatte das Land des Königs von Böhmen mit Krieg überzogen.

Wanderung: zu Zeugen der Vergangenheit im Waldachtal bei Pfalzgrafenweiler
Ausgangspunkt: bei der katholischen Kirche in Pfalzgrafenweiler
Parken: Parkplatz am Marktplatz und bei der Turn- und Festhalle
Gehzeit: etwa 2 1/2 Stunden
Karten: Schwarzwaldverein Blatt 3 Wildbad-Freudenstadt, Wanderkarte Waldachtal, 1:25 000, Pfalzgrafenweiler, Wanderkarte Weiler Wald, 1:25 000
Wegmarkierung: Pfalzgrafenweiler – Ruine Mantelberg blau-gelbe Raute des Schwarzwaldvereins, übrige Strecken örtliche Wegzeichen

Einkehrmöglichkeiten: unterwegs keine
Wanderroute: Wir starten in **Pfalzgrafenweiler** (636 m, 6470 Einw.). Luftkurort auf waldreichem, sonnigem Hochplateau zwischen Zinsbach und Waldach mit den Ortsteilen Bösingen, Durrweiler, Edelweiler, Neu-Nuifra, Herzogsweiler und Kälberbronn.
Die Pfalzgrafen von Tübingen erbauten hier 1165 eine Burg. Sie waren damals Grafen des Nagoldgaus. Die Burg wurde der westlichste Stützpunkt der Pfalzgrafen von Tübingen. Von ihr aus entstand der Ort „Wilare", das heutige Pfalzgrafenweiler. 1209 Ortsadel. Als die Macht der Pfalzgrafen verfiel, kamen Pfalzgrafenweiler und die Burg unter die Lehensherrschaft des Hochstifts Straßburg, von dort zur Grafschaft Eberstein und durch Kauf 1421 in württembergischen Besitz. Der Ortsteil Durrweiler jedoch erst 1605. 1798 brannte nahezu das ganze Dorf ab.
Ev. Pfarrkirche **St. Jakobus**. Ursprünglich frühgotisch und St. Peter und Paul geweiht. 1772 völlig umgebaut und erweitert. 1906 Errichtung des neuromanischen Turms. Gotisches Sakramentshäuschen, am Turm gotisches Portal. Die Jakobuskirche lag am mittelalterlichen Jakobus-Pilgerweg ins spanische Santiago de Compostela. Der Abschnitt führte von Tübingen aus über Nagold-Iselshausen nach Pfalzgrafenweiler und weiter nach Loßburg.
Der Marktflecken Pfalzgrafenweiler wurde zum wirtschaftlichen und kirchlichen Mittelpunkt für die Orte am Rande des Waldes und jene darin. Der Reichswald selbst war als Jagdgebiet der Fürsten bis ins 18. Jahrhundert für die Besiedlung gesperrt. Bis zum Beginn des Zeitalters der Eisenbahn war der Ort eine wichtige Station an der alten Post- und Handelsstraße Stuttgart – Straßburg. Um den Marktplatz herum und in seiner Nähe standen fast alle Gasthäuser, in denen die Kauf- und Handelsleute sich einquartierten.
Burgstall Weiler am früheren Ortsrand. Ehemalige Burg des Pfalzgrafen Hugo II. von Tübingen. 1165 zerstört, da-

nach wieder aufgebaut. Als Schloßgebäude im 12. Jahrhundert abgegangen. Die Burgstelle ist nur noch durch einen kreisrunden Hügel mit umlaufendem Graben erkennbar. Die Sage vom Meister Eppen machte das Schloß von Weiler, seine Bewohner und den Weiler Wald in den deutschen Landen weithin bekannt.
Verlassen wir mit dem Ostweg des Schwarzwaldvereins das einstige Kleinod der Pfalzgrafen von Tübingen in Richtung Bösingen. Etwa 100 m nach dem Friedhof verläßt dieser nach links unsere Route. Wir folgen der gelb-blauen Raute geradeaus in den nahen Glashartwald und erreichen nach etwa 45 Minuten mitten im Weiler Wald die **Ruine Mantelberg** (570 m). Erste urkundliche Erwähnung 1287. In dieser Zeit sind die Müller von Ihlingen, die sich später auch Müller von Mandelberg nannten, im Besitz der Burg, die wohl um 1250 oder wenig später errichtet wurde. Spätere Besitzer sind die Grafen von Eberstein, von 1389 bis 1626 dann die Markgrafen von Baden. Beim Bauernaufstand 1525 wird sie ausgeplündert und angezündet, danach jedoch teilweise wieder bewohnbar gemacht. 1626 erwirbt Württemberg die Burg endgültig und verkauft ein Jahr später das Hofgut Mantelberg an die Gemeinde Bösingen. Danach scheint die Anlage abgegangen und verfallen zu sein. Bergfried 1973/74 renoviert. Seit 1975 archäologische Ausgrabung. Der 30 m hohe Turm mit seinen drei Meter dicken Mauern ist begehbar und wird als Aussichtsturm benutzt. Die Burg gilt heute als eines der stattlichsten Geschichtsdenkmäler im Landkreis Freudenstadt.
Wir steigen zunächst kurz talwärts und überqueren dann auf einem Holzsteg die Waldach. Vom Bösinger Pumpwerk an schlendern wir auf dem ebenen Sträßchen talaufwärts zur neuen Kläranlage. Hier treffen wir wieder auf die gelb-blaue Raute, die vom Horber Spitalwald her auftaucht. An dieser Stelle müssen wir uns von der friedsamen Waldach verabschieden. Das Flüßchen stromert weiter der Nagold zu.

Wie eine „luftige“ Siedlung streuen sich die Teile der Gesamtgemeinde Waldachtal in die liebliche Aue, die sich aus Cresbach, Hörschweiler, Lützenhardt, Salzstetten und Tumlingen zusammensetzt.
Der gelb-blauen Raute nach gehen wir nun am Hang des Schloßbergs aufwärts zur **Nördlinger Hütte** (550 m). Ihren Namen hat diese vom früheren Forstmeister Julius Nördlinger. Die 1906 von der Ortsgruppe Pfalzgrafenweiler errichtete Hütte steht auf den Mauern des Rundturmstumpfes der **Burg Vörbach**. Um 1140 gehörte diese den Grafen von Hohenberg, dann war sie württembergisches Lehen.
1625 verkaufte Herzog Johann Friedrich von Württemberg die damals noch bewohnte Burg an die Gemeinde Pfalzgrafenweiler. Nach dem großen Ortsbrand Pfalzgrafenweilers im Jahre 1798 wurde das inzwischen verfallene Gebäude abgetragen und das Material zum Wiederaufbau der Häuser verwendet.
Zu unserem nächsten Ziel, dem Hohlen Stein, wählen wir den stillen Vörbachweg. Ein Wegweiser „Hohler Stein“ deutet auf einen Zickzackweg, auf dem wir nach kurzem Anstieg zum imposanten Sandsteinfelsen kommen. Mächtig beugt er sich über den Abhang vor. Wenn es regnet, lädt er geradezu zum Unterstehen ein.
Halt! – Gemach. Wer Hals über Kopf auf den Stein klettert, sieht mit einem Male herrschaftliche Diener mit allen Rassen von Tieren eines Grafen von oben herunterkommen. Am Ende den adeligen Herren selbst. Wenn der Felsenstürmer nun einfach nur Mund und Augen aufsperrt und nicht flink wie ein Wiesel das Weite sucht, dann ergreifen ihn die Knechte des Grafen und schleppen ihn in die Höhle unter dem Gestein. Von da allerdings ist keiner jemals wieder zurückgekommen. So wird’s von alters her erzählt.
Auf dem Waldweg unterhalb des Felsbrockens erreichen wir die alte Kläranlage (Regenrückhaltebecken) von

Pfalzgrafenweiler. Nun führt uns ein bequemer Fußweg in einer Viertelstunde zurück zu unserem Ausgangspunkt in Pfalzgrafenweiler.

Variante: Sehr reizvoll ist diese **Burgenwanderung** auch in umgekehrter Richtung, da sich die Eindrücke von Burg zu Burg steigern. Also: von Pfalzgrafenweiler zur wahrscheinlich kleinsten der drei Burgen, der **Ruine Rüdenberg**. Nur noch wenige Reste sind erhalten. Um 1220/1250 erbaut. Nach den Kecheler von Rüdenberg ging die Burg an Württemberg. 1498 bis 1625 war sie im Besitz der Neunecker und kam in diesem Jahr mit dem Verkauf von Neuneck-Vörbach wieder zu Württemberg. Die Ruine ist Eigentum des Landes, das sie zur Zeit renoviert. Weiter zur Ruine Vörbach – Ruine Mantelberg und von dort zurück nach Pfalzgrafenweiler. Wanderzeit: etwa 2 1/2 bis 3 Stunden.

Abstecher: Wollen Sie einmal Tannen sehen, von denen manche über 50 Meter hoch sind und in Brusthöhe einen Durchmesser bis zu 134 cm haben? Dann sollten Sie in das Naturschutzgebiet „Große Tannen“ bei der ehemaligen Holzfällersiedlung Kälberbronn (Ortsteil von Pfalzgrafenweiler) wandern. Diese in Deutschland wohl größten Tannen wurden früher an die Werften in den Niederlanden verkauft. Sie stellten daraus die Masten der Großsegler her. Von den „Großen Tannen“ ist es nicht weit zur **Nagoldtalsperre**, dem beliebten Wassersportrevier bei Erzgrube.

24 Das Buchelenweiblein und Grundmännle im Steinachtal

Zwischen Altheim und Obertalheim, in der kleinen Schlucht der Steinach zu, die man bei den Einheimischen Buchelengraben nennt, geht von alters her das „Buchelenweiblein" um. Es ruft nächtens immer: „Drei Schoppen Wein und ein Schoppen Wasser gibt auch ein Maß." Eine Wirtin in Obertalheim, die schnell wohlhabend werden wollte, soll dieses Weiblein sein und zu Lebzeiten obige Redensart immer gebraucht haben. Dafür mußte sie umgehen.[22)]
Oberhalb der Pfarrkirche von Untertalheim erhebt sich der Fohlberg. Unten an seinem Fuß, nahe dem Friedhof, steht das Haus des „Wittumbauern". Es mag schon lange her sein, da kam das Grundmännle stets in dieses Haus und tat dem Wittumbauern viel Gutes. Sooft im Haus gebacken wurde, mußte man des Abends nur das Mehl und Wasser und das, was sonst noch nötig war, bereitstellen. Morgens lagen Laib, Kuchen und Brot schmackhaft, ja einfach vortrefflich gebacken da. Eines schönen Tages da packte die Leute die Neugier: sie blieben auf und wollten sehen, was das Grundmännle so trieb. Da kam ein herziges, kleines Zwergmännlein mit zerissenem Höslein, schaffte und backte drauflos, daß es eine wahre Freude war. Der Wittumbauer aber bedauerte das arme Männlein, weil es gar so zerlumpt war. Er ließ ihm neue Höslein fertigen und legte sie ihm in der nächsten Nacht hin. Doch von da an kam das Grundmännlein nicht mehr. Das Höslein aber soll es angezogen und mitgenommen haben. Und weil die Untertalemer es bis heute nicht vergessen haben, lebt es in ihrer Fasnet weiter.[23)]

Wanderung: im Steinachtal unterwegs
Ausgangspunkt: Rathaus in der Dorfmitte von Altheim, Stadt Horb a. N.

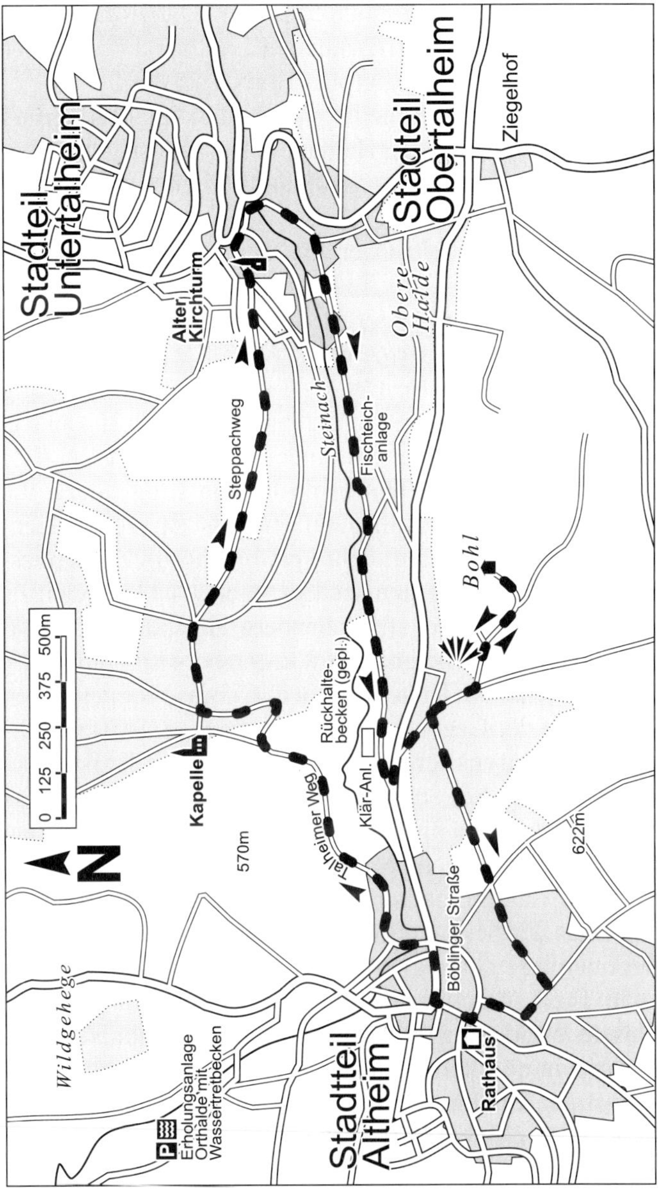
Stadtteil Untertalheim
Stadtteil Obertalheim
Ziegelhof
Alter Kirchturm
Obere Halde
Steinach
Steppachweg
Fischteich-anlage
Bohl
0 125 250 375 500m
Rückhalte-becken (gepl.)
Klär-Anl.
Kapelle
Talheimer Weg
570m
622m
N
Böblinger Straße
Wildgehege
Erholungsanlage Orthalde mit Wassertretbecken
Stadtteil Altheim
Rathaus

Parken: beim Ausgangspunkt
Gehzeit: etwa 2 bis 2 1/2 Stunden
Karte: Stadt- und Wanderplan Horb, 1:25 000
Wegmarkierung: Altheim – Obertalheim Markierung des „Horber Kultur- und Heimatpfades" und örtliche Wegzeichen; Obertalheim – Altheim örtliche Wegzeichen Nr. 4 und 2
Einkehrmöglichkeit: Obertalheim
Wanderroute: Unsere Tour beginnt im wiesenreichen Steinachtal. Genau an der Stelle, wo der Brühlbach sich der Steinach in die Arme wirft. An der Mündung finden wir **Altheim** (545 m). Die erste schriftliche Erwähnung des Ortsnamens geschieht im Jahre 791. Von 1350 an treten Altheimer auf, die sich eindeutig dem niederen Adel zurechnen lassen. 1393 schenkt Ita von Toggenburg, die hinterbliebene Gemahlin Graf Rudolfs III. von Hohenberg, die Ortsherrschaft dem Spital in Horb. Die Landesherrschaft stand dagegen den Herzögen von Österreich als Besitzer der Grafschaft Hohenberg zu. Dieser Zustand dauerte bis zum Übergang an Württemberg im Jahre 1805. Die katholische **Kirche St. Mariä Geburt** rechnet zu den Urkirchen der Gegend. Der Neubau von 1869/70 mit Ursprungsresten aus dem 11. Jahrhundert ist aus Tuffstein im neugotischem Stil errichtet. Die Untergeschosse des Turmes sind aus romanischer Zeit. Die drei frühromanischen Bildwerke in seinem Mauerwerk lassen sich bis heute nicht einwandfrei deuten. Im Chor der Kirche stoßen wir auf eines der bekanntesten Kunstwerke der Hochgotik in der oberen Neckarregion, den „Altheimer Palmesel". Um 1450. Das „Altheimer Passionskreuz" um 1520.
Unsere Wanderung führt vom **Rathaus** die Bahnhofstraße abwärts in nördlicher Richtung. An der Kreuzung Brühlbachstraße/Böblinger Straße treffen wir auf den Talheimer Weg. Das mit dem Wegzeichen des Horber Kultur- und Heimatpfades ausgeschilderte Feldsträßchen leitet uns zum Parkplatz und zur **Kapelle der schmerzhaften Mut-**

tergottes an der Weggabelung am Gewann „Langenländer“. Aus Dankbarkeit für überstandene Krankheit und für eine glückliche Heimkehr aus dem Zweiten Weltkrieg wurde sie 1952 erstellt.
Wir wenden uns nach rechts, dem **Steppachweg** zu. Eine halbe Stunde noch und wir landen in **Obertalheim** (517 m). Eng ist der Ort angelegt und in die Länge gezogen, und in jüngster Zeit ist er gänzlich an die Seite seines Nachbarn Untertalheim gerückt. In früherer Zeit wurde zwischen den beiden im Jahr 782 gemeinsam erwähnten Dörfern ohnehin nicht unterschieden. Bis ins 13. Jahrhundert gehörten sie den Pfalzgrafen von Tübingen, wurden danach hohenbergisch und kamen 1805 durch den Preßburger Frieden zu Württemberg. Im Tal steht noch der Turm der alten Kirche, die erstmals 1404 urkundlich genannt wird und Filial von Altheim war.
Unser Weg führt über die Haiterbacher Straße hinab zu den Ufern der Steinach. Rechter Hand machen wir die **Alte Horber Straße** aus. In diese biegen wir rechts ein und schlendern den **Steinachtalweg** links des Bächleins talaufwärts. Unweit der Fischteichanlage, hart an der Gemarkungsgrenze, hat sich der **Buchelengraben** sein Bett im Muschelkalk gesucht. Lange schon liegt die Obertalheimer Wirtin unter der Erde, die dort des Weinfrevels an ihren Gästen wegen hatte umgehen müssen. Leute, die in der Nähe Buchele lasen, hörten oft ganz deutlich ihre Stimme jammernd die Worte sagen: „Drei Schoppen Wein, ein Schoppen Wasser geit au a Maß.“ Zu Tode erschrocken rannten sie meist ins Dorf zurück und erzählten, was sie erlebt hatten. Man bedauerte die Frau wohl, helfen konnte ihr jedoch niemand. Jedermann wußte, begangenes Unrecht verlangte Genugtuung. Nun wird berichtet, sie sei vor vielen Jahren von ihrer Schuld befreit worden und habe jetzt für ewige Zeiten Ruhe.
Wir bleiben auf dem **Steinachtalweg.** Ungefähr 250 m nach der Kläranlage kreuzen wir die L 366 Hochdorf –

Altheim und wandern bergan zum **Freizeitgelände Bol** (599 m), wo sich Oberes Gäu, Heckengäu und Schwarzwald nahe kommen. Von der sechseckigen Schutzhütte mit Feuerstelle aus genießt man einen herrlichen Rundblick auf die Schwäbische Alb und den nicht weit entfernten Schwarzwald.
Nun gehen wir zunächst auf dem überregionalen Radwanderweg etwa 200 m wieder in Richtung Landstraße zurück, dann der Nr. 2 folgend links ab und ein Stück durch den Wald, später hinab ins hübsche Altheim, von wo wir aufgebrochen sind.

Blick von der Martinskirche auf den Dornstetter Marktplatz mit Rathaus und altem Ochsen

25 Die Wildröslein-Sage

Die kleine Pieta-Plastik, von der in unserer Erzählung die Rede sein wird, stammt aus der Zeit 1430/50 und ist uns bis heute erhalten geblieben. Rund 600 Jahre lang diente dieses Kleinod den Dominikanerinnen in Horb als Hausheiligtum. So kam es, daß die Klosterkapelle schon vor dem großen Stadtbrand von 1725 wie auch jene im neuerbauten Kloster, dem heutigen Finanzamt, der „Schmerzhaften und Wundertätigen Muttergottes" geweiht waren. Dieses Gnadenbild war das einzige, was den Nonnen von ihrer Kapelle nach der verheerenden Feuersbrunst und der Säkularisation geblieben war. Nach dem Tode der letzten Dominikanerin im Jahre 1837 kam das Gnadenbild ins Schüttekirchle. Jetzt befindet es sich am mittleren Arkadenpfeiler in der Liebfrauenkapelle. Auf einem Andachtsbildchen aus der Mitte des 18. Jahrhunderts ist die Pieta noch mit einem der Mode der Zeit entsprechenden Brokatkleid dargestellt. Treten wir auf leisen Sohlen ins kleine Heiligtum.

Tief versunken kniet die Mutter Priorin vor dem kleinen Gnadenbilde im Kapellchen des Klosters. Eben sinkt im Westen die Sonne hinab und schickt ihre letzten Strahlen herein durchs bunte Fenster. Goldene Lichter flimmern auf dem Mantel der Schmerzensmutter. Der heilige Leichnam scheint sich zu beleben im rosigen Lichte. Noch blutiger scheinen die Wunden zu leuchten, als quellten noch immer frische Tropfen heraus. Die Augen der Mutter aber schimmern feucht im herben Schmerz. Ein eigentümliches Zittern und Beben liegt über dem ganzen Bild. Wenn die Sonne ihren Abschiedsgruß hereinschickt, weilt die Priorin gerne hier. Seit bald 50 Jahren ist sie im Kloster an diesem Ort. Immer wenn das Bild so wundersam leuchtet, dann zieht es sie hinein ins kleine Klosterkirchlein, um der Schmerzensmutter ihre Sorgen und Kümmernisse vorzutragen. Und stets tritt sie wieder gestärkt aus dem Kapellchen heraus, selbst dann, wenn schwere Sorgen sie bedrückten. Auch heute lastet großer Schmerz auf ihr. Die „Helfmutter“, die rechte Hand der Priorin, bisher die gesündeste im kleinen Konvent, ist jäh ins Jenseits abberufen worden. Am Morgen, als sie nicht zur Messe aufstand, schaute die Schaffnerin nach ihr, um sie zu wecken. Da bemerkte die zu ihrem Schrecken, daß die Klosterschwester bereits in ewigem Schlummer ruhte. Das plötzliche Hinscheiden traf alle tief. „Vor einem jähen und unvorhergesehenen Tode bewahre uns, o Herr!“, beteten sie inbrünstiger denn je und erschauderten bei dem Gedanken an das eigene ungewisse Ende.

So betet auch die Priorin immer wieder aus tiefster Seele und schaut voll Inbrunst hinüber zum kleinen Gnadenbild, welches jetzt wie von Feuersglut übergossen in der Abendsonne leuchtet. Da ist der Beterin, als nicke ihr das Bild gütig zu. Ein süßer Duft dringt, vom Frühlingswind getragen, herauf vom Wildrosenstrauch, drunten an der Schloßhalde, durchs Heiligtum.

Nach dem Nachtgebet und einer kurzen Betrachtung legen sich die Ordensfrauen zur Ruhe. Die Priorin und die älteste Schwester übernehmen zusammen die erste Totenwache. Erst um Mitternacht gehen die beiden gleichfalls zu Bett, während zwei andere Nonnen weiter Wache halten bis zur Mette. Bald schließen sich die Augen der übermüdeten Priorin. Wie sie so ruht, ist ihr plötzlich, als dränge die Abendsonne wieder durch das kleine Fenster der Kapelle auf das schöne Vesperbild. Dieses aber wird größer und immer größer. Die Schmerzensmutter blickt herüber zur Betenden, die da kniet. Sie winkt ihr huldvoll: „Komm näher, meine Tochter, und höre, wie ich dir deinen Wunsch erfüllen werde!“ Der Priorin wird es eigentümlich heiß zumute. Doch dann fühlt sie sich selig und zuversichtlich, so daß ihr alles ganz selbstverständlich vorkommt, und lauscht begierig, was die himmlische Frau ihr sagen will.

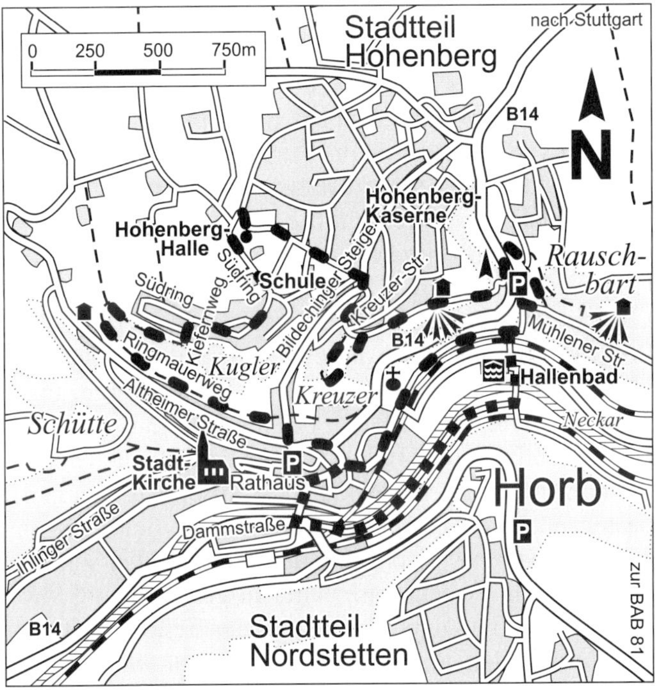

„Wacht allezeit, damit ihr stets bereit seid, den Bräutigam zu empfangen, dann soll dir und deinen Mitschwestern ein Zeichen gegeben werden, sobald euer Stündlein naht. Es wird eine jede von euch, wenn es soweit ist, an ihrem Platz im Speisesaal ein Wildröslein finden." Da erwacht die Priorin und blickt verwundert um sich. Eben erklingt das Glöcklein zur Mette. Drüben über dem Wald, der Hornau zu, schimmert das erste Morgenrot. Es ist Zeit zum Gebet. Die würdige Mutter weiß nicht recht, wie ihr geschehen, aber klar sind ihr noch die huldreichen Worte im Gedächtnis. Sie sinnt nach, ob es nur ein eitler Traum und Täuschung war, oder ob sie wirklich Überirdisches geschaut. Scheu blickt sie hinüber auf das blumengeschmückte Altärchen, wo das kleine Bildnis so lieb und traulich schim-

mert wie immer am Morgen. Und so kommt sie zu dem Entschluß, ihr Erlebnis ganz für sich zu behalten.
Die Geschäfte des Tages und die Pflichten des Amtes lenken die Klostervorsteherin bald von ihrem Traum ab. Allmählich verschwindet er ihr ganz aus dem Sinn. Es gilt, die tote Mitschwester beizusetzen, drunten in der Klostergruft, und dann zu beten für ihre Seelenruhe. So geht alles wieder weiter im ruhigen Gleichmaß des beschaulichen Lebens. Die Zahl der Schwestern ist klein geworden, kaum mehr als ein Dutzend. So vergehen die Jahre. Die Priorin ist immer noch dieselbe stets besorgte, würdige Mutter. Die Zeit scheint spurlos an ihr vorübergegangen zu sein. Wieder geht es dem Frühling zu. Lau wehen die Winde herein von der Halde. Dort ist der Schnee schon geschmolzen. Am nächsten Tag ist St. Josef, das Fest in der Fastenzeit. Die Schwestern versammeln sich zum einfachen Mahl. Das Tischgebet und die Fürbitten sind verklungen. Die Fastenspeise wird ausgeteilt. Die Schwestern wenden den umgekehrt liegenden Teller. Zuletzt die Priorin. Sie hat ein eigenartiges Gefühl. Schon beim Tischgebet erschien es ihr, als schwebe der Duft des Wildrösleins im Raum wie einst im Kapellchen. Nun blickt sie auf den sauber gescheuerten Tisch und jauchzt beinahe freudig auf angesichts des bezaubernden Rösleins, das unter ihrem Teller liegt. Doch das verbietet das heilige Schweigen. Plötzlich ist ihr, als höre sie wieder die Worte der Schmerzensmutter, wie in jener Nacht vor fünf Jahren, als die alte Pflegemutter auf dem Totenbett lag. „Jede von euch“, klingt es ihr im Ohr, „wenn ihr Stündlein naht, wird ein Wildröslein finden an ihrem Platze im Saal – seid bereit.“ Ihr ist als träume sie wieder. Woher sollte das Röslein wohl kommen?
Doch die Ordnung bei Tisch ist streng. Erst die Mahlzeit beenden, danach die Danksagung und dann zur Erfrischung in den Hof. Dort fragt sie die dienende Schwester, woher wohl das liebliche Röslein gekommen sei, das unter

ihrem Teller gelegen. Doch die hat nirgends ein Röslein gesehen. „Werdet auch kaum eines finden, ehrwürdige Mutter Priorin , morgen ist erst St. Josef. Kaum daß vielleicht ein vorwitzig Veilchen hervorlugt, drunten am Rain an der Halde.“ So spricht sie und wundert sich über die merkwürdige Frage.

Wanderung: über den Hohenberg zum Rauschbart
Ausgangspunkt: Unterer Marktplatz in Horb
Parken: Parkhaus „Kaiser“ am Unteren Marktplatz
Gehzeit: etwa 2 1/2 bis 3 Stunden
Karte: Stadt- und Wanderplan Horb, 1:25 000
Wegmarkierung: teilweise Wegzeichen des Schwarzwaldvereins
Einkehrmöglichkeiten: Horb
Wanderroute: Beginnen wir am **Unteren Marktplatz** (420 m), einem der schönen Winkel der Großen Kreisstadt Horb. Historischer Platzbrunnen mit dem Standbild Erzherzog Ferdinands II. von Österreich-Tirol.
1806 war König Friedrich I. von Württemberg in den Besitz des vordem vorderösterreichischen Horb gekommen. Drei Jahre später, 1809, besuchte er das Städtchen am Neckar. Der frühere Herzog war ein gewichtiger Mann. Immerhin wog er nicht weniger als vier Zentner; er war allerdings auch 2,11 m groß. Der König mußte am Rükken mit Gewichten beschwert werden, damit er überhaupt aufrecht gehen konnte. Auf der steilen Steige hinauf zum oberen Marktplatz verließen seine brave Lieblingsstute die Kräfte. Die Ehrenjungfrauen, die Spalier standen, konnten nicht anders, sie mußten einfach lachen. Das aber ärgerte den König maßlos. Und deshalb passierte auf dem Horber Marktplatz das Malheur: der König von Württemberg machte die Hosen voll. In Erinnerung daran hat er später einmal gesagt, diese buckelige Stadt würde er am liebsten abreißen lassen. Nach Horb kam er jedenfalls nie mehr.

Gegenüber die katholische **Liebfrauenkapelle** im Areal des ehemaligen „Reichenbacher Hofes". Chor um 1280, vom Benediktinerpriorat Reichenbach als Kapelle erbaut. Langhaus und Turm von 1363. Hochaltar, 1520. Marienaltar, 1882, und Antoniusaltar, 1893, aus der Horber Altarbauwerkstatt P. P. Hausch und J. Bayer. Kreuztragender Christus („Horber Kreuzschlepper") um 1425/30. Vesperbild um 1430/50. Fresken aus dem 1. Viertel des 15. Jahrhunderts. Grabmäler und Epitaphien von Persönlichkeiten des politischen Lebens und Gönnern des ehemaligen Franziskanerklosters.
Wir gehen über die Altheimer Straße in die Bildechinger Steige. Nach etwa 150 m links über Treppen, hinauf zum **Ringmauerweg**. Wir bleiben links und promenieren entlang dem Kuglerhang, der bis in das 19. Jahrhundert hinein Weinberge trug, in Richtung Freudenstädter Straße. Hübscher wie auch baugeschichtlich interessanter Blick auf die Oberstadt mit Stiftskirche Heilig-Kreuz, Schurkenturm und Franziskanerkloster. Im Ringmauerturm **Museum über Horber Wehrgeschichte** (Bes. n. V.; Tel. 07451/3611). Turm und Reiterbild am Turm von 1480. Etwa 50 m weiter, rechts über den Hang aufwärts zum **Hohenberg** (502 m). Auf der Höhe biegen wir rechts ab in den Kiefernweg, nach etwa 500 m diesem nach links folgen und vorgehen zum Südring. Dort halten wir nach rechts und wandern mit schönen Ausblicken auf den Stadtteil Hohenberg und die Schwäbische Alb zur **Hohenberghalle**. Hier nun zwischen den Parkplätzen hindurch, die Sport- und Festhalle rechter Hand, gleich darauf die Real- und Hauptschule links liegenlassend, über den Tiefen Weg vor zur Bildechinger Steige. Ein kurzes Stück auf dieser abwärts. An der Ampel überschreiten wir die Straße und nehmen die Kreuzerstraße aufwärts. Bei dem von einer Mauer umgebenen Casino rechter Hand der blaugelben Raute des Schwarzwaldvereins nach zum **Kreuzkapellenberg** (484 m). Großartige Aussicht auf die Stadt

und ins Neckartal. Beim Casino **Steinerner Geschichtsgarten der Stadt Horb a. N.** Sammlung historischer Grenzsteine aus dem Horber Raum. Wir gehen zurück zur Straße und folgen der SV-Markierung entlang der Hangkante, mit hübscher Sicht auf Nordstetten und ins Neckartal, zum Parkplatz an der B 14 (1933 wurden an dieser Stelle Überreste eines Mammutschädels gefunden). Nun noch das kurze Wegstück hinauf zur **Aussichtsplatte Rauschbart** (483 m. Kiosk, Biergarten, Kinderspielplatz). Herrlicher Ausblick auf Horb und ins Neckartal bis Dettingen. Von hier aus gibt es mehrere Möglichkeiten talwärts zu wandern. Wir jedoch folgen zunächst wieder der blau-gelben Raute hinab in Richtung Mühlen. Nach etwa 15 Minuten treffen wir auf einen Hauptwaldweg. An dieser Stelle verlassen wir die Markierung des Schwarzwaldvereins und halten uns geradeaus auf dem Waldpfad ins **Haugenloch.** Vor der Unterführung der Bahnstrecke Horb – Hochdorf rechts im Hang aufwärts und, die Bahnlinie stets linker Hand lassend, hinein nach Horb.

Variante: durch die **Untere Au** zurück nach **Horb**.

Vom Haugenloch durch die Unterführung und über die Kreisstraße Mühlen – Horb hinüber zum Hallenbad. Vor der Eisenbahnlinie Horb – Tübingen rechts ab und durch die Untere Au und mit schönem Blick auf die Stadtsilhouette zurück zur Stadt. Etwa 20 Minuten Gehzeit mehr.

Anmerkung: Horb ist auch Ausgangspunkt des markierten, 78 Kilometer langen, landschaftlich wie heimatkundlich interessanten „Horber Kultur- und Heimatpfads“. 1993 eröffnet.

Weitere Angaben zu Horb a. N. lesen Sie im Kapitel 26, „Eine Zigeunerin rächt sich“.

26 Eine Zigeunerin rächt sich

Es ist kein Menschenalter her, da zogen sie noch von Ort zu Ort: die Hausierer, die Karrenleute und die Zigeuner. Schuhbändel, lederne und andere, Nähzeug, Bürsten und Besen, kleine wie große, Salben und Schmieren für Mensch und Vieh, eben alles, was man für den täglichen Bedarf brauchte oder auch im Betrieb ersetzen mußte, boten sie an der Türe feil. Obwohl die Hausierer regelmäßig kamen, empfand niemand sie als eine aufdringliche Plage. Sie waren samt ihrer Ware den Leuten bekannt. Holzschindeln für das Dach, Strohhüte für die Feldarbeit, Schüsseln und Tassen, Krätten nebst anderen Utensilien, die man in der Landwirtschaft brauchte, brachten die Karrenleute per Fuhrwerk ins Dorf. Ausrufer taten kund, was es zu kaufen gab. Waren aber Zigeuner im Land, dann hieß es (und das nicht ganz ohne Grund): „Sperrt die Hühner ein und nehmt die Wäsche von der Leine, die Kinder laßt nicht aus den Augen!" Dann paßte einer auf das fahrende Volk, solange es am Rande des Dorfes kampierte, ganz besonders auf: der Feldschütz. Zigeuner erregten stets sein größtes Mißtrauen, verlangten seine höchste Wachsamkeit. Besonders dienstbeflissen war jedoch der Ordnungshüter, wenn es daranging, sie wieder aus dem Flecken hinauszubugsieren.
Die Zigeuner erschienen mitunter sogar mit Kamelen und Affen im Ort. Einem Bären hatte man einen Ring durch die Nase gezogen, daran eine Kette befestigt, an der das gezähmte Raubtier mit seinem dicken Pelz und seiner gedrungenen Gestalt durch die Straßen geführt wurde. Eine schmutzige Weibsperson schlug ein Tamburin, Meister Petz stellte sich auf seine Hinterpranken und tanzte dazu. Währenddessen sammelten ein paar zerlumpte Frauen in den umliegenden Häusern Geld ein. Gab man ihnen nichts oder nicht genug, prophezeiten sie allerlei Unheil und ver-

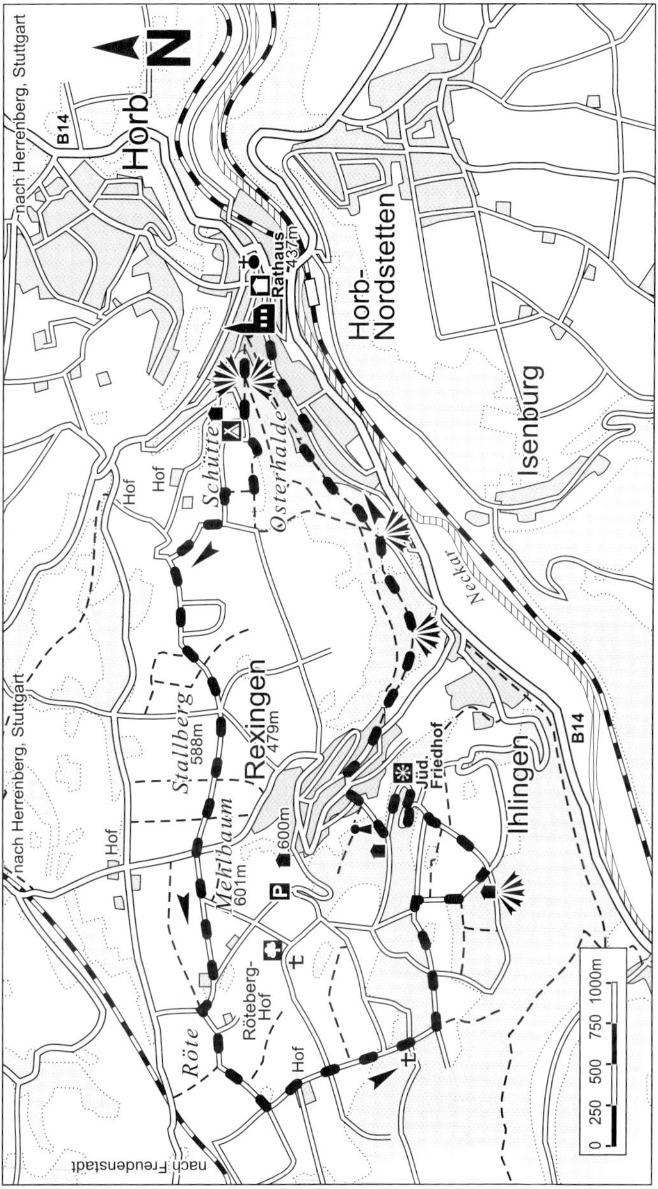
N
Horb
B14
nach Herrenberg, Stuttgart
Rathaus
437m
Horb-
Nordstetten
Isenburg
Neckar
Schütte
Osterhalde
Hof
Hof
Stallberg
588m
Rexingen
479m
nach Herrenberg, Stuttgart
Hof
Mehlbaum
601m
600m
Jüd.
Friedhof
Ihlingen
B14
Röteberg-
Hof
Röte
Hof
nach Freudenstadt
0 250 500 750 1000m

fluchten obendrein das Haus. Immerhin galten sie doch als mit magischen Mitteln und Mächten vertraut. Sie verbrachten den Tag mit dem Reparieren von Schirmen, dem Flicken von Kesseln und dem Pferdehandel. Etwas Unheimliches haftete ihnen schon an, diesen umherziehenden Sippen mit ihren dunklen, langen Haaren, den schwarzen, stechenden Augen und ihrer braunen Hautfarbe. Den Umgang mit ihnen vermied man, so gut es ging.

Vorzeiten kam eine alte Zigeunerin in die Gegend von Horb. Auch ein stattlicher Bauernhof lag auf ihrem Weg. Unter dem großen Eingangstor traf sie auf die Ehehälfte des wohlhabenden Landmanns. Diese bettelte die Schwarzhaarige um Schmalz, Eier, Brot und Geld an. Einen Blick in die Zukunft stellte sie dafür der Bäuerin in Aussicht. Künftige Ereignisse, auch solche, die sie sich längst sehnlich herbeiwünsche, könne sie ihr voraussagen. Die Bauersfrau sah sich verstohlen um und winkte die Zigeunerin in die Küche. Knöpfle, Kraut und Kartoffelschnitz mit einer frischen Bratwurst vom Mittagessen kamen auf den Tisch, in der Hoffnung, der Gaumenkitzel werde die Prophetin schon zum Reden bringen. So war es dann auch. „Bei dir sehe ich etwas höchst Sonderbares", begann die Zigeunerin ohne Umschweife recht geheimnisvoll. „Und was?", erkundigte sich die Bäuerin, schon ganz aus dem Häuschen geratend. Ob ihr Mann ihr denn treu sei, fragte sie ganz aufgeregt. In den Augen der Zigeunerin blitzte es. Dabei verzog sich ihr Mund mit den wulstigen Lippen zu einem frechen Lächeln. „Nein!", offenbarte sie verschlagen. „Der treibt es heimlich mit einer Magd vom Hof, und das nicht wenig. Sogar bei einer jungen Frau aus dem Dorf ist er bereits mehr als einmal zutraulich geworden", sagte sie und malte das, was sie sagte, mit spitzer Zunge recht lebendig aus. Der Bäuerin wich alle Farbe aus dem Gesicht. Das alles sollte hinter ihrem Rücken passiert sein? Einer aber hatte vor dem Fenster gehorcht, den ganzen Tratsch mit angehört: der Bauer. Den packte nun der

Zorn des Ehrverletzten. Er langte zu einem mannsgroßen Holzscheit, das gerade in seiner Nähe lag, stürmte mit diesem wie ein angeschossener Eber in die Küche und verprügelte damit regelrecht sein eigenes Weib, nicht weniger das ungezügelte Lästermaul. Ein saudummes Geschwätz sei das ganze Gerede von A bis Z, schrie er. Die Zigeunerin fasele derart verlogenes Zeugs bloß deshalb den Weibern vor, um ihnen das Geld aus der Rocktasche zu locken. Die Zigeunerin bekam Angst um ihr bißchen Leben und machte, daß sie schleunigst fortkam.
Draußen auf dem Feld, über den Höhen des Neckartales, setzte sie Knechte und Mägde über das ins Bild, was ihr widerfahren war. Dem fügte sie gleich spöttisch hinzu, dem Bauer sollten die Schläge teuer zu stehen kommen, dafür werde sie sorgen. Kaum hatte die Zigeunersfrau das gesagt, da drehte sie sich um, entfernte sich ein gutes Stück – es mögen an die hundert Schritte gewesen sein –, nahm ein Messer und scharrte ein Löchlein in die Schotterdecke der Straße. Die Leute auf dem Feld sahen, wie sie dazu allerlei Zauberzeichen über der Stelle machte. Alsbald stieg ein starker Nebel von der kleinen Vertiefung gen Himmel. Eine schwarze, drohende Wolke braute sich in der Luft zusammen. Die Tageshelle wich plötzlich einer kohlrabenschwarzen Nacht. Ein heulender Sturm jagte über die Fluren. Wilde Blitze, in deren gleißendem Licht die Umrisse des Städtchens auftauchten, zuckten unheilverheißend über den Landstrich. Krachend folgte der schwere Donner. Ein furchtbares Unwetter entlud sich. Hagelkörner, groß wie Taubeneier, prasselten vom Himmel und zerschlugen die gut stehenden Früchte auf den Feldern und in den Gärten. Die Fenster in den Häusern zersprangen, die Fluten des Neckars überschwemmten das Tal. Eine alte, buckelige Frau watete den Mühlkanal entlang und murmelte: „So etwas habe ich in meinem ganzen Leben noch nie erlebt.“ Die schwarze Zigeunerin hat man seit jenem Tag nicht wieder gesehen.

Wanderung: von Horb über den Stallberg nach Rexingen

Ausgangspunkt: Horb a. N., Rathaus

Parken: Parkhaus „Kaiser“ am unteren Marktplatz (gebührenpflichtig) oder bei der Berufsakademie in Richtung Mühlen (gebührenfrei)

Gehzeit: etwa 3 bis 3 1/2 Stunden

Karte: Stadt- und Wanderplan Horb, 1:25 000

Wegmarkierung: örtliche Wegmarkierung

Einkehrmöglichkeiten: Horb und Rexingen

Wanderroute: Unsere viele schöne Ausblicke bietende Rundwanderung beginnt am **Rathaus** (437 m) auf dem oberen Marktplatz. Erbaut 1765, also nach dem großen Stadtbrand von 1725. Wegen seiner 1925/27 vom Horber Kunstmaler Wilhelm Klink ausgeführten Bemalung ist es als „Horber Bilderbuch“ bekannt geworden. Der österreichische Doppeladler mit den Wappen seiner einstigen Herren verdeutlicht die bewegte Geschichte des Städtchens. Gründung um 1240 durch Pfalzgraf Rudolf II. von Tübingen. Vor 1244 Stadtrecht. 1305 an die Grafschaft Hohenberg gekommen, 1381 an Österreich und 1806 zu Württemberg. Machen wir uns auf den Weg in Richtung **Stiftskirche Heilig-Kreuz**. 1728 erbaut. Chor von 1314. 1987 renoviert. Horber Madonna um 1410. Orgelprospekt von 1732. Grabdenkmäler überwiegend von früheren Chorherren und von Angehörigen alter Horber Geschlechter. An der südlichen Langhausseite spätgotisches Doppelportal, „Brautportal“ genannt. 1. Drittel des 15. Jahrhunderts. Von der Terrasse reizvoller Blick ins Neckartal. Gegenüber dem Hauptportal ehemaliges **Dominikanerinnenkloster**. 1725/28 erbaut, jetzt Außenstelle des Finanzamts. Überragt vom **Schurkenturm**, einem Teil der einstigen Stadtmauer, der Mitte des letzten Jahrhunderts als Gefängnis genutzt wurde, was dem alten Gemäuer auch seinen Namen gab. Seit 1973 Wanderheim des Schwäbischen Albvereins.

Stiftskirche und Schurkenturm lassen wir links liegen und folgen der SV-Markierung (blau-gelbe Raute) links am Gasthaus „Zur Buß“ vorbei, teilweise steil aufwärts, zur Schütte. **Schütteturm** (522 m). 1422 von den Reichsstädten erbaut. Das der hl. Ottilie geweihte Kirchlein geht auf das Jahr 1431 zurück. Unsere Route führt weiter zum **Campingplatz** und zum **Stallberg** (588 m). Herrliche Aussicht auf die Schwäbische Alb und hinüber ins Gäu. Wir bleiben dem Höhenweg treu und folgen diesem mit prächtiger Fernsicht zum **Mehlbaum** (601 m. Wasserbehälter). Danach kommen wir zu den Röteberghöfen, gehen nach etwa 50 m links ab und mit der Wegenummer 70 weiter. Der erste Heidehof bleibt linker, der zweite rechter Hand. Kurz darauf überqueren wir den Radweg Nr. 6. Wir halten uns in Richtung Wald. Zunächst am Waldrand entlang und rund 400 m durch den Wald. Dann mit der Wegenummer 72 links ab und in 20 Minuten zur **Jakobshütte** bei der Kindlestanne (600 m). Prächtiger Ausblick. Über den **Ihlinger Berg** nun steil hinab zum Stadtteil Rexingen. Am Weg **jüdischer Friedhof**. 1760 angelegt. Von der Kapfstraße lohnt sich ein **Abstecher** zum **Mahnmal im Brand**. Schöner Blick über Rexingen ins Neckartal.

Rexingen (479 m). Der Ort erscheint bereits in der 1. Hälfte des 12. Jahrhunderts und hatte einen eigenen Ortsadel. Der ab 1270 in Rexingen belegte Johanniterorden wird Rechtsnachfolger und Besitzer des Herrengutes Rexingen. Im Jahre 1290 erwirbt die Johanniterkommende den Flecken von der Horber Familie Böcklin. 1805 an Württemberg. Nach dem Dreißigjährigen Krieg Ansiedlung von Juden. Heutige Synagoge 1835/37 erbaut, im November 1938 teilweise zerstört. Seit 1952 Gotteshaus und kleines Gemeindezentrum der ev. Kirchengemeinde. **Kath. Kirche St. Johann Baptist**, 1841 erbaut, 1940 und 1948 renoviert. Vesperbild von 1420.

Durch die Lichtenbergstraße und Schafblumenhalde zur

Osterhalde und mit reizvollen Blicken ins Neckartal und auf die Stadtsilhouette zurück nach Horb.
Anmerkung: Weitere Angaben über Horb a. N. finden Sie im Kapitel 25, „Die Wildröslein-Sage“.

Ruine Hohendießen

27 Der Eschochgeist und das alte Steinkreuz von Betra

Am Betraer Weg, zwischen Betra und Wehrstein, spukt der Eschochgeist. Man hört ihn nachts oft lauthals schreien und schnaufen. Er ist aber kein anderer als der alte Hegner Hannes, der seinen schlimmen Waldfrevel sühnen muß. Um das Jahr 1606 holzte er, ohne mit der Wimper zu zucken, im herrschaftlichen Forst einfach über tausend junge Tannen ab und verkaufte diese für eine stattliche Summe. Er wurde erwischt und ins Gefängnis befördert. Wegen seines hohen Alters erbarmte man sich seiner und ließ ihn wieder laufen. Er mußte aber Urfehde schwören, also eidlich auf Rache verzichten.[24)]
Bei der Hohenzollernhalle in Betra steht ein eigenartiges Sühnekreuz. Vor etlichen Jahren hatte es seinen Platz noch auf dem Weg von Betra nach dem Buchhof, im sogenannten „Billinger". Die Einheimischen berichten von einem recht traurigen Ereignis, das sich der Überlieferung nach dort zugetragen haben soll.
Es war im unseligen Dreißigjährigen Krieg. Dem zügellosen Kriegsvolk stand das Recht auf Plünderung und Kriegsbeute zu. Ein Bauer pflügte in jenen Tagen seinen Acker. Einer der verwilderten Soldaten wollte ihm sein Pferd wegnehmen. Der Bauer wehrte sich, doch der Unhold erschlug ihn einfach hinter seinem Gespann. Am Ort der ruchlosen Tat wurde zum ewigen Gedenken dieses Steinkreuz errichtet. Ein Soldat mit einer Lanze und ein pflügender Bauer sind darauf zu sehen. Außerdem erzählt man noch, daß dort einmal ein toter Soldat aufgefunden worden sei.[25)]
In Dettingen soll gelegentlich noch heute der Schlößlesgeist umgehen, besonders wenn das „Waldweible" kocht, also an Nebeltagen. Es sei vorgekommen, daß ein Mann, der mit Pferden unterwegs war, diese zwei Stunden lang

nicht vom Fleck bewegen konnte. Alles Rufen, Schreien und Schlagen sei zwecklos gewesen, ja, die Seinen zu Hause hätten sogar das Rufen gehört und nicht helfen können. Der Schlößlesgeist hielt die Pferde in seinem Bann. In einem solchen Fall müsse man die „Stumpen“ von den Hufen der Pferde entfernen, und der Bann sei gebrochen.[26)]

Wanderung: über den Höhen des Neckars
Ausgangspunkt: St. Laurentiuskirche in Betra, Stadt Horb a. N.
Parken: beim Rathaus
Gehzeit: etwa 2 1/2 Stunden
Karte: Stadt- und Wanderplan Horb, 1:25 000
Wegmarkierung: örtliche Wegzeichen und abschnittsweise Markierung des „Horber Kultur- und Heimatpfads“ und des Albvereins
Einkehrmöglichkeiten: Betra; Isenburg, etwa 200 m abseits der Wanderrroute
Anmerkung: Sehenswürdigkeiten von Betra und Umgebung finden Sie in Kapitel 29 beschrieben
Wanderroute: Gegenüber der katholischen **Laurentiuskirche** liegt der Straßenzug **Horber Fichten**. Auf ihm gehen wir dorfauswärts. Am Ortsende biegen wir links in die **Flurstraße** ein. Ihr folgen wir und kommen auf dem gemütlichen Sträßchen nach ungefähr einer halben Stunde beim Dettinger Aussichtsfelsen an. Auf halbem Weg, in Höhe des **Wasserbehälters** linker Hand, hat man einen jener Punkte in der Region erreicht, von dem aus sich ein wunderbarer Blick über die Albvorebene und auf die großartige Kulisse der Schwäbischen Alb eröffnet. Von dort winkt uns der burggekrönte Kegelrumpf des Hohenzollern zu, dahinter der Raichberg mit Sendemast und das hell aufscheinende Dreieck des Zellerhorns. Gleich darauf machen wir rechts des Weges die Renn- und Trainingsstrecke des Motorsport-Clubs (MSC) Betra, Mitglied des Deut-

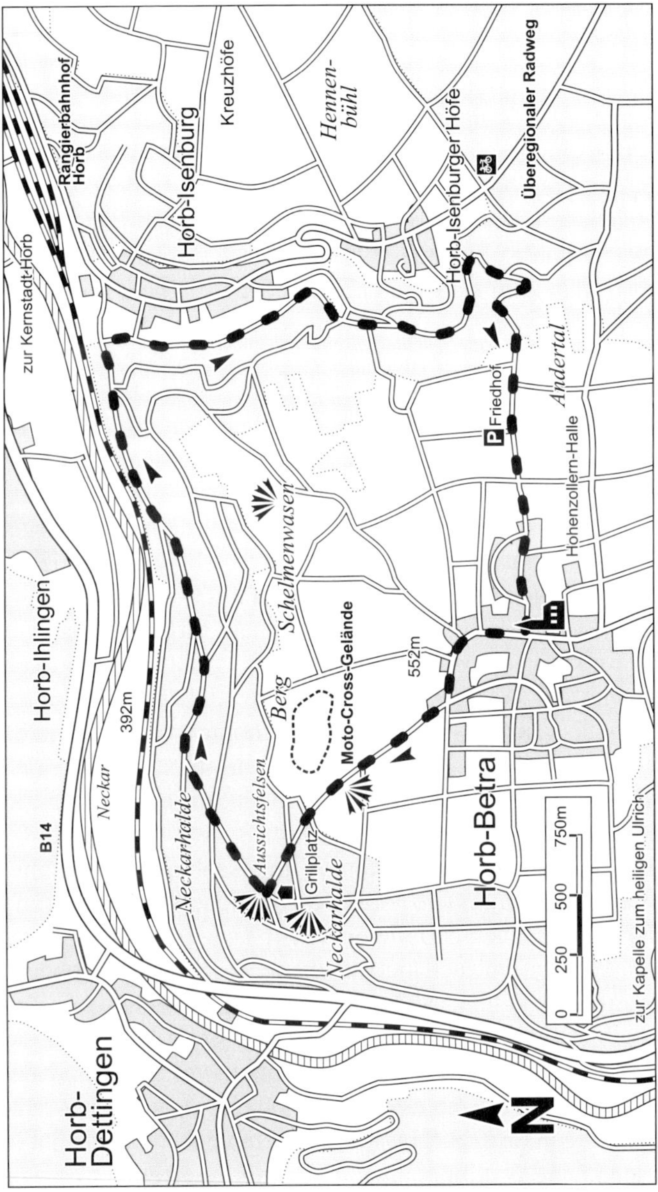
Horb-Dettingen
Horb-Ihlingen
B14
Neckar
392m
Neckarhalde
Aussichtsfelsen
Grillplatz
Neckarhalde
Berg
Schelmenwasen
Moto-Cross-Gelände
552m
Horb-Betra
0
250
500
750m
zur Kapelle zum heiligen Ulrich
Hohenzollern-Halle
Friedhof
Andertal
Horb-Isenburger Höfe
Überregionaler Radweg
Hennen-
bühl
Kreuzhöfe
Horb-Isenburg
Rangierbahnhof
Horb
zur Kernstadt Horb
N

schen Motorsport-Verbands (DMV), aus. Motorsport hat auf dem 2,8 Hektar großen Moto-Cross-Gelände eine lange Tradition. Die Anfänge reichen bis in das Jahr 1968 zurück. Jedes Jahr präsentieren „Renn-Asse“ hier einem motorsportbegeisterten Publikum Moto-Cross-Rennen, die überregional Beachtung und Interesse finden.
Bald erreichen wir die **Schutzhütte** auf dem Plateau der Neckarhalde. Ein netter Spiel- und Rastplatz mit Grillstelle lädt zum zünftigen Picknick ein. Ein paar Meter nur trennen uns noch vom kreuzgezierten **Dettinger Aussichtsfelsen** (581 m). Verweilen wir ein wenig.
Prächtig ist der Ausblick auf einen der schönsten Teile des oberen Neckartales mit dem einstmals hohenzollerischen **Dettingen** (400 m) zu unseren Füßen. Heute ist der Ferienort Stadtteil von Horb am Neckar. Hübsch liegt die spätbarocke **Pfarrkirche St. Peter** auf dem Schuttkegel des Längenbachtals. Gerold I. Haimb, Abt des schweizerischen Benediktinerklosters Muri (1723–1751), erbaute sie von 1738 bis 1740. Das Gotteshaus birgt ein kostbares Kleinod: das Hochaltarblatt „Petrus erhält die Schlüsselgewalt“, 1742. Der Maler hat den Oberschwäbischen Barock geprägt und war der Schöpfer der berühmten Deckengemälde des Zwiefaltener Münsters: F. J. Spiegler, geboren 1691 in Wangen im Allgäu, gestorben 1757 in Konstanz.
Für den gemächlichen Abstieg ins Isenburger Tal schließen wir uns nun dem Waldweg (örtliche Wegmarkierung Nr. 42) an. Nach 200 Metern nicht nach links, nach weiteren 100 Metern auch nicht nach rechts abzweigen, sondern geradeaus halten. Später treffen wir in einer scharfen Rechtskurve auf ein schmales, nach Betra hinaufführendes Teersträßchen. Auf ihm bummeln wir abwärts, Isenburg zu. 500 m sind es etwa, dann heißt es aufpassen. Unser Weg ins Isenburger Tal nämlich biegt scharf rechts in eine kleine Waldlichtung ein. Rechter Hand entdecken wir eine Wegtafel des Schwäbischen Albvereins: „Betra-Sulz,

Horb". Der rote Balken soll uns nicht verleiten, dem Hohlweg bergan nach Betra zu folgen. Es wäre allenfalls eine Abkürzung für „müde Krieger" oder „durstige Seelen", die so schnell wie möglich zurück nach Betra wollen.

Tip: Etwa 200 m abseits unserer Route, in Isenburg – wir erreichen es, indem wir auf dem Teersträßchen weitergehen – lassen sich Durst und Hunger vorzüglich stillen (außer Montag).

Wir hingegen gehen dem blauen Kreuz (Wegtafel: Isenburger Tal – Bodenloser See – Mühringen) nach, geradewegs ins **Isenburger Tal** (Landschaftsschutzgebiet) hinein, das sich gegenüber von Ihlingen in das Neckartal hineinzieht. Der Einblick in das abgeschiedene und überaus idyllische Isenburger Tal mit dem weitläufig an den Berghang hingebauten Horber Stadtteil Isenburg, der Ruine gleichen Namens im Hintergrund, schenkt uns eine malerische Ansicht. Darüber hinaus hat der Isenburgerbach auch für den Geologen und den botanisch Interessierten einen recht ergiebigen Einschnitt geschaffen. Man sollte sich Zeit lassen. 20 Minuten sind es vom Eintritt in das Isenburger Tal, bis der Horber Kultur- und Heimatpfad links, vom Schlößle und der „Wassersteige" herabkommend, auf unsere Route trifft. Auf ihm marschieren wir noch ein kleines Stück taleinwärts. Danach rechts des Weges und links vom „Kuhgraben" im Wald aufwärts. Vom Ende der Schlucht an geleitet uns die AV-Markierung über dem Isenburger Tal nach links, dann zwischen Friedhof und Andertal hinein nach Betra.

28 Große Welt abseits im Täle

Dettlingen ist ein kleines Kirchdorf in einer Talaue, die verwaltungsrechtlich einmal zum Kreis Hechingen gehörte. Seine Gemarkung steckten achtungsgebietende Grenzsteine ab, deren eine Seite die Hirschstange von Altwürttemberg, die andere das Hohenzollernwappen trägt. Der Flecken im „Hohenzollern-Zipfel" rechnet geologisch zum Oberen Gäu. Im Sommer herrscht Blütenpracht vor den meisten Fenstern der Häuser, liebevoll sind die Vorgärten gepflegt. Vom Ortsrand fließt ein Bach schnell und munter durch den Muschelkalk talabwärts. Und von seiner jungfräulichen Quelle bis zur Mündung in den gemächlich dahinströmenden Neckar bei Dettingen, oberhalb von Horb, sind es nur ein paar Kilometer, vorbei an belebten Fischteichen, den ratternden Holzsägen und der alten Mahlmühle, durch einstmals hohenzollerisches Gebiet.
Um das Jahr 1002 ist auf halbem Weg an seinem Ufer ein Dörfchen entstanden, dem man den Namen „diuzan" gab. Aus dem Althochdeutschen übersetzt: tosen, rauschen. Die Rede ist von Dießen, das reizvoll in das abgelegene „Dießener Täle" eingebettet ist, eines der schönsten in der Umgebung.
Der frühere ortsansässige Adel, das waren die Dießer. Wir begegnen ihnen zum letzten Male im Jahre 1520. Die Burg Altdießen, ihr Sitz, stand wahrscheinlich am südöstlichen Eingang des Dorfes. Neben ihnen erschienen ab 1408 die Adeligen von Dießen: die Herren von Ow und die von Neuneck. Sie waren Lehnsmannen derer von Geroldseck und Sulz. Am Ende des 15. Jahrhunderts erbten die Herren von Ehingen die Herrschaft Dießen, zu der auch das benachbarte Dettlingen und Bittelbronn zählte. Das Schloß dieser Ehinger zierte ehemals die Bergwand des Katzenbachtals unweit von Bad Niedernau. Aus dem Oberamt Ehingen an der Donau kamen später die Herren von

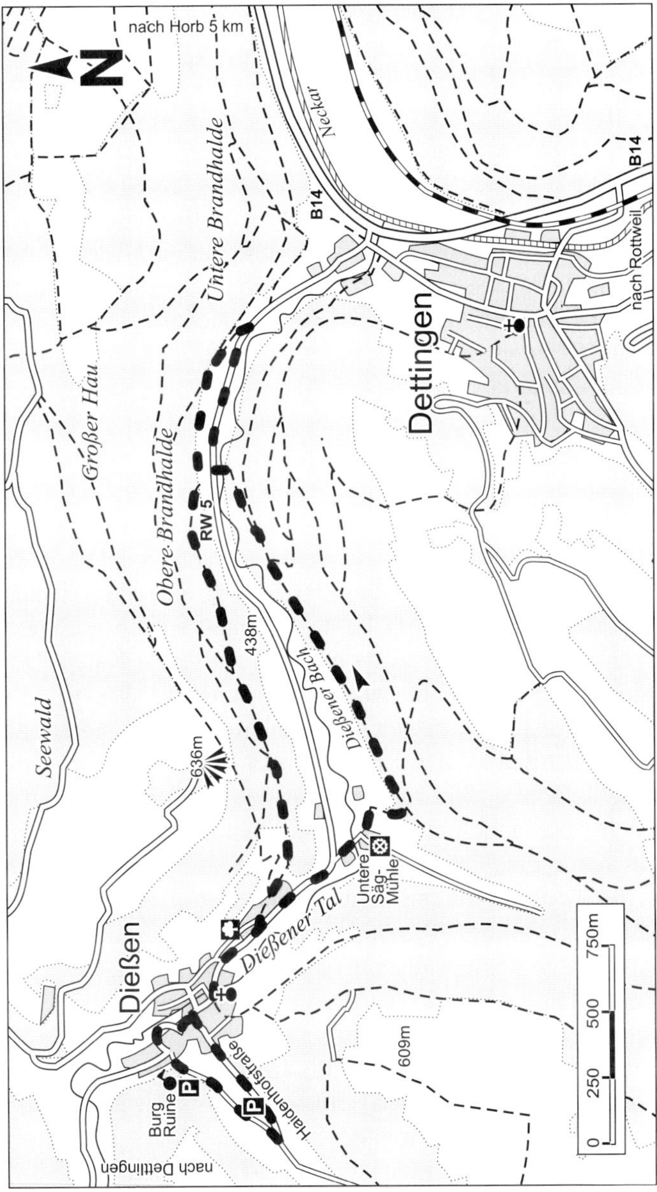
N
nach Horb 5 km
Neckar
B14
B14
Untere Brandhalde
Großer Hau
Obere Brandhalde
Dettingen
nach Rottweil
RW 5
438m
Dießener Bach
Seewald
636m
Untere Säg-Mühle
Dießener Tal
Dießen
Haidenhofstraße
Burg Ruine
609m
nach Dettingen
0 250 500 750m

Wernau, die 1556 nach öfterem Zank und Streit die Lehensrechte von Geroldseck ablösten. Ein Jahr später aber traten drei der Brüder ihren Anteil an den vierten, Hans Wilhelm, ab, der danach von 1557 bis 1580 als alleiniger Herr zu Dießen residierte.
Hans Wilhelm erlebte böse Zeiten, die Reformation kam über das Land. Die Mutterkirche Oberiflingen war vom katholischen Glauben abgefallen und mit dem Kloster Alpirsbach, zu dessen Gebiet sie gehörte, reformiert worden. Mit Dießen sollte das gleiche geschehen. Kurzerhand schickte der evangelische Pfarrer von Iflingen einen Prediger in das Filial St. Martin ins Tal, mit der Absicht, die Gemeinde zum neuen Glauben zu bekehren. Den Dießenern ging solches partout gegen den Strich. Noch während der unternehmungslustige Eiferer seinen Feldzug im Geiste Martin Luthers von der Kanzel herab unternahm, schlichen sich etliche Bürger aus dem Gotteshaus und hasteten zu Junker Hans Wilhelm auf das Schloß, als hätten sie den Verstand verloren, um ihm das Attentat auf die Religion brühwarm zu melden. Dem rechtschaffenen Katholiken stieg die Weißglut ins vollbackige Gesicht, wie er vernahm, was sich in der Gotteswohnung gleich unterhalb seiner Burg abspielte. Er drehte sich auf dem Absatz um, daß die Sporen klirrten, und ritt zur Kirche hinunter. Er höchst persönlich werde den Kirchenmann von der Kanzel herunterschießen, wenn er nicht auf der Stelle von selbst herunterkomme, keuchte der Baron wutentbrannt, kurz und bündig. Angesichts dieser nicht gerade rosigen Aussichten war der Diener Gottes nicht gewillt, für seine Lehre zum Märtyrer zu werden, sondern machte sich schnellstens aus dem Staub.
Eine völlig andere Bewandtnis hat es mit Johann Georg von Wernau, dem letzten seines Stammes. Er hauste von 1666 bis 1696 auf Hohendießen, jener herrschaftlichen Burg über dem Dorf, von der heute nicht viel mehr als Teile des Hauptbaus nebst Grundmauern erhalten sind. Sein

Knecht war schwerhörig, seine Wirtschafterin in ihrem vorgerückten Alter für allerlei Gebrechen anfällig. Ein pechschwarzer Ziegenbock leistete den dreien Gesellschaft, dem Burgherrn folgte das Viech auf Schritt und Tritt. Der Bock hatte ein auffallend kräftiges Gehörn. Mit diesem verschaffte er sich geschickt Zugang zu allen Räumen der Burg.
Eines Tages schlich sich der Ritter zu nächtlicher Stunde in seine Schatzkammer, die tief im Berg unter der Burg lag. Dort im tiefsten Winkel waren in schweren Kisten seine Schätze verborgen. Im Schein flackernder Kerzen ließ er die blinkenden Gold- und Silberstücke durch seine Finger gleiten, bis seine Augen einen fiebrigen Glanz bekamen. Das unterirdische Gewölbe hatte er mit einer schweren, eisernen Tür sichern lassen, er hatte nämlich eine Heidenangst vor Dieben. Unbemerkt war ihm das Horntier mit dem Kinnbart nachgetrottet und hatte sich hitzköpfig durch die enge Öffnung im Kellergewölbe gezwängt. Mit einem Schlag fiel die wuchtige Tür ins Schloß, Johann Georg von Wernau war bei seinen Reichtümern eingeschlossen. Den Schlüssel hatte er zwar in der Tasche, doch auf der Innenseite der Vorrichtung mit den sechzehn Schlössern gab es keine Schlüssellöcher. Mit der Zeit wurde Johann Georg sich seiner Lage bewußt, vor allem als seine Hilferufe ungehört verhallten. Völlig verzweifelt warf er sich auf die wohlgefüllten Kisten. Heftiges Schluchzen schüttelte ihn, denn all die Glücksgüter konnten ihm nicht helfen. Erst nach Tagen fand man den Junker halbtot im abgelegenen Gemäuer, den verendeten Ziegenbock neben ihm. In dieser Gefangenschaft entdeckte der Herr zu Dießen sein Herz für die Mitmenschen. Der Unglückliche gelobte eine Stiftung zur Almosenpflege. Annähernd dreihundert Jahre fand die Hinterlassenschaft Johann Georgs zu diesem guten Zwecke Verwendung. Erst bei der Eingemeindung Dießens nach Horb ging das verbliebene Fondsvermögen im Stadtsäckel unter.

Ein altes Ölbild im Chor der von dem Horber Meister Hans von Baden 1498/1502 erbauten Pfarrkirche hält die Erinnerung an den Wohltäter wach.

Wanderung: zu Besuch bei Johann Georg von Wernau in Dießen

Ausgangspunkt: Dießen, Stadt Horb
Parken: Parkplatz bei der Burgruine Hohendießen
Gehzeit: etwa 2 bis 2 1/2 Stunden
Karte: Stadt- und Wanderplan Horb, 1:25 000
Wegmarkierung: örtliche Wegmarkierung
Einkehrmöglichkeiten: Dießen
Wanderroute: Hohendießen (492 m) hält die Erinnerung wach, daß hier in der 2. Hälfte des 17. Jahrhunderts Johann Georg von Wernau und sein schwarzer Ziegenbock beheimatet waren. Schildmauer aus staufischer Zeit. 1396 Zerstörung der Burg durch Graf Eberhard von Württemberg, 1441 wiederaufgebaut. 1525 geplündert und teilweise erneut in Trümmer gelegt. In jüngster Zeit ist die Ruine Freilichtbühne der „Dießener Burgspiele".
Schlendern wir auf der engen Burgsteige, links der Ruine, hinab zur Hochbergstraße.
Pfarrkirche St. Martin, 1498/1502 erbaut. Spätgotischer Chor mit Netzrippengewölbe. Langhaus aus dem 16. Jahrhundert, wiederholt umgestaltet. Hochaltar neugotisch. Altarflügel aus der 1812 abgebrochenen Schloßkapelle, um 1500. Wahrscheinlich Frühwerke der Strübwerkstatt in Veringenstadt. Grabsteine der Ortsherren. Wappenfries mit den Wappen aller Ortsherren.
Wir verlassen das Dorf in Richtung Dettingen, vorbei am Sägewerk, auf steinigem Weg aufwärts bis zum Wald (Wegemarkierung Nr. 53 und 54). In der breiten Kurve am Waldrand wählen wir den nach links in Richtung Dettingen verlaufenden Horizontalweg, der nahe am Waldrand entlang führt und mit zahlreichen Ausblicken in das Tal des Dießenbachs landschaftlich besonders reizvoll ist. Der

erste und einzige Weg, der nach etwa 20 Minuten Gehzeit nach links, also talwärts, abzweigt, führt uns zu einer Brücke über den Dießenbach und von dort zur Landstraße, auf der wir nun noch etwa 500 m in Richtung Dettingen weiterwandern. Dann beginnt der Rückweg auf der anderen Talseite. Ein im spitzen Winkel von der Landstraße abzweigender Weg führt in mäßiger Steigung zum Waldrand, wo er sich gabelt. Wir nehmen den oberen, in den Wald hinaufführenden Weg, auf dem wir dann ziemlich eben und schließlich sanft bergab zurück nach Dießen kommen. Von der Dorfmitte aus gehen wir in südöstlicher Richtung auf der kleinen Straße, die zum Haidenhof weiterführt. Nach etwa 500 Meter liegt links der Straße, am steilen Hang, die **Tuffsteinrinne Dießen**. Der natürlich gewachsene Damm ist 40 m lang, einen Meter breit und – je nach Lage – zwischen 40 und 120 Zentimeter hoch aufgeschüttet. Er dürfte etwa 200 Jahre alt sein. Die Rinne ist nicht direkt zugänglich, aber vom Weg aus gut erkennbar. Naturdenkmal.
Hier nun biegen wir nach rechts auf das schmale Sträßchen zur Burgruine ein, das uns innerhalb von wenigen Minuten zum Parkplatz bringt.

29 Das versteinerte Brot in der St. Ulrichskapelle

An der B 14, wenige Kilometer hinter Horb, gen Rottweil zu, liegt an der Einmündung der Straße nach Betra die alte St. Ulrichskapelle. Ein Prachtstück der Neugotik. Der Architekt Wilhelm Fr. Laur hat sie 1889/91 erbaut. Zusammen mit Neckarhausen hat man das Kirchlein 1901 nach Betra eingemeindet. Nach dem kleinen Weiler am rechten Neckarufer und seinen zwei Burgen nannten sich vom Ende des 11. bis zur Mitte des 12. Jahrhunderts mehrere adelige Geschlechter „von Husen".
Von 1350 bis 1687 gehörte Neckarhausen den Herren von Lichtenstein. Sie kamen aus der Nähe von Neufra an der Fehla und waren mit denen auf dem Lichtenstein bei Reutlingen verwandt. Im 16./17. Jahrhundert standen die Lichtensteiner teils in österreichischen, teils in württembergischen Diensten. Auch zu hohen Würden und Ämtern stiegen sie auf. Johann Joachim finden wir schon 1620 in geistlichem Stande und als Domherr zu Konstanz und Ellwangen. Augustin Oswald war Deutschordensmeister und Komtur in Horneck am Nekkar. Ein Lichtensteiner namens Kaspar Anton Joseph von Lichtenstein stritt unter des Kaisers Fahnen im Glaubenskampf gegen die Türken. Als Fähnrich im Prinz-Neuburgischen Regiment starb er 1687 an der Roten Ruhr in Ungarn, mit ihm der letzte Sproß der Herren von Lichtenstein. Die drückenden Folgen des Dreißigjährigen Krieges konnte die Familie von Lichtenstein nicht mehr verkraften. Sie verarmte allmählich. Nach dem Tod der Witwe des Wilhelm Augustin von Lichtenstein mußte sie schließlich Neckarhausen 1682 an Johann Franz von Landsee zu Glatt veräußern. Die Besitzer wechselten. 1701 folgte Heinrich Adam Keller von Schleitheim, 1742 das Kloster Muri im schweizerischen

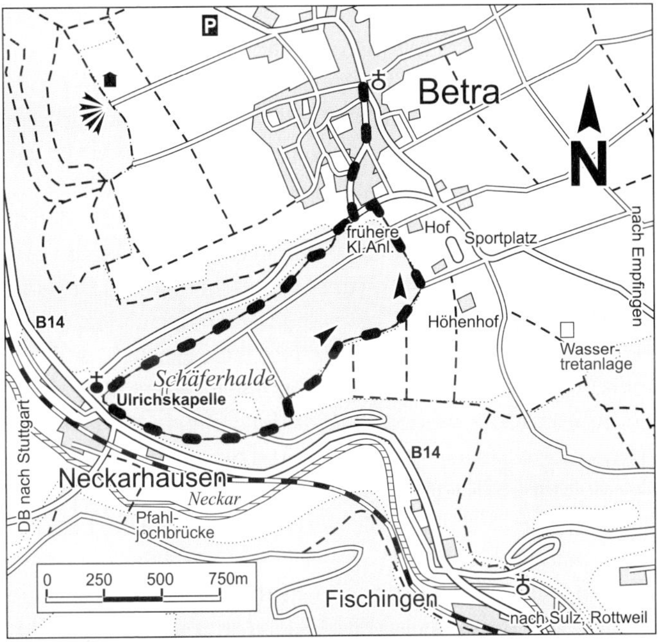

Kanton Aargau, zu guter Letzt 1803 das Haus Hohenzollern-Sigmaringen.

Im Wald oberhalb der St. Ulrichskapelle erkennt man noch Ringgraben und Mauerreste der Burg der Lichtensteiner, auf der sie einst saßen. Rebellische Bauern machten sie bei ihrem Aufstand von 1525 dem Erdboden gleich. Einst herrschte weit und breit große Hungersnot. In kaum einem Haus fand man noch Brot, nicht einmal bei den Reichen. In diesen bösen Zeiten pochte eines Tages ein ausgezehrter Bettler an das Tor der Burg, die damals von einem vornehmen Edelfräulein bewohnt wurde. Das öffnete ihm. Flehend sank er dem Fräulein zu Füßen. Der Halbverhungerte bettelte um ein einziges Stück Brot. Seine Stimme klang wehmutsvoll, und Tränen liefen über sein zerfurchtes Gesicht. Die Frau von adligem Stand sah ihn von oben

herab an, verzog verächtlich den Mund und wies den Armen fort. Sie habe kein Brot mehr, war ihre barsche Antwort. Das aber war gelogen. „Hätte ich selbst noch Brot und wollte ich es euch nicht geben, so sollte es zu Stein werden!“, setzte sie noch hinzu, um ihrer unwahren Behauptung den Anschein der Wahrheit zu geben. Niedergeschlagen angesichts soviel Hartherzigkeit wankte der arme Schlucker dem Tale zu. Noch in derselben Stunde ging das Burgfräulein zu der Truhe, in welcher sie das Brot aufzubewahren pflegte. Es gelüstete sie, den frischen Laib anzuschneiden. Sie erschrak, wurde kreidebleich und taumelte vor Entsetzen zurück. Ihr lauter Schreckensschrei gellte durch die weiten Hallen der Ritterfeste. Das Brot hatte sich in einen schweren, kalten Stein verwandelt. Von Angst und Pein geplagt, warf die Adelsfrau ihre Arme zum Himmel und bat den Herrgott um die Rückkehr des unbekannten Bettlers.
Der allerdings blieb wie vom Erdboden verschluckt. Gepeinigt von Reue über ihre Missetat trug die Unglückselige den versteinerten Laib Brot zur Ulrichskapelle hinab. Dort gelobte sie, ihrer Härte einsichtig, eine reiche Stiftung für die Armen zu machen, um so ihr Unrecht zu sühnen. Jährlich am St. Ulrichstag (4. Juli) solle an die Bedürftigen zu Neckarhausen und Betra Brot und eine festgelegte Summe Geldes ausgeteilt werden, bestimmte sie. So geschah es bis in die neuere Zeit hinein. Der versteinerte Brotlaib aber wurde in die Mauer des Kirchleins zum heiligen Ulrich eingelassen. Nach dem Abbruch des alten Gotteshauses um das Jahr 1895 fand er einen Platz im Arkadenbogen der neuen Kapelle von Neckarhausen, wo er bis auf den heutigen Tag zu sehen ist.

Wanderung: zur Kapelle des heiligen Ulrich im Nekkartal

Ausgangspunkt: Betra, Stadt Horb a. N.
Parken: beim Rathaus

Gehzeit: etwa 2 Stunden
Karte: Stadt- und Wanderplan Horb, 1:25 000
Wegmarkierung: örtliche Wegzeichen und Markierung des „Horber Kultur- und Heimatpfads“
Einkehrmöglichkeiten: Betra
Wanderroute: Unsere hübsche Wanderung beginnt mitten im rund tausend Einwohner zählenden, einstmals hohenzollerischen **Betra** (552 m). Wenden wir uns kurz seiner Vergangenheit zu. Das Kloster St. Gallen in der Schweiz verwahrt eine Urkunde aus dem Jahre 786. In ihr kommt der Name Petarale, also Betra, zum erstenmal vor. Der Ort dürfte jedoch wesentlich älter sein, denn über die Gründung der Siedlung sagt die Schenkungsurkunde nichts aus. Im 12. Jahrhundert ist Betra ein Teil der Herrschaft Wehrstein und im Besitz der Herren von Wehrstein, den Lehensträgern der Grafen von Geroldseck und Pfalzgrafen von Tübingen. 1576 bis 1634 gehört der Ort zur Herrschaft Hohenzollern-Haigerloch, danach zu Hohenzollern-Sigmaringen. 1806 erlischt das österreichische Lehensrecht, Betra kommt zum fürstlichen Oberamt Haigerloch. Seit dem 1. Dezember 1971 ist es ein Stadtteil von Horb. Früher betrieben die Betraer regen Handel mit Kienspänen. So bekamen sie den Spitznamen „Keaschmecker“.
Gasthaus **„Adler“**, Wirtshausschild Anfang 19. Jahrhundert. Bei der Hohenzollernhalle **Sühnekreuz** aus der Zeit des Dreißigjährigen Krieges. Im Gewann „Horber Fichten“ **Feldkreuz** von 1815.
Vor uns erhebt sich die **Pfarrkirche St. Laurentius**, 1808 erbaut, 1893 erneuert. Erhöhung des Turms im neugotischen Stil. Brechen wir auf. Wir nehmen zunächst die Haigerlocher Straße in südlicher Richtung. Bei der Weggabelung nach etwa 100 Metern halten wir uns rechts und gehen auf der Neckarhauser Straße bergabwärts zur ehemaligen Kläranlage an der Straße Neckarhausen – Empfingen. Wenige Meter unterhalb derselben biegen wir nach links

in das schmale Weglein ein, das uns parallel zur Fahrstraße in etwa 20 Minuten zur fast vergessenen **St. Ulrichskapelle** (418 m) an der B14, dem Ort der Handlung unserer Sage, hinunterführt.
Rechts vom Portal der „versteinerte Laib Brot", links das von Weckenmann 1756 geschaffene Wappen des Klosters Muri, des Bauherrn der Kapelle.
Abstecher: Drüben am historischen Flußübergang des Neckars ist die alte **Pfahljochbrücke** zu entdecken (in der Karte eingezeichnet). Die Holzbrücke geht auf das Jahr 1780 zurück, Teile ihrer Holzkonstruktion stammen aus der Zeit um 1257. Sie ist weit und breit die letzte Vertreterin einer ehemals vorherrschenden Brückenbauweise. 1992 ausgezeichnet.
Von der St. Ulrichskapelle kehren wir zum Weg zurück, der uns von Betra herabgeleitet hat. Anstatt links auf ihm wieder zum Ort anzusteigen, folgen wir der Markierung des Horber Kultur- und Heimatpfads die Schäferhalde bergan und Betra zu. Der **Höhenhof** (531 m) am Fischinger Weg war früher Besitz der Herren von Lichtenstein. Später fürstlich-hohenzollerische Domäne, heute Privatbesitz.
Rechts blicken wir in das „Sulzer Loch", wie die Einheimischen den Einschnitt des Neckars bei Sulz bezeichnen. Darüber zeigt sich Holzhausen, links davon auf dem Kleinen Heuberg liegen Brittheim, mit dem Wasserturm, und Vöhringen. Im Hintergrund präsentiert sich imposant die Schwäbische Alb mit dem runden Kegel des Hohenbergs. Über dem Steilabfall das Klippeneck, der Plettenberg mit dem Sendeturm. Es folgen der Lochen und der Hundsrükken, bis hin zum steil aufragenden Hohenzollern, von dem die deutsche Kaiserburg ins Land hineingrüßt.
Wir biegen links ab. Der mit „Neuwiesenäcker" beschilderte Weg führt uns wieder hinab zur Kreisstraße. Über die Neckarhauser Straße zurück in den netten Ferienort auf der Muschelkalkhöhe rechts des Neckars.

Variante: zum **Dettinger Aussichtsfelsen**. Kurz nach der Einmündung der Kreisstraße Neckarhausen – Betra von der B 14 links ab in den Hangweg und mit der Markierung des Horber Kultur- und Heimatpfads zum Dettinger Aussichtsfelsen (Grillplatz, Schutzhütte) und am Moto-Cross-Gelände vorbei zurück nach Betra. Etwa 1 Stunde mehr.

Loßburg

30 Ein Heiliger läßt seiner nicht spotten

Durchblättert man die Zeitungen, die Kalender des frühen 19. Jahrhunderts, so wird uns Nachgeborenen klar, wie stark noch zu Zeiten unserer Großeltern die Furcht vor dem Winter, besonders in Gegenden wie dem Schwarzwald, der Alb oder anderen Bergregionen, war.

Ein seltsamer Monat in diesem Jahresabschnitt ist jedenfalls der November. Nicht nur andernorts, sondern auch in der Horber Ecke. In ihm liegt alles nahe beieinander: Lachen, Weinen, Freud und Leid, schönes und trostloses Wetter, lichtfrohe und dunkle Tage in wechselndem, launischem Kunterbunt. Nichts paßt zusammen.

Ein Kalender von 1484 nennt ihn den Schlachtmonat und Metzelmond. Einfach wohl deshalb, weil das kalte Novemberwetter die Hausschlachterei seit alters begünstigt. Und wem steigt bei derartigen Reminiszenzen nicht der feine Duft gebratener Martinsgänse im Martinsmonat in die Nase. Oder wer will im Ernst von sich sagen, ihm sei noch nie etwas von jenen Namens- und Zunftfesten zu Ohren gekommen, die der windig-schaurige Genosse in seinem Gefolge hat.

Ein Ausdruck geradezu zärtlichen Verbundenseins mit den Ahnen ist das Allerseelenlicht zwischen Herbstblumenschmuck, Flitterzier und Tannenbäumchen auf den mit Weihwasser besprengten Gräbern. Tags darauf, am 3. November, feiern die Jäger ihren Patron St. Hubertus. Der Martinstag (11. November) ist etwas ganz Besonderes. In ihm klingt noch einmal die Freude über den Abschluß des Wirtschaftsjahres und trifft mit winterlichen Abwehrbräuchen zusammen. Ob sie zum christlichen oder vorchristlichen Kulturkreis gehören, bleibt oft im dunkel. Auf „Martini" war Zinstag. Dienstboten wurden verdingt, ihren Dienst traten sie an Lichtmeß an. St. Martin, den um 400 verstorbenen Bischof von Tours, ehren

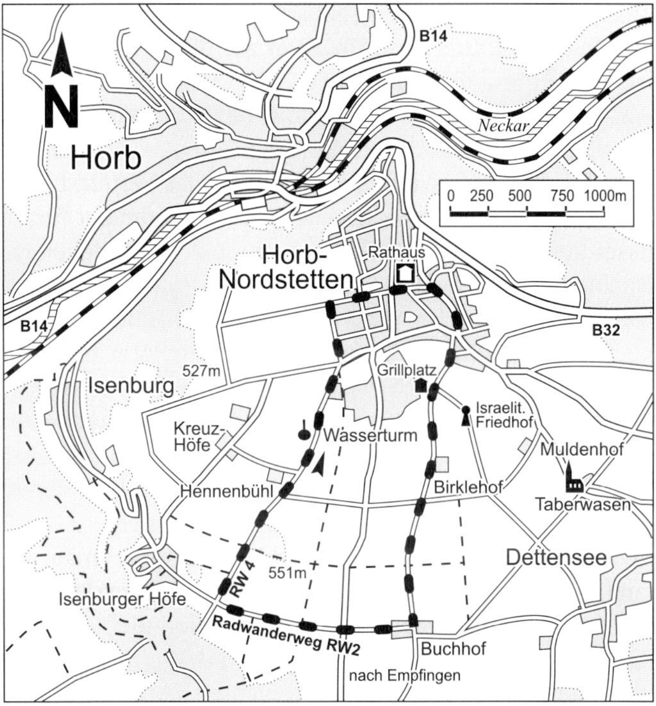

auch die Kinder bei ihren herbstlichen Laternenumzügen, und zwar nicht nur in katholischen Gegenden. Die Mutter der Armen und Bettler, Witwen und Waisen feiert ihren Namenstag am 19. diesen Monats: Elisabeth, Landgräfin von Thüringen. In blühendem Alter wurde sie 1211 mit dem erst elfjährigen Ludwig, dem späteren Landgrafen, vermählt. Drei Tage darauf jubeln die Kirchenchöre in aller Welt der heiligen Cäcilia zu. Das Zunftfest zu Ehren von St. Clemens (23. November) beschließt die Saisonarbeit der Flößer und Schiffer. Nicht zu übergehen ist Katharina von Alexandrien. Ihr huldigt die Wissenschaft als ihrer Standespatronin am 25. des Monats. Selbst die protestantische Kirche beging früher den Tag der „Katharina

mit dem Rad“ als Fest 1. Klasse. Wegen ihres Attributs, des Rades, wählten sie die Wagner wie die Müller landauf, landab zu ihrer Schutzheiligen. Mit dem Gedenktag von Andreas (30. November) beginnt das neue Kirchenjahr. Bei den Bauern war der Andreastag durch all die Jahrhunderte hindurch ein wichtiger Lostag für das Wetter. Lange Zeit galt die Andreas-Nacht auch als Orakelnacht für allerlei Vorhaben. Mit der dem Andreastag vorausgehenden Nacht beginnen mancherorts schon die Rauhnächte. Dieser Name leitet sich von dem in den katholischen Ländern noch weitverbreiteten Brauch des Ausräucherns der Häuser und Ställe ab. Doch vermutlich sind sie nichts anderes als die rauhen, von wildem Spuk erfüllten Nächte.
In der Tat, Heilige gab es, solche und andere, auch in den vorderösterreichischen Landen. Von der weniger christlichen Sorte war hingegen Conrad von Habsberg zu Nordstetten, der streitsüchtige „Aschberger“, wie man ihn landläufig nannte. Er starb 1593 und war der letzte seines Stammes; Söhne hinterließ er nicht. Er hielt nicht viel von den Traditionen, die sich seine Altvorderen aufs Banner geschrieben hatten. Ganz im Gegenteil. Am Vortag des Andreastages forderte er von seinem Gesinde, die Tagesarbeiten beflissen fortzusetzen. Auf keinen Fall gehe es aber an, nur wegen eines einfältigen Heiligen die Geschäfte aus der Hand zu legen. Er werde mit dem Apostel an seinem Tag schon noch ein Wörtchen über die Sache reden, fügte er an, worauf die Dienerschaft ohne aufzumucken bei ihrer Arbeit blieb.
Hocherhobenen Hauptes schritt der Edelmann anderntags, dem Fest des heiligen Andreas, in die Pfarrkirche zu Nordstetten. Die Menschen sammelten sich längst um den Altar zum Evangelium. Scheinheilig verdrehte der hochwohlgeborene Herr seine Augen gen Himmel und sog die Bibelworte des Pfarrers in sich hinein, als sei er höchstpersönlich der Glaubensbotschafter des Herrn. Andreas habe aus Bethsaida in Galiläa gestammt und mit seinem jünge-

ren Bruder Simon, dem späteren Apostelfürsten Petrus, in Kapharnaum am See Genezareth gelebt. Die Fischerei sei deren beider Lebensunterhalt gewesen, predigte der Seelenhirte seinen Pfarrkindern. Wie ihm aufgetragen worden sei, habe sich der Apostel Andreas auf die Missionsreise gemacht, fuhr er mit seinen wohlgesetzten Worten fort, und die habe ihn in Gebiete um das Schwarze Meer und selbst nach Griechenland geführt. Unter Nero sei Andreas vom Statthalter Ägeas verhaftet worden. Der Christenhasser habe den Apostel gezwungen, den Göttern zu dienen, das aber habe Andreas standhaft verweigert. Dann wetterte der Pfarrer geradezu in das Kirchenschiff hinein: „Am 30. November im Jahre 60 erlitt Andreas aber den Kreuzestod. Seine grausame Hinrichtung erfolgte an einem schrägen Kreuz, das seither Andreaskreuz genannt wird." – „Folget mir nach, so will ich euch zu Menschenfischern machen", beendete der Kirchenmann hierauf seine Predigt im Geiste des Heiligen. Ein feierliches „Amen" beschloß die frohe Botschaft. Innerlich hin- und hergerissen saß der Ritter zusammengesunken in seinem Betstuhl. Zweifel wegen seines Verhaltens plagten ihn sichtlich. Ob er mit dem heiligen Andreas noch ein „Hühnchen rupfen sollte"? Er grübelte. Der Priester hatte längst der Gemeinde den Segen erteilt, und die Kirche sich bereits geleert, da machte auch der Aschberger sich zum Heimgang auf. Gedankenverloren schlurfte er dem Ausgang zu. An der Türschwelle stolperte er unversehens über einen schwarzen Hund, fiel zu Boden und blieb tot liegen.
Zum Gedenken an dieses merkwürdige Ereignis wurde der Frevler mitsamt der Kreatur in Stein gehauen, die Grabtafel in der Kirche aufgestellt. Bis zum April 1945, ehe sie beim Brand der Mauritiuskirche zerstört wurde, ist sie, wie ältere Bürger von Nordstetten sich erinnern, dort zu sehen gewesen.

Wanderung: an die Wiege der „Schwarzwälder Dorfgeschichten"
Ausgangspunkt: Nordstetten, Stadt Horb
Parken: Ortsmitte, beim Rathaus
Gehzeit: etwa 1 1/2 bis 2 Stunden
Karte: Stadt- und Wanderplan Horb, 1:25 000
Einkehrmöglichkeiten: Nordstetten
Wegmarkierung: örtliche Markierung und Wegzeichen des „Horber Kultur- und Heimatpfads"
Wanderroute: Wir beginnen unsere Wanderung beim Rathaus (Schloß) in **Nordstetten** (520 m). Wann der Ort gegründet wurde, konnte nie sicher festgestellt werden. Bei Grabungsarbeiten im Jahre 1953 sind jedoch alemannische Reihengräber aufgefunden worden. Eine urkundliche Erwähnung geschieht nach der Reichenauer Klosterchronik des Gallus Öhem noch vor dem Jahre 799. Während der Zugehörigkeit zur Grafschaft Hohenberg, 1293, bildete sich der Nordstetter Ortsadel, die Pfuser. Sie zählen zu den ältesten Familien der Stadt Horb, wo sie bereits 1296 bezeugt sind. Die Zimmerische Chronik berichtet, daß der letzte Pfuser von Nordstetten aus Zorn über den Vater ein „Nachrichter", das heißt Henker, geworden sei. 1461 ist Conrad von Weitingen Herr über den Ort Nordstetten. Ihm folgen weitere acht Adelsgeschlechter als Inhaber der Herrschaft. 1806 wurde der Ort württembergisch. Die Keller von Schleitheim erbauten 1737 bis 1740 das **Schloß**. Es gilt als der schönste barocke Profanbau des oberen Neckars. Eckturm von 1586. Im Volksmund „Jugendbad" genannt. Am Eingang links Gedenktafel an Lorenz Bock, 1883–1948, erster Staatspräsident von Südwürttemberg-Hohenzollern. Rechts Gedenktafel an den Dichter Berthold Auerbach, 1812–1882. **Berthold-Auerbach-Museum**. Öffnungszeiten: Mo – Fr, 8.00 bis 11.30 Uhr u. 14.00 – 16.30 Uhr, sonst nach Vereinbarung. In Nordstetten bestand bis 1925 eine größere israelitische Gemeinde. Gasthaus **„Schäpfle"**, in seiner heutigen Form

1803 erbaut. Kulturdenkmal. Berthold Auerbach erwähnt das Gasthaus verschiedentlich in seinen „Schwarzwälder Dorfgeschichten“.
Etwas erhöht gelegen die **Pfarrkirche zum hl. Mauritius** von 1748/49. 1883 erweitert, 1945 zerstört, 1947 wiederaufgebaut, 1985 renoviert. Ölberg aus der Wallfahrtskirche Taberwasen, 1624. Seitlich Ölbilder Agatha und Apollonia von Fr. J. Spiegler, um 1735.
Starten wir nun. Wir gehen vor zur Hauptstraße und auf dieser durch den weitläufig angelegten Ort dorfauswärts. Am Beginn der Empfinger Straße wechseln wir hinüber in den Röhrenbrunnenweg. Von hier reizvoller Blick zum parkartigen israelitischen Friedhof. Links schaut das Taberwasenkirchlein aus den Bäumen und erinnert an die Sage vom „Karren im Dreck“, die hier zu Hause ist.
Abstecher zum Friedhof: Angelegt 1797. Kulturdenkmal von besonderem Rang. Grabstätte des Dichters Berthold Auerbach. Am Eingang Grabhügel für die sieben Opfer des Häuserbrandes vom 1. November 1821 in Nordstetten.
Zurück zu unserer Route: Wir gehen weiter geradeaus, bergan in Richtung Buchhöfe (Wegmarkierung Nr. 33). Prächtige Aussicht ins Obere Gäu, das Albvorland, die Schwäbische Alb und den Schwarzwald.
Der **Buchhof** wird Anfang des 12. Jahrhunderts erstmals urkundlich genannt. Er war Sitz einer Niederadelsfamilie und der Burg Isenburg zugehörig. 1762 Verkauf an die Dominikanerinnen zu Horb. Mitten durch das Herrenhaus hindurch verlief in früheren Jahren die württembergisch-hohenzollerische Grenze.
Wir folgen dem Teersträßchen nach rechts zur Landstraße Nordstetten – Empfingen. Diese überqueren wir und wandern den Isenburger Höfen zu. Etwa 150 m vor Eintritt in den Straßenweiler biegen wir mit dem überregionalen Radwanderweg Nr. 4 und der Wegmarkierung 27 rechts in das geteerte Feldsträßchen ein, das uns an der kleinen **Feld-**

kapelle vorbei über den Hennenbühl zurück nach Nordstetten geleitet. Den 33 m hohen **Wasserturm** am Weg erbaute 1981/82 der 1898 gegründete Wasserversorgungs-Zweckverband zur Verbesserung der Druckverhältnisse.

Nordstetten – Mauritiuskirche

31 Von tanzenden Nonnen und Passionskreuzen

Zwischen Empfingen und Nordstetten, in dem sogenannten Seewald, liegt ein kleiner See, der ist nicht zu ergründen und heißt deshalb „bodenloser See“. An der Stelle des Sees soll früher ein Kloster gestanden haben. Die Nonnen darin führten aber ein schändliches Leben und tanzten mit den Buben aus Empfingen und Nordstetten und liebten sie. Darum fuhr bei einem Gewitter ein Blitz in das Kloster, worauf es mitsamt den Nonnen in die Tiefe gesunken ist. Wenn ein Unglück bevorsteht, sieht man eine kleine, nackte, weibliche Figur, die bis zur Brust im Wasser schwimmt, in diesem See und erkennt deutlich, daß sie weint. Man vermutet, daß die untere Hälfte dieses Seeweibchens, die noch niemand gesehen hat, die Gestalt eines Fisches hat.
Andere sagen, an der Stelle des Sees habe ein Wirtshaus gestanden, in welchem man sonntags immer getanzt und allerlei Gottloses verübt habe. Deshalb sei es versunken. In dem See aber leben drei weiße Fräulein, die seien schon oft um den See herum gewandelt und nach Empfingen zu Hochzeiten und Tänzen gekommen. Es gibt noch einen Platz in Empfingen, auf dem einst eine alte Linde stand, der sogenannte „Tanzplatz“, wo sie oftmals getanzt haben. Eines Tages fragte sie jemand, woher sie denn eigentlich kämen. Da gaben sie bereitwillig Antwort, sind aber seitdem nicht mehr erschienen. Nur zur Adventszeit soll man sie noch immer im Seewald sehen können.[27)]
Eine ganz andere Sagenwelt rankt sich um die Empfinger Passionskreuze, die noch zu Beginn dieses Jahrhunderts als Stationen für feierliche Prozessionen dienten. So sei das Kreuz an der Straße hinunter nach Mühlheim über Nacht schwarz geworden, als die Mühlbachtalgemeinden in der Reformationszeit vom katholischen Glauben abfie-

len. Da wurde es durch ein schmuckloses „Schwarzes Kreuz“ ersetzt, bis es in den 60er Jahren altershalber weichen mußte.[28)]
Die Sage vom „abgehauenen Kreuz“ nahe der Dettenseer Gemarkung hat einen wahren Kern. 1662 ließ der Obrist Keller von Schleitheim das Kreuz abhauen, weil er einen Teil des Empfinger Grundes für sein eigenes Rittergut beanspruchte. Erst 1838 wurden die Grenzstreitigkeiten zugunsten der Empfinger entschieden. Der Schleitheimer soll zur Strafe für seine Tat als ruheloser Geist umgehen.[29)]

Wanderung: Bodenloser See – ein Hauch von Geheimnis

Ausgangspunkt: Friedhof in Empfingen, Lkr. Freudenstadt
Parken: am Ausgangspunkt
Gehzeit: etwa 2 1/2 Stunden
Karte: Stadt- und Wanderplan Horb, 1:25 000
Wegmarkierung: abschnittsweise Wegzeichen des Schwäbischen Albvereins, Orientierung jedoch problemlos
Einkehrmöglichkeit: Dettensee
Wanderroute: Unsere Wanderung beginnt beim **Friedhof** (510 m) nördlich der Horber Straße in Empfingen (Wegschild). Wegzeichen zum Glanzpunkt unserer Route, dem Bodenlosen See im Seewald, ist ausnahmslos der blaue Punkt des Albvereins. Wir entdecken ihn an einem der fünf Naturdenkmale vor der südlichen Friedhofsmauer. Die **Kriegergedächtniskapelle**, 1949 von den Bürgern der Gemeinde erbaut und 1978 renoviert, erinnert an die Toten, die in den beiden Weltkriegen ihr Leben für die Heimat ließen.
Wir nehmen das geteerte, für den Autoverkehr gesperrte Feldsträßchen. **„Horber Weg“** nennen es die Einheimischen. Über diesen Verbindungsweg gingen die Altvorderen „über Feld“. Man meinte: ins benachbarte Horb. Das

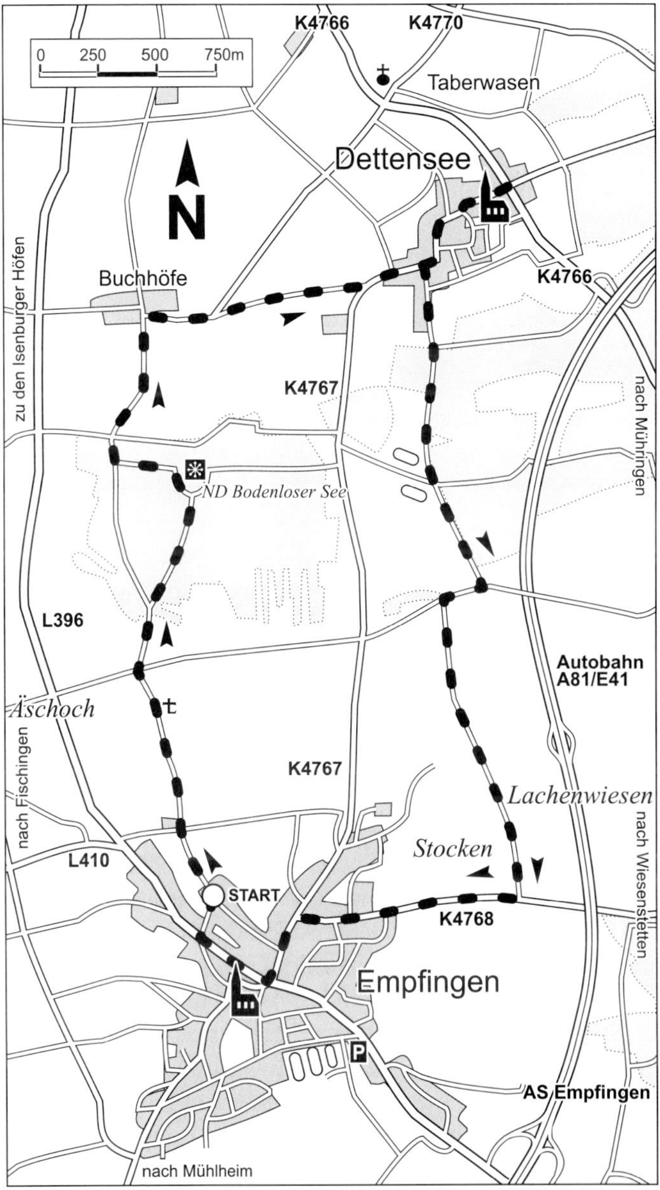
K4766
K4770
0 250 500 750m
Taberwasen
Dettensee
N
Buchhöfe
K4766
zu den Isenburger Höfen
K4767
nach Mühringen
ND Bodenloser See
L396
Autobahn
A81/E41
Äschoch
K4767
nach Fischingen
Lachenwiesen
Stocken
nach Wiesenstetten
L410
START
K4768
Empfingen
P
AS Empfingen
nach Mühlheim

rechnete allerdings in jener Zeit für die Hohenzollerischen zum „Ausland“, lag es doch in Württemberg. 800 Meter weit gehen wir kaum merklich bergan zum **„Horber Kreuz“** (530 m) auf der kleinen Anhöhe vor uns. Von zwei Pappeln (geschützte Naturdenkmale) und einem kleinen Rastplätzchen umsäumt, grüßt das Sinnbild christlichen Glaubens weit in die Albvorebene hinein. Die Aussicht ist faszinierend. Im Vordergrund der Kleine Heuberg mit Vöhringen und Bergfelden, Brittheim (Wasserturm) und Bickelsberg. Am Horizont das Juragebirge der Schwäbischen Alb. Vom Dreifaltigkeitsberg über die Kaiserburg auf dem Zollerberg bis hinunter zur Reutlinger Alb zeigt sich uns das ganze Panorama der Berge. Der Ausblick nach Norden, ins Korngäu, wird uns vom Seewald verwehrt.

Jetzt hinab in das vor uns in der Senke liegende Wäldchen, gleich darauf in den Hochwald. Nach etwa 200 m verlassen wir das Teersträßchen in einer leichten Linksbiegung. Wir gehen geradeaus und, auf dem Schotterweg geringfügig ansteigend, stets in nördlicher Richtung durch den Seewald. An der höchsten Stelle steht linker Hand ein Hochsitz. Von hier aus fällt das Gelände leicht ab, wir sind in wenigen Minuten am **Bodenlosen See** (522 m). Die Doline im Unteren Muschelkalk ist durch Auslaugung der liegenden Schichten des Muschelkalks entstanden. Es ist die einzige Doline im früheren Hohenzollern, die ständig mit Wasser gefüllt ist. Als interessante Karsterscheinung und Feuchtbiotop mit seltenen Tieren und Pflanzen wurde der Bodenlose See als Naturdenkmal ausgewiesen. Der unergründlich tief wirkende See bringt eine ganz besondere Stimmung in die sonst so wasserarme Landschaft. Das Bemühen, Sonderbares und Merkwürdiges zu deuten, unheimliche Erlebnisse und eine blühende Phantasie woben in der Geborgenheit der winterlichen Spinnstuben einen Kranz gruselig-abergläubischer Sagen um den geheimnisvollen „Bodenlosen See“. Doch der See schweigt. In sei-

ner Tiefe hütet das stille Gewässer sein Geheimnis. Die altersgrauen, mit hellen Flechten bewachsenen Tannen und Fichten, namentlich am westlichen Ufer, bilden einen seltsamen Gegensatz zu der offenen Wasserfläche, die die zunehmende Verlandung noch übriggelassen hat. Das Wasser ist von einer sattbraunen Farbe, welche die Ungründlichkeit ahnen läßt. Die Landschaft wirkt schwermütig, wenn auch nicht trostlos. Aber im Sommer, da hellen Vogelgesang und weiße Seerosen, deren Blätter einen großen Teil der Oberfläche des Wassers bedecken, das Bild auf.
Die Wegtafel des Albvereins schickt uns in Richtung Isenburger Tal. Etwa 500 m, bis zum Rand des Seewaldes, folgen wir dem blauen Kreuz. Beim Austritt aus dem Wald verläuft die Markierung nach links, am Seeholz entlang. Wir dagegen wandern leicht ansteigend geradewegs durch den Auchtet, hinauf zu den nicht mehr fernen Buchhöfen. Die ländliche Idylle, die Ruhe, die diese alten Gemäuer ausstrahlen, ist nicht nur Fassade. Sie ist uralte Geschichte. Das genaue Alter des **Buchhofes** (541 m) kennen wir nicht. Daß er sehr alt ist und eine wechselvolle Vergangenheit hat, daran besteht kein Zweifel. Erstmals erwähnt wird der „Hof zu Buoch“ oder „Hof zu Buech“, wie er im Laufe von mehr als acht Jahrhunderten genannt wird, noch vor 799 in einer Schenkung des Grafen Gerold, des Schwagers Karls des Großen, in der Reichenauer Klosterchronik des Gallus Öhem. 1342 befindet er sich im Besitz Albrechts von Ow, 1381 kommt der Buchhof mit der Grafschaft Hohenberg zu Österreich. 1644 wird er im Schwedenkrieg zerstört, 1706 wiederaufgebaut und mit einer Mauer umfriedet. Die Keller von Schleitheim verkaufen den Besitz 1762 an die Dominikanerinnen zu Horb. Im Zuge der Säkularisation wird der Buchhof 1806 Königlich Württembergische Domäne, 1918 Staatsdomäne. 1939 geht diese in den Besitz der Württembergischen Landsiedlung über und wird 1951 als Neubauernsiedlung in sechs

Höfe aufgeteilt. Eine Besonderheit sollte unbedingt noch erwähnt werden. Verließ ein württemberger Bewohner des Buchhofes das Haus, so stand er bereits auf königlich-preußischem Boden. Die Landesgrenze Württemberg – Hohenzollern ging nämlich durch „d'Speis", also durch die Küchenstube des „Herrenhauses" im Kern des Hofes. Beim Buchhof steht auch ein Dreimärkerstein mit den Wappen von Hohenzollern, von Schleitheim und Österreich mit der Jahreszahl 1692.

Um 1786 wurde von Österreich die sogenannte „Breisgauer Chaussee" angelegt, die von Rottenburg über Horb und Nordstetten, nahe am Buchhof vorbei, über Empfingen, Mühlheim, Holzhausen und Sulz nach Oberndorf und Schramberg führte. Unser nächstes Ziel, Dettensee, rückt in östlicher Richtung in greifbare Nähe. Die Buchhöfe bleiben links von uns. Unseren Weg setzen wir auf der Seite der Stallungen fort. Kurz vor Dettensee mündet das Teersträßchen in die Kreisstraße Dettensee – Empfingen. Auf ihr wandern wir der Ortschaft zu. Etwa 200 m nach Eintritt in das Dorf müssen wir uns entscheiden, ob wir Kirche und Schloß besichtigen wollen. Falls nicht, biegen wir rechts in die Fichtenwaldstraße ab. Sie bringt uns zum Sportplatz.

Variante: Fünf Minuten von den Buchhöfen entfernt zweigt vor einem Flurkreuz ein leicht abfallender, geteerter Feldweg nach links ab, weg von unserer Route. An seinem Ende machen wir in einer Baumgruppe das von der Sage umsponnene Taberwasenkirchlein aus. Scheuen wir diesen kleinen Umweg von rund 20 Minuten nicht, können wir es in unsere Wanderung miteinbinden, danach von dort direkt nach Dettensee weiterwandern.

Der schmale Weg zwischen den Feldern ist ein Teilstück der **Römerstraße**, die von Waldmössingen, Sulz und Fischingen herkam. Bei Empfingen durchquerte sie den „Seewald" und mündete bei Eutingen, im Gäu, in die große Heerstraße Windisch – Regensburg.

Unserer Lieben Frau im Taberwasen (522 m). Das Alter des Wallfahrtskirchleins ist ungeklärt, der Name ebenso. „Taber" jedoch bedeutet im lateinischen so viel wie „befestigter Ort", „befestigtes Lager", auch „Wagenburg" oder „Gasthaus". An der Außenseite des Chors, direkt unter dem Dachgesims, ist eine Steinplatte mit einer Jahreszahl eingemauert. Abzulesen ist wohl: „1500 des Herren Jahr".[30] Das früheste Zeugnis über die kleine Kapelle ist eine Vergleichsurkunde von 1568. In ihr ist schon ein Bruder erwähnt, der die angebaute Klause bewohnte.
Das Innere und Äußere der Kirche sind vom Barock bestimmt. Chor 1. Hälfte des 16. Jahrhunderts. Wallfahrtsbild „Maria mit dem Kind", in Holz gefaßt, vermutlich 17. Jahrhundert. Barocker Hochaltar aus dem Weggental bei Rottenburg. Kanzel, 1676. Gemälde, 1953 und 1963 von P. P. Beyerle restauriert. Schutzmantelmadonna im Vorraum von Wilhelm Klink, 1943.
Die Sage vom Taberwasen erzählt: „Auf der uralten Alemannen- und Römerstraße von Mühlen über den Taberwasen – Buchhof nach Fischingen war einstmals ein Holzfuhrwerk mit seinem Besitzer zu später Abendstunde noch unterwegs. Am Taberwasen kam er in der Dunkelheit plötzlich von der Straße ab und ehe er sich's versah, steckte er mit dem Fahrzeug im Sumpf der angrenzenden nassen Wiesen. Vergeblich waren alle seine Bemühungen, wieder auf festen Boden zu kommen. So machte er für sich ein Gelübde, in welchem er hoch und heilig beschwor, an dieser Stelle eine Kapelle zu Ehren der Muttergottes zu bauen für den Fall, daß er wieder heil und gesund mit seinem Gespann nach Hause käme. Und siehe, auf einmal faßten seine Pferde wieder festen Boden und er erreichte glücklich seine Behausung. Nach einer zweiten Version soll er dieses Gelübde nicht sofort gehalten haben, sondern erst nachdem er ein zweites Mal in die gleiche mißliche Lage geraten war."[31]

Anmerkung: Falls die Kirche geschlossen ist, erhält man den Schlüssel im Kath. Pfarramt in Horb-Nordstetten.

Der gegenüber dem Taberwasen gelegene geteerte Feldweg bringt uns, parallel zur Kreisstraße Nordstetten – Dettensee, nach Dettensee hinein. Von der Georg-Schorpp-Straße geht nach 150 m rechts die Neuneck-Straße ab. Wir folgen ihr in Richtung Empfingen durch den Ort. **Dettensee** (541 m). Erste urkundliche Nennung vor dem Jahre 799. 1529 kaufte Graf Christoph von Nellenburg das Dorf. Sein Sohn, Christoph Ladislaus, Dompropst zu Straßburg, gestorben 1591 und in der Gruft der Pfarrkirche St. Cyriak begraben, erbaute das Wasserschloß, welches teilweise noch erhalten ist. Dettensee kam 1591 an Hohenzollern-Haigerloch, 1638 an Adam Heinrich Keller von Schleitheim. Er verkaufte es 1715 an das schweizerische Stift Muri. 1803 ging der Ort schließlich an das Haus Hohenzollern-Sigmaringen über. Im 19. Jahrhundert große jüdische Gemeinde mit Synagoge und Friedhof. Seit 1971 Stadtteil von Horb am Neckar.

Katholische **Pfarrkirche St. Cyriak**, Chor um 1500, Langhaus 1783 völlig umgebaut. Jahreszahl über dem Westportal. Sakramentshäuschen um 1700. Taufstein und Taufgruppe von 1783. Maßfenster mit Glasmalereien von 1466 und aus dem 16. Jahrhundert. Seitenaltäre, Ende 17. Jahrhundert, hl. Sebastian um 1500. Am Kirchturm pausbackige Dämonenskulptur als Wasserspeier.

Der bekannte Genremaler **Simon Hirschfelder**, 1832 bis 1903, stammte aus Dettensee.

Kurz vor dem Ortsausgang verlassen wir die Neuneck-Straße und biegen nach links in die Fichtenwaldstraße ein. Zwei Feldscheunen bleiben danach linker Hand. Leicht ansteigend gehen wir am Schützenhaus vorbei hinauf zum Sportheim (Sport-, Tennis- und Kinderspielplatz). Nun spazieren wir nach links, dem Wald zu, dann rechts von diesem am Waldsaum entlang. Am Ende des Wirtschaftsweges stoßen wir auf einen querverlaufenden asphaltierten Weg. Wir folgen ihm aber nicht über die Autobahn Stuttgart – Singen hinüber, sondern lenken unseren Schritt nach rechts. Nach etwa 200 m schwenken wir nach links und steigen links der Windschutzhecken allmählich zur Anhöhe des **Stocken** (541 m) hinauf. Reizvoll ist der Blick hinüber zur Schwäbischen Alb und auf Empfingen, das auf einer von Neckar, Eyach und Mühlbach abgegrenzten Hochfläche liegt, die im Südosten an die Keuperrandstufe des Kleinen Heubergs stößt. Wenig später stehen wir unten an der Kreisstraße Wiesenstetten – Empfingen. Auf dem gegenüberliegenden Gehsteig bummeln wir hinein in den uralten Marktflecken Empfingen, von dem aus wir zu unserer Wanderung aufgebrochen sind.

Empfingen (500 m). Bodenfunde in und um Empfingen weisen auf Siedlungen der Kelten und Römer hin. Als „-ingen"-Ort gehört Empfingen zu den frühesten alemannischen Siedlungen und ist eine der ältesten Hohenzollerns überhaupt. Empfingen gehörte zur Herrschaft Wehrstein und war später deren Verwaltungsmittelpunkt. Ritter Burkard von Mansperg besaß die Herrschaft Wehrstein von 1404 bis 1419. Ihm erteilte König Ruprecht 1406 die Rechte über das Halsgericht, Stock und Galgen und den Markt für Empfingen. Damit wurde Empfingen den Städten beigezählt. 1552 kaufte Graf Niklas II. von Zollern die ganze Herrschaft Wehrstein. Empfingen war damit zollerisch und gehörte von 1576 bis 1634 zur Herrschaft Hohenzollern-Haigerloch, danach zu Hohenzollern-Sigmaringen, bis 1806 die österreichischen Lehensrechte erloschen. 1854 zum Oberamt Haigerloch. 1971 wurde Wiesenstetten eingemeindet. 1973 kam Empfingen zum Kreis Freudenstadt.

Die katholische **Pfarrkirche St. Georg** ist eine der ältesten Kirchenbauten in Hohenzollern. Im Württembergischen Urkundenbuch wird bereits 814 eine Kirche in Empfingen erwähnt. Der Kirchturm stammt aus dem 14. Jahrhundert. An der Außenwand sind historische

Steinplatten angebracht. Wahrscheinlich handelt es sich um einen Altarstein bzw. Fenster und Türfriese aus den Vorgängerkirchen. Die Darstellungen auf den Steinen sind zum Teil keltischen Ursprungs. 1858 erfolgte die Grundsteinlegung zur heutigen Kirche, 1860 deren Einsegnung. In jüngster Zeit saniert und teilweise umgestaltet.
Im Jahre 1539 wurde in der Kirche Graf Christoph von Nellenburg-Tengen begraben. Er wohnte im 16. Jahrhundert vornehmlich auf der Burg Wehrstein über Fischingen. Zusammen mit Empfingen und Betra bildete es die Herrschaft Wehrstein. Graf Christoph war eine der merkwürdigsten Berühmtheiten seiner Zeit. Als der „dicke Nellenburger" ist er in die Geschichte eingegangen. Wie die Zimmerische Chronik berichtet, kam das so: Graf Christoph war groß und außerordentlich beleibt. Einer der Dicksten im Reiche Kaiser Karls V. Auch der hörte von ihm. 1530 lud er den Grafen auf den Augsburger Reichstag. Zwar hatte man wichtige Dinge zu tun, Graf Christoph erregte trotz alledem großes Aufsehen. In Gegenwart des Hofstaates, vieler Kurfürsten und anderer hoher Herrschaften legte er vor dem Kaiser seine Gewänder ab, damit dieser sich von seinen tatsächlichen körperlichen Dimensionen überzeugen konnte. Nicht genug. Der Nellenburger mußte auch auf die Fronwaage, die Stadtwaage von Augsburg. Sie brachte es an den Tag: vier Zentner und 80 Pfund, Graf Christoph war also der schwerste Mann im damaligen Kaiserreich. „Von nichts kommt nichts", scherzt der Volksmund. Vom Grafen heißt es, er habe zu den Mahlzeiten morgens und abends je 12 bis 14 Liter Wein getrunken. Nicht umsonst wohl hatte der Kaiser an diesem Koloß Gefallen gefunden. Auf dem Augsburger Reichstag noch ernannte er Graf Christoph zum Hofrichter in Rottweil. Ein für den Empfinger Ortsherren recht einträgliches und nicht allzu mühsames Amt.
Der Platz um die alte Kirche herum wurde bis zum Jahre 1826 größtenteils als Friedhof genutzt. Bis in das 15. Jahr-

hundert hinein bot er auch Verfolgten oder schon verurteilten Verbrechern Asyl. Im Jahre 1826 verlegte man den Friedhof an seinen jetzigen Ort.[32)]

Kloster Kirchberg

32 Das Mirakel vom Kloster Kirchberg

Zwischen Renfrizhausen und Heiligenzimmern, nahe bei Haigerloch, erhebt sich der 623 m hohe Wandbühl. Weit schweift von seiner Kuppe der Blick über das Albvorland bis hin zur blau-schwarzen Kette der Schwäbischen Alb, die sich imposant hinter anmutigen Wiesenflächen aufbaut.

Der Kirchberg zu seinen Füßen trug im 13. Jahrhundert eine Burg und auch die Taufkirche von Weildorf. Beide gehörten zur hohenbergischen Grafschaft Haigerloch. Die Hohenberger standen zu jener Zeit auf dem Höhepunkt ihrer Macht und Bedeutung. Über dem Fundament der verfallenen Burg der Herren von Kirchberg, eine knappe Wegstunde westlich von Haigerloch, errichtete Burkhard III. von Hohenberg ein Dominikanerinnenkloster. 1237 zog eine kleine „Sammlung" von Frauen dort ein.

Es ist die Zeit um das Jahr 1350. Eine junge Frau bewegt sich auf das Maria-Magdalenen-Kloster in Pforzheim zu. An der Pforte hält sie inne, schaut sich um und ergreift dann den Strang des Glöckleins. Die Schläge hallen durch den weiten Gang. Die Mutter Oberin hinter dem kleinen Fenster schaut auf und in ein anmutiges Gesicht mit engelhaften Zügen. Die Fremde errötet, senkt das Haupt und bittet um ein Almosen. Die Gefühle der Oberin schwanken. Sie behält die Bettlerin als ihre Wäscherin. Demütig und treu tut die Unbekannte ihren niederen Dienst als Magd unter dem Namen Gertrud von Köln. Ein gottesfürchtiger Lebenswandel zeichnet sie indes vor allen anderen Klosterfrauen aus, weswegen die Mutter Oberin sie schließlich in den Orden aufnimmt.

Die Tage ziehen dahin, die Jahre vergehen. Schwester Euphemia ist blaß und hager geworden, von Krankheit gezeichnet. Nur die Augen haben ihren überirdischen Glanz bewahrt. Bald wird sie diese Klause tauschen gegen die

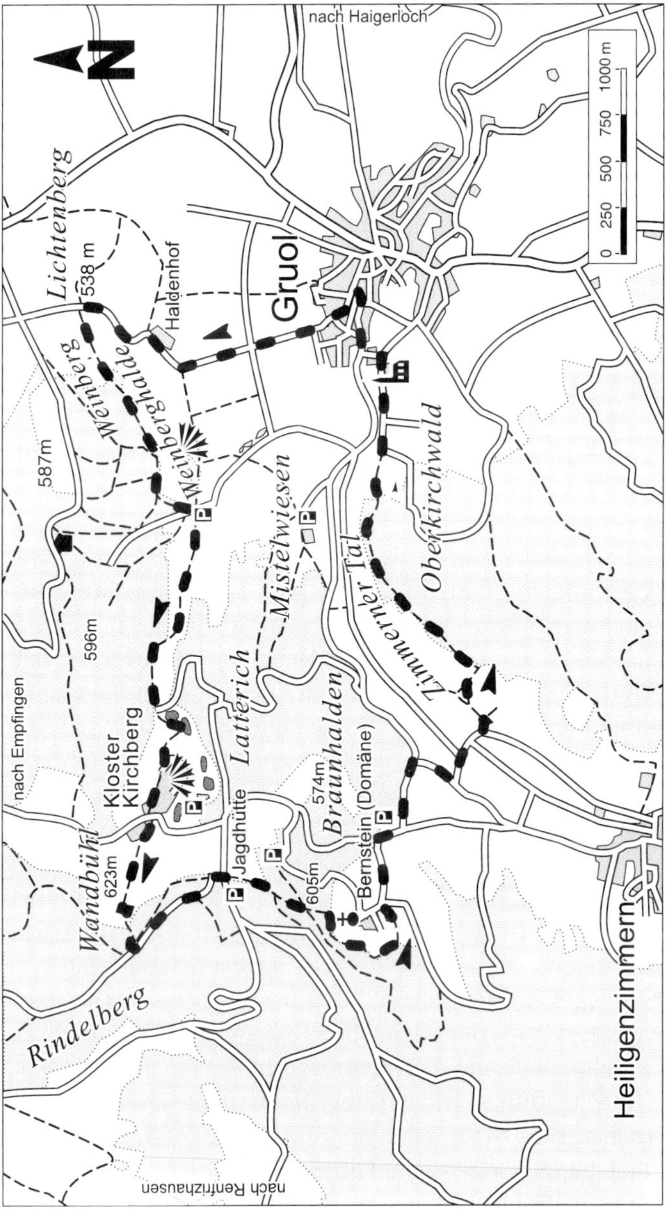

N
nach Haigerloch
0 250 500 750 1000 m
Lichtenberg
538 m
Haldenhof
Gruol
Weinberg
Weinberghalde
587m
Mistelwiesen
Oberkirchwald
Zimmerner Tal
596m
nach Empfingen
Kloster Kirchberg
Latterich
574m
Braunhalden
Bernstein (Domäne)
Jagdhütte
605m
Wandbühl
623m
Rindelberg
Heiligenzimmern
nach Renfrizhausen

ewige Heimat. Die Priorin kommt sie besuchen. Euphemia lächelt und flüstert leise: „Frau Mutter, ich darf bald heim. Holt mir einen Priester, daß er mir den Heiland bringt. Und nun wißt, wo der Tod an der Schwelle steht, ich bin die Tochter Eduards III. von England. Mein Vater hatte vor, mich mit dem Herzog von Geldern zu verheiraten. Doch ich spürte nicht die Liebe in meinem Herzen für ihn, die alles überwindet. So floh ich vom Hof und kam als Bettlerin verkleidet an die Pforte eures Klosters." Dann wird es wieder ganz still. Ein leiser Seufzer, der Atem setzt aus, das edle Herz steht still. Friedlich und verklärt liegt die Tote da. Die herbeigeeilten Schwestern weinen. Die Mutter Priorin wendet sich ihnen zu: „Das Geheimnis, ich habe es längst vermutet. Eine Heilige ist von uns gegangen." Das war am 8. Februar 1367.
Der dominikanische Heiligenkalender von 1692 überliefert, ihre sterbliche Hülle sei unter dem Hochaltar der Klosterkirche beigesetzt und nach dem Brand von 1408 umgebettet worden. Die Klosterfrauen hätten aber „ihr seliges Haupt herausbehalten und mit großer Reverenz und Ehrerbietung in ihren Chor getragen, da dann Gott seine große Freundin mit viel Wunderzeichen geehret". Als die Dominikanerinnen im September 1564 vom Kloster in Pforzheim nach Kirchberg umsiedelten, nahmen sie aus Liebe und Ehrfurcht das Haupt neben dem eines der „11 000 Jungfrauen", die in Köln den Märtyrertod erlitten haben sollen, mit. Seitdem wird der Totenschädel in einer Vitrine im Kloster Kirchberg aufbewahrt. Die Aufschrift überliefert bis in unsere Tage: „Caput venerabile filiae vegis Angeliae Euphemiae." Das besagt: „Das verehrungswürdige Haupt der englischen Königstochter Euphemia."
Die Nordseite der Klosteranlage bildet die Johanneskirche. Dort finden wir auf dem linken Seitenaltar die Marienklage. Es ist das bedeutendste Bildnis in dieser Kirche. Die Überlieferung vom „Tränenwunder" umrankt die Pieta seit mehr als 340 Jahren. Die Klosterchronik berichtet,

am 13. Juli 1648 habe die Priorin, und mit ihr zwei Schwestern, vor dem Muttergottesbild das „Ave Maria“ und den Lobgesang „Ave maris stella“ gebetet. Während sie so beteten, beobachtete eine Nonne, wie der Pieta „Tränen, den Erbsen gleich“, zur Wange herabliefen. In ihrer Aufregung holte die ehrwürdige Mutter eilends das Hausgesinde samt dem ganzen Konvent herbei. Es mögen um die fünfzig Personen gewesen sein, die zusammengekommen waren und nun die Maria über den Leichnam ihres Sohnes gebeugt weinen sahen. Vier Tage lang bemerkte man immer wieder diese Tränen. Erst als das Bild der Muttergottes vom Bethaus, wo es stand, auf den Choraltar gebracht wurde, versiegten sie.
Gewiß hat die wundersame Begebenheit viele Besucher und eine große Schar frommer Beter angelockt. Jedenfalls hatte das Kloster bereits vierzig Jahre nach dem Ereignis Geld genug, um mit dem großzügigen Umbau aller Anwesen zu beginnen. Jedoch, es blieb ihm nicht erspart: Napoleon I. hob das Kloster im Zuge des Preßburger Friedens nach über vierhundertjähriger österreichischer Oberhoheit auf und verleibte es Württemberg ein. Zu dieser Zeit lebten noch 31 Nonnen im Kloster Kirchberg. Heute ist das Land Baden-Württemberg Eigentümer.

Wanderung: rund um Kloster Kirchberg
Ausgangspunkt: Kloster Kirchberg, Stadt Sulz a. N., zwischen Haigerloch und Sulz a. N.
Parken: Parkplätze des Klosters Kirchberg am Ausgangspunkt
Gehzeit: etwa 3 1/2 Stunden
Karte: Schwäbischer Albverein Blatt 17, Rottenburg-Balingen
Wegmarkierung: örtliche Wegmarkierung
Einkehrmöglichkeiten: Kloster Kirchberg und Gruol
Wanderroute: Ehemaliges **Kloster Kirchberg**. 1095 erscheinen die Herren von Kirchberg. Die Gründung des

Nonnenklosters im Jahre 1237 geht auf eine Stiftung des Grafen Burkhard III. von Hohenberg zurück. 1806 endet die Geschichte des Kloster Kirchbergs mit der Säkularisation. Es wurde aufgehoben, der Orden enteignet. Die letzte Schwester verließ 1856 auf Befehl der Regierung das Kloster. Seit 1958 Berneuchener Haus. Ort der Einkehr und Begegnung.
Klausurgebäude, 1733 von dem gebürtigen Voralberger Joseph Feuerstein aus Rottweil erbaut. Dem Dach aufgesetzte Giebel tragen schöne schmiedeeiserne Caravacakreuze. Sie dienten zum Schutz gegen alles Unheil, das von außen kam, aber auch als Segenspender.
Klosterkirche. Zugang links vom Konventgebäude durch die Katharinenkapelle (Öffnungszeiten beachten). 1688 wurde die Kirche aus dem 13. Jahrhundert umgebaut und barock ausgestaltet. Grablege des Klosterstifters Burkhard III. von Hohenberg, Schwiegervater König Rudolfs von Habsburg, gestorben 1253, und seines Sohnes Albert II. von Hohenberg und dessen 1296 verstorbener Gemahlin Margaretha. **Rokokoportal** an der Westseite mit Torbogen von 1749, darüber das Wappen des Ordens. Klostergarten mit Resten eines gotischen Kreuzgangs aus dem 14. Jahrhundert. Nonnenfriedhof mit schönem altem Baumbestand und reizvollem Ausblick zum Hohenzollern. Schmiedeeiserne Kreuze aus dem 17./18. Jahrhundert.
Auf dem gegenüber dem Westtor des Klosters gelegenen Fahrweg geradeaus hinauf zum **Wandbühl** (653 m), den ein Caravacakreuz ziert. An klaren Tagen prächtige Aussicht auf die Schwäbische Alb vom Plettenberg bis zum Kegel des Hohenstaufen. Wir folgen der Wegmarkierung des Albvereins (roter Strich) auf dem Fahrweg zum Waldrand. Etwas später geleiten uns ein Holzabfuhrweg und der rote Strich hinab zum einstigen **Kloster Bernstein** (509 m). 1361 als Einsiedelei der Waldbrüder genannt. 1729 bis 1731 Kloster- und Kirchenneubau. 1806 wird das Kloster aufgehoben und Staatsdomäne. 1947 bis 1953

Kunstschule (Gedenktafel). Heute Privatbesitz. Bekannt sind die „Bernsteiner Feierabendziegel". Wir verlassen Bernstein auf der Zufahrtsstraße, die in die von Heiligenzimmern nach Gruol führende Landstraße mündet. Auf dieser wandern wir mit der Markierung H 20 etwa 50 Meter weit in Richtung Heiligenzimmern. Danach bringt uns linker Hand ein Teersträßchen zur Stunzachbrücke, die wir überschreiten. Wir gehen auf dem Teerweg nochmal nach links und folgen ihm bis zu einer Abzweigung. Dort mit dem Zeichen H 20 bergauf zu einem Obstgarten am Waldrand. Ein Waldweg führt am Obstgarten vorbei in den Wald und von dort zum **Friedhof** von Gruol. **Friedhofskapelle**, 14. Jahrhundert, mit spätgotischem Gnadenbild. Wir gehen dorfeinwärts. **Gruol** (461 m) gehörte seit eh und je zur Herrschaft Haigerloch, dessen Stadtteil es heute ist. 1094 ist erstmals ein Ortsadel bezeugt. Wilhelm Merci, der Hofprediger des Herzogs Karl von Württemberg, war von 1798 bis 1819 hier Pfarrer. Er wurde am 4. Juli 1825 bei der neuen Gruoler Kirche begraben.

Neben dem Gasthaus „Krone" halten wir uns in nördlicher Richtung, bis wir etwa nach eineinhalb Kilometern auf dem geteerten Feldweg, im Geleit der Telegrafenmasten, zum **Haldenhof** kommen. Hier weiter in nördlicher Richtung zur Wegkreuzung **Lichtenberg**, kurz vor Weildorf. Jetzt nach links und bergan zum **Hohen Berg**, dessen Südhang Weinberge trug. Unsere Route führt am Trauf entlang bis zur **Himmelsleiter**, auf deren Stufen wir steil zum Rastplatz hinabsteigen. Von der Grillstelle hübscher Blick auf Kloster Kirchberg. Vom Rastplatz aus vertrauen wir uns der Schotterstraße an, die uns zum Waldrand bringt. Dann geht es auf einem Fahrweg links der Fischteiche wieder zur Landstraße und zum Kirchberg hinauf.

Variante: Empfingen – Weiherhof – Kloster Kirchberg. Abstecher zum Aussichtspunkt Wandbühl. Zurück auf dem gleichen Weg. Gehzeit: etwa 2 1/2 Stunden. SAV-Markierung.

33 Vom Kälbleshannes und dem Grenzweible in Mühringen

Im alten Schloß in Mühringen geht seit uralten Zeiten der Kälbleshannes um. Seinen Namen trägt er, weil oftmals ein Kalb zuviel im Stall war, das nicht recht geheuer aussah. Mal kam der Kälbleshannes als Mann, mal als Knecht, tränkte die Kälber und Kühe, schnitt Futter bei Nacht, faßte Frucht, zählte Simri für Simri in den Maltersack. Der Schloßjäger hat das mehr als hundertmal gehört. Häufig stieg er den Leuten auf den Rücken, und die mußten ihn im Ort herumtragen. Oft streifte er am Schloßberg herum. Wenn man ihm bei hellichtem Tag zu nahe kam, wurde es plötzlich Nacht. Übermütiges nächtliches Juxen und Schreien bezahlte er mit derben Ohrfeigen. Als Kinderschreck hatte der Kälbleshannes große Wirkung. Einem, der ihm rief, schlug er unter Sturmesbrausen Fenster und Laden zu.[33)]
Es geht die Sage, daß an der Grenze zwischen Imnau und Mühringen ein Geist umgeht. Es sei ein altes Weiblein von Imnau, und die Leute sagen nur „das Grenzweible". In der Geisterstunde von 24 Uhr bis 1 Uhr führe es die Leute wieder dahin zurück, woher sie gekommen seien. Nun muß man auch das alte Weiblein beschreiben: es hat eine lange Nase, ein verzogenes Gesicht, eine ganz alte, verflickte Kutte, einen blauen und einen roten Strumpf und alte Pantoffeln, die genauso alt sind wie die Alte selbst.[34)]

Wanderung: ins Eldorado des Eyachtals
Ausgangspunkt: Rathaus in Mühringen, Stadt Horb a. N.
Parken: beim Rathaus
Gehzeit: etwa 3 Stunden
Karte: Wanderkarte 1:50 000, Blatt 17, Rottenburg-Balingen
Wegmarkierung: Mühringen – Bad Imnau – Laubertal

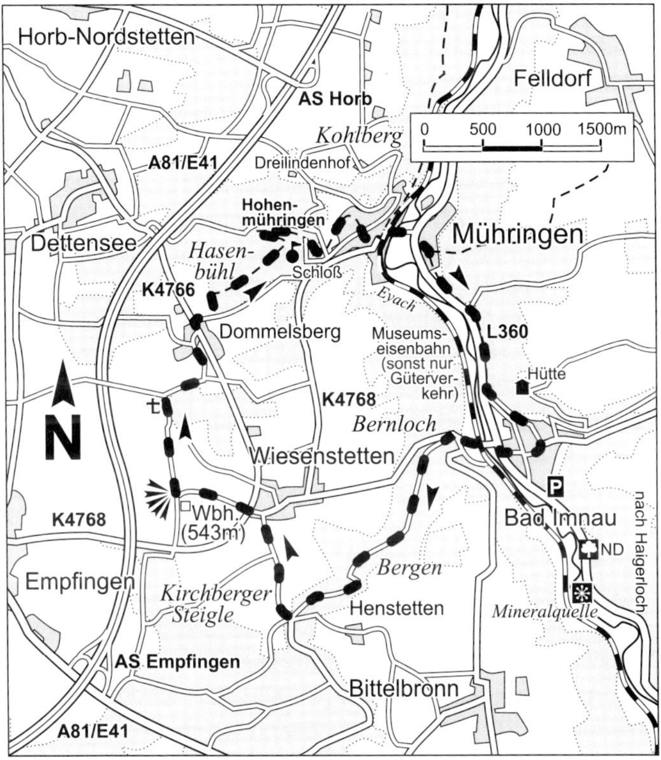

blauer Strich auf weißem Grund des Schwäbischen Albvereins; Kirchberger Steigle – Wiesenstetten – Dommelsberg ohne Markierung, jedoch keine Orientierungsschwierigkeiten; Dommelsberg – Mühringen blaues Kreuz auf weißem Grund des Schwäbischen Albvereins.
Einkehrmöglichkeiten: Bad Imnau und Wiesenstetten
Anmerkung: Sehenswürdigkeiten von Mühringen und Umgebung finden Sie in Kapitel 34 beschrieben.
Wanderroute: Vom Ausgangspunkt am Fuße von Hohenmühringen führt uns die Graf-Gerold-Straße durch den Ort abwärts zur Eyach. Über die Schienen der Hohenzollerischen Landesbahn pusten selten mehr Züge nach

Eyach hinab oder Hechingen hinauf. Der kleine Bahnhof döst brotlos vor sich hin. Im Sommer aber veranstalten die Eisenbahnfreunde Zollerbahn e.V. zum Vergnügen von groß und klein zu bestimmten Zeiten nostalgische Dampfzugfahrten mit dem „Museumszügle". Am Ende der Graf-Gerold-Straße kreuzen wir die L 360 Bad Imnau – Eyach. Die Leinsteige schickt uns hinauf zum Friedhof. Diesen lassen wir links liegen und spazieren seine Mauer und den Waldsaum entlang Bad Imnau zu. Jenseits der Eyach, teils in der Talebene, teils am steilen Hang: Mühringen. Über ihm Schloß Hohenmühringen auf einem Bergvorsprung, den Einschnitt wirkungsvoll zierend. Ein prächtiger neugotischer Bau aus der Mitte des 19. Jahrhunderts. Kurz oberhalb von Mühringen begegnete man einst den Grenzpfählen, die preußisch Hohenzollern und Württemberg trennten. 1925 wurde der Kreis Hechingen gebildet, das Oberamt Haigerloch mit dem Oberamt Hechingen vereinigt. Imnau lag an der nördlichen Grenze des kleinen Kreises. Die Nachbarn von Wiesenstetten und Mühringen bis hin zu Bierlingen waren Württemberger. „Imnauer Apollo" informiert das rote Schriftband der Mineralbrunnen Überkingen-Teinach AG zu unserer Rechten. Wir sind im Land der erfrischenden „Sprudel-Wasser". Bei mehr als einer halben Million Füllungen pro Stunde liegt die gesamte Kapazität. Beliefert werden über 20 000 Kunden in Handel und Gastronomie. Die beiden Imnauer Betriebe, Imnauer Apollo und die Fürstenquelle GmbH, rechnen zu den modernsten in Europa. Unser Wanderweg führt unmittelbar vor das Sanatorium „Stahlbad". Die Imnauer Sauer- und Heilquellen sind schon seit Mitte des 16. Jahrhunderts in der Literatur bekannt. Wahrscheinlich reicht ihre Entdeckung viel weiter zurück. Fürst Josef-Friedrich von Hohenzollern-Sigmaringen ließ 1733 das Hauptgebäude des heutigen Sanatoriums, den 1872 umgebauten „Fürstenbau", errichten. Im italienischen Renaissance-Stil entstand 1868 der Kursaal. Es ist eines der wenigen

Kurgebäude des 19. Jahrhunderts im süddeutschen Raum, die diese Stilrichtung der Architektur verkörpern. Die „Kuranstalt“ ging 1816 in private Hände und befindet sich seit 1917 im Besitz der Barmherzigen Schwestern vom Hl. Kreuz in Ingebohl /Schweiz mit Provinzhaus in Hegne am Bodensee.

Tip: Kennen Sie den „Eichhörnchenpfad“? Er beginnt beim Springbrunnen gegenüber dem Fürstenbau. In genau 100 Stationen verläuft dieser Waldlehrpfad an den Süd- und Westhängen oberhalb von Bad Imnau, durch den „Badwald“ des Stahlbad-Sanatoriums und die Abteilung „Sommerhalde“ des Gemeindewaldes Haigerloch-Bad Imnau. Freude über die Schönheiten und Verständnis für die Funktionen der heimischen Wälder will der in den Jahren 1974/1975 angelegte Pfad vermitteln. Bänke, Schutzhütten, Spielplätze, Liegewiesen und vieles mehr laden zum Gebrauch ein. Die Beschilderung ist einheitlich: ein braunes Eichhörnchen auf weißem Grund. Außerdem erläutern drei Hinweistafeln den Verlauf des Pfades. Die einzelnen Stationen sind durch viereckige Granitsteine markiert, deren Nummern auf Besonderheiten hinweisen, die in einer Broschüre erläutert sind. Die Broschüre ist gegen eine geringe Schutzgebühr an der Pforte des Sanatoriums „Stahlbad“ (Fürstenbau) erhältlich.

Bad Imnau (400 m), Stadtteil von Haigerloch zwischen Schwarzwald und Schwäbischer Alb. Genauer bestimmt: im Zollernalbkreis am Unterlauf der Eyach, einem steil in den Muschelkalk eingeschnittenen rechten Neckarzufluß. Ein anmutiges Tal, umsäumt von bewaldeten Hügeln.

Was ist das Besondere an ihm? Etwa 10 bis 15 m unter die Talsohle reicht der mittlere Muschelkalk, der wiederum von Buntsandstein unterlagert wird. Diese Bodenbeschaffenheit prägt die außerordentliche Qualität des Wassers, die schon die Fürsten von Hohenzollern veranlaßte, im 18. Jahrhundert hier einen Sommersitz, das heutige Sanatorium, zu errichten.

Imnau finden wir erstmals 1086 im Schenkungsbuch des Klosters Reichenbach erwähnt. Der idyllische Ort im unteren Eyachtal gehörte schon in hohenbergischer Zeit, und fortan mit kurzen Unterbrechungen, zur Herrschaft Haigerloch und kam 1381 zu Österreich. Im 15. Jahrhundert Lehen der Herren von Weitingen, die Imnau 1516 an den Grafen Eitelfriedrich III. von Hohenzollern verkauften. Bei den zollerischen Besitzteilungen von 1576 fiel der Ort wieder der Herrschaft Haigerloch zu. Früher hatte Imnau eine kleine Kapelle. Die jetzige, dem hl. Jakobus d. Ä. geweihte **Pfarrkirche** wurde 1779 begonnen und 1783 vollendet. 1934 nach Westen verlängert. Rokokostuck, neuere Deckenbilder.

Die Albvereinsmarkierung (blauer Strich) leitet nun durch den Kurpark zur L 360. Die Alternative wäre: über die Badstraße zur Quellenstraße und auf dieser – auf der Höhe der Imnauer Fürstenquelle – nach rechts haltend dorfauswärts.

Die Geschichte der Imnauer Fürstenquellen reicht in das Jahr 1733 zurück, als Fürst Josef-Friedrich von Hohenzollern-Sigmaringen die Fürstenquelle entdeckte. Er höchstpersönlich samt seinem Hofstaat nutzte sie zu Bade- und Trinkkuren. Im Laufe der Zeit entwickelte sich daraus ein kleiner Versandhandel, zuerst in Tonkrügen, später in Flaschen. Pferdefuhrwerke brachten sie zu den Kunden. Noch nach 1900 förderte man das Wasser mit Handpumpen aus den tiefen Quellen. Erst 1911 hielt die Elektrizität auch hier Einzug. 1931 war das Jahr, in dem die Fürstenquellen GmbH gegründet wurde. In den vierziger Jahren hatte der Betrieb einen Ausstoß von 700 000 Flaschen im Jahr. Eine neue, hochmoderne Abfüllanlage mit einer Stundenleistung von 36 000 Dreiviertelliterflaschen erhöhte die Gesamtleistung der Imnauer Fürstenquellen auf nunmehr rund 80 000 Füllungen in der Stunde. 25 Lastwagen bringen die „fürstliche Frische“ zu der Kundschaft, um deren Wünsche sich 120 Mitarbeiter kümmern.

Die beiden Mineralbrunnen, Imnauer Apollo-Quellen und die Fürstenquelle GmbH, haben den Namen des Kurortes Bad Imnau ins ganze Land hinausgetragen. Sie zählen zu den großen Mineralbrunnen im süddeutschen Raum.
Wir gehen der **Eyachbrücke** zu und wechseln dort über die L 360 auf die andere Straßenseite. Das kleine Flüßchen ist viel besungen und zitiert. Romantisch schlängelt es sich durch das in waldige Höhen eingebettete Tal. Ganz anders sieht es aber aus nach kräftigen Regengüssen oder starken Schneeschmelzen. Da gebärdet sich die Gespielin des Neckars rücksichtslos und unbändig. Oftmals im Jahr stiegen in der Vergangenheit die Fluten über die Ufer, vernichteten die Früchte der Felder samt dem Gras der Wiesen. Am Ortseingang zitterten die Bewohner vor der Verheerung. Ihre Häuser standen unter Wasser. Zu den Ernteverlusten kamen die Schäden an Gebäuden und Tieren. Währen der großen Hochwasser 1965/66 zeigte der Pegel im Karlstal bei Haigerloch einen Wasserstand von über drei Metern. In der Regel steht er bei einem halben Meter.
Wir steigen über die Schienen der Landesbahn und lassen uns über den Wiesenweg in die liebliche Enge des **Laibertäle** (auch „Laibe-", oder „Laubertäle") treiben. Das saftige Wiesental wird beiderseits von Waldhängen umrahmt. Froher Vogelgesang von dort erfreut unser Wandererherz. Ohne vom Verkehr belästigt zu werden, ziehen wir dahin. Im oberen Verlauf versickert der Lauberbach und tritt erst im unteren Bereich wieder aus dem Gestein.
Ob wir die Einladung des Rastplatzes mit der gemütlichen Grillhütte an unserem Weg ausschlagen? Ich habe es selten geschafft. Zugegeben, an schönen Sommertagen sind es mir der Gäste in ihrer Umgebung manchmal zu viele.
Am Ende des Laibertales treffen wir auf eine kleine Lichtung. Links von uns führt ein geteerter Verbindungsweg zum Weiler Henstetten empor, der markierte Wanderweg Kirchberg zu. Für uns heißt es rechts erst einmal etwa 300 m stramm bergauf, dann fast eben weiter, ins schon

sichtbare **Wiesenstetten** (527 m). Es tritt 772 unter der Schreibweise „Wisunstetten“ zum ersten Male ins Licht der Geschichte. 1750 rechnet der Ort zwischen Neckar- und Eyachtal zum Besitz der Familie der Freiherren von Münch in Mühringen. Und 1805 kommt die Herrschaft Mühringen an die württembergische Oberherrschaft.

Katholische Kirche **St. Stephanus**, 1727 im einfachen Rundbogenstil erbaut.

Wir gehen auf der Wiesenstetter Hauptstraße nach links zur Kreisstraße Dommelsberg – Empfingen und kreuzen diese, hinüber zu der rund 100 m entfernten Feldscheuer. Auf dem befestigten Fahrweg kommen wir in 10 Minuten oben beim **Aussichtspunkt Keierloch** an. Das baumbestande Wasserreservoir ist ein trigonometrischer Punkt: 543 m ü. NN. Ehemals Grenze zwischen den Königreichen Württemberg und Preußen. Der Blick in alle Himmelsrichtungen ist herrlich. Von Osten im Uhrzeigersinn: vor uns Wiesenstetten, im Südosten Bittelbronn, davor Henstetten. Schön baut sich am Horizont die Silhoutte der Schwäbischen Alb auf. Der Roßberg mit Turm bei Gönningen, dann der Dreifürstenstein bei Mössingen mit dem abgebrochenen Albtrauf, die Einsattelung des Killertales hinter Hechingen. Es schließen sich an: der Zollernberg mit der Stammburg der deutschen Kaiserdynastie, dahinter der Raichberg mit Sendemast und das hell aufscheinende Dreieck des Zellerhorns. Blasenberg und Heiligenkopf bei Onstmettingen, der Irrenberg, der zweihöckrige Hundsrücken und der steil abfallende Böllat bei Balingen mit dem Taleinschnitt des Eyachtales hinter Balingen folgen. Mit der Felsenwand des Lochenhörnle, dem massigen Lochen, Schafberg und Plettenberg, mit Fernsehsendeturm, bei Dotternhausen, Oberhohenberg und Lemberg bei Rottweil setzt sich unser Rundblick fort. Über Empfingen, Holzhausen und das Industriegebiet von Sulz am Neckar, darüber die Dornhaner Platte. Im Westen der Rödelsberg bei Schopfloch. Links vom Nordstetter Wasser-

turm Betra, hinter Nordstetten das Horber Industriegebiet, Hochdorf und das offene Korngäu. Sollten wir etwas Glück mit dem Wetter haben, grüßen im Süden aus der Ferne die Schneegipfel der Schweizer Berge.
Unsere Wanderung geht, auf dem Asphaltsträßchen bergab, in westlicher Richtung weiter. Geradewegs marschieren wir auf das kleine Wäldchen im Auchtert zu. Beim „Sailers Kreuz", zwei Akazienbäume und eine Bankgruppe flankieren es, geht es längs des Waldes voran. Nach 500 m biegen wir links in einen Wirtschaftsweg ein, dem wir leicht abwärts bis ins unweite **Dommelsberg** folgen. Wir spazieren durch den zu Wiesenstetten – und über viele Jahrhunderte zur Herrschaft Hohenmühringen – zählenden Ortsteil aufwärts. Unsere Wegmarkierung, das blaue Kreuz, führt uns über die Kreisstraße Empfingen – Dettensee. „Mühringen 3 km", verrät uns die Wegtafel des Albvereins. Durch den Hasenbühl haben wir diese bald geschafft, unseren Ausgangspunkt am Schloßberg wieder erreicht.
Wie meinen Sie? – Der Kälbleshannes und das Grenzweible hätten sich während der ganzen Tour nicht blicken lassen. Das ist bedauerlich. Aber ich kann Sie trösten: auf der nächsten Fasnet in Bad Imnau treffen Sie das Grenzweible, und in Mühringen begegnen Sie dem Kälbleshannes ganz gewiß. Großes Ehrenwort.

34 Die Geister vom Frundeckschlößle

Die Eyach ist es, die den Landkreis Freudenstadt im östlichen Teil begrenzt. Unweit der Stelle, wo sich das Flüßchen nach seiner Wanderung von der Balinger Alb herunter dem Neckar in die Arme wirft, stehen auf einer vorspringenden Bergnase die letzten kläglichen Reste der ehemals mächtigen Burg Frundeck. Das heimatgeschichtliche Zeugnis der Vergangenheit ist weitgehend zerstört. Der Herren sah es einst viele. Mit Burkard Kröwel von Frundeck nennen die Urkunden 1255 den ersten Besitzer. Fortan gehörte Frundeck nebst dem Wald, aus dem seine Mauerreste ragen, den Rittern und Freiherren von Ow, bis zum Ende des alten Reiches im Jahre 1806 war es Lehen von Österreich.

Die Burg wurde wahrscheinlich durch Brand zerstört. Darauf deutet der Zustand der etwa 12 m hohen Schildmauer hin. Das Datum jedoch ist uns nicht überliefert. Ausgeschlossen ist nicht, daß die aufständischen Bauern im Jahre 1525 sie zerstört haben.

Um die Mitte des vorigen Jahrhunderts spukte es um die Ruinen der Frundeck. Genauer gesagt, spielte sich die Geschichte im „Schlößle", wie man die Frundeck hierzulande nennt, in den Jahren 1845 bis 1847 ab. Das ganze Land sprach davon.

In Mühringen, ein kurzes Wegstück eyachaufwärts, lebte ein Mann namens Kitterer. Er war einmal Musikant in der Kapelle des alten Freiherrn, oben auf dem Schloß, gewesen. Was er mit seinem Weib, einer Kartenschlägerin, und den Kindern zum Leben brauchte, ergaunerte er von Haus zu Haus. Auf diese Weise kam er viel in der Gegend herum, auch ins hohenzollerische Empfingen. Zu der Zeit verfolgte dort einen Bauern und seine Familie ein unbarmherziges Schicksal. Gerade lag eines seiner Kinder schwerkrank im Bett, da geschah obendrein im Stall ein

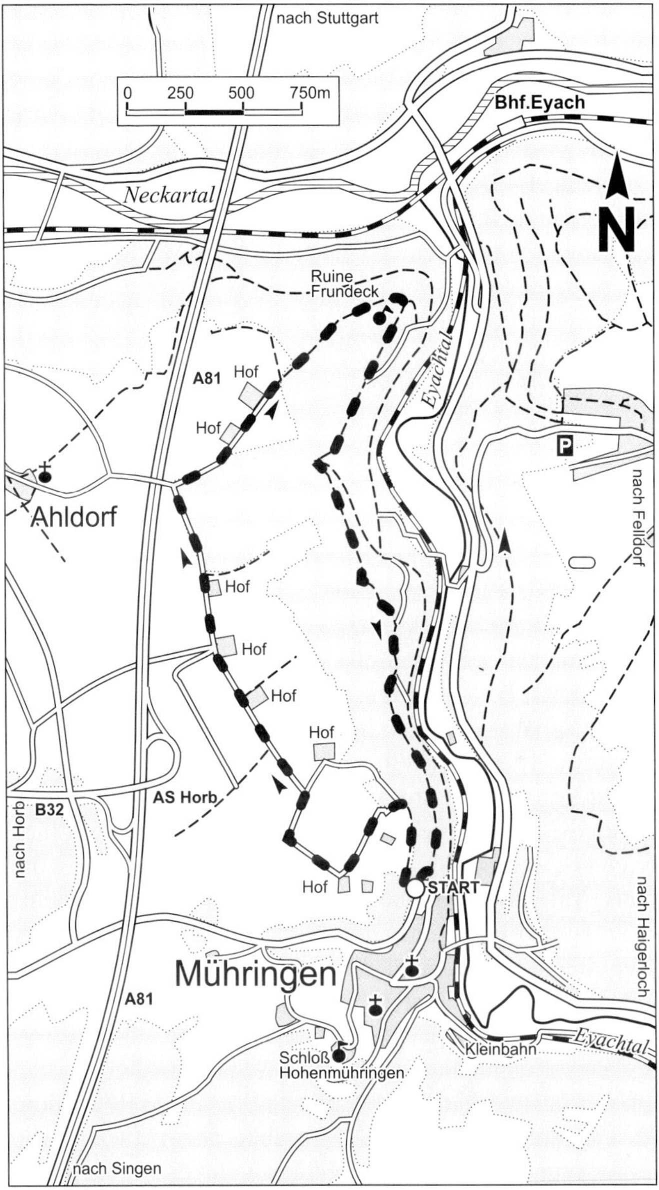

nach Stuttgart
0 250 500 750m
Bhf.Eyach
Neckartal
N
Ruine
Frundeck
Eyachtal
A81
Hof
Hof
P
nach Felldorf
Ahldorf
Hof
Hof
Hof
Hof
AS Horb
B32
nach Horb
START
Hof
nach Haigerloch
Mühringen
A81
Kleinbahn
Eyachtal
Schloß
Hohenmühringen
nach Singen

Unglück nach dem anderen. Das ganze Unheil sei das Werk böser Leute, konstatierten Kitterer und sein Eheweib. Allein Gebet, Wallfahrten, und reichliche Almosen könnten in einem derartigen Fall Abhilfe schaffen. Der Bauer beherzigte den guten Rat, und bald ging alles besser im Haus. Es dauerte allerdings nicht lange. Neues Unglück machte ihm das Leben schwer. Diesmal aber gab der Mühringer zürnenden Geistern, die erlöst werden müßten, die Schuld. Dabei vergaß er nicht, unter eindringlichen Beteuerungen seine Hilfe anzubieten. Ein Kaplan aus dem Oberamt Rottenburg wurde noch des schwierigen Falles wegen herbeigeholt. Nach einem Blick zum Himmel versicherte der, es handele sich, bei Gott, um die Seelen von Verwandten des Empfinger Bauern. Im Schloß Frundeck, wohin sie verbannt seien, schrien sie erbärmlich nach Erlösung. In der Tat brächten es nur Bußgänge und üppige Geldopfer zuwege, die leidenden Seelen zu befreien.
Mittlerweile kamen viele tausend Gulden zusammen. Kitterer eröffnete, jetzt könne er die Geister auch rufen und erscheinen lassen. Ebenfalls habe er von einer Stimme aus der anderen Welt erfahren, daß in der Frundeck ein bedeutender Schatz verborgen liege, und der solle dem gehören, der die aus dem Bewußtsein Verdrängten aus ihrem entlegenen Leidensort zurückhole. Ob solcher Aussichten opferten die zollerischen Empfinger, was nur das Zeug hielt. Nun war die Stunde des fahrenden Musikanten gekommen. Mit großen Säcken, in denen sie den verheißenen Schatz nach Hause tragen wollten, führte er sie im Morgengrauen die Eyach entlang abwärts, zur Frundeck hinauf. Kaum hatten sie den Schloßbuckel erreicht, schwebten ihnen zwei Gespenster mit Lichtlein, die aus einem Totenkopf leuchteten, entgegen. Diese jammerten und flehten inbrünstig um Erlösung und stellten dafür Reichtümer im Überfluß in Aussicht. Dem aber, der nicht zu neuen Opfern für sie bereit sei, drohten sie, ihn nicht leben noch sterben zu lassen, sondern zu verfolgen bis ins dunkle

Grab. Dann erloschen die zwei Lichter. Aus dem alten Gemäuer der Ruine schlugen plötzlich blaue Flammen, der ganze Wald ringsherum stank nach giftigem Schwefel, und auf den verfallenen Stufen zum Schloßkeller saß der Teufel in Gestalt eines feuerroten Pudels, die Vorderläufe auf zwei Kisten gelegt. Da warfen die Bauern mit sterbensbleichen Gesichtern ihre Beutel, voll von silbernen Gulden, in den unter der Erde liegenden Raum und sprengten Weihwasser aus kleinen Fläschchen, die sie zur Vorsicht mitgenommen hatten, hinterher. Das half überraschend. Der Teufel verschwand. Die Schatzsucher aber verdufteten in alle Himmelsrichtungen.

Als ihnen die Angst ein wenig aus den Gliedern gewichen war, machten sie sich in der Nacht abermals zur Frundeck auf. Diesmal ging der Kaplan voran. Schon kroch der Beelzebub auf allen Vieren aus dem Gestrüpp, derweil die Geister der Toten weinend und klagend ob der kleinen Opfer, die für ihren Loskauf nicht ausreichten, aus den Trümmern der Burg auftauchten. Der Kaplan schickte seine beschwörenden Gebete zum Himmel, die Bauern opferten wieder – und siehe da, der Leibhaftige verschwand mitsamt seinem Anhang.

Trotz all dieser Gaben, inzwischen waren es mehrere tausend Gulden, fiel es dem Bösen nicht ein, den Schatz der Frundeck herauszurücken. Der Empfinger Bauer wurde mißtrauisch. Deshalb suchte er beim Kaplan in Rottenburg Rat und Hilfe. Den Mund brachte er schier nicht mehr zu, fand er doch dort einen ganz anderen Mann vor als den, der den Satan in dunkler Nacht oben beim Schlößchen wieder zur Hölle geschickt hatte. Jetzt merkte er, daß er betrogen worden war, erstattete aber keine Anzeige. Er hatte Angst vor den Machenschaften des Kitterers. Der jedoch suchte sich eine andere Kundschaft und fand sie im Michele von Obernau. Dieser zeigte sich keinesfalls abgeneigt, vom Höllenfürsten Geld anzunehmen. Wichtig sei nur, er komme überhaupt zu solchem. Je mehr, desto bes-

ser. Und weil er das Ganze für eine Sache von großer Bedeutung hielt, weihte er schnurstracks noch andere Gleichgesinnte in das Geheimnis der Schatzsuche auf dem Frundeckschlößchen ein. Samt und sonders verschrieben sie sich dem Teufel und marschierten mit Kitterer zu der Ruine über dem Eyachflüßchen. Freilich, auch sie gingen dem Gaukler auf den Leim. Viele Dumme folgten noch ihren Fußstapfen. Ohne Ausnahme nahmen die Leichtgläubigen es für bare Münze, daß der Mühringer ihnen mit Hilfe des Gottseibeiuns zum großen Geld verhelfen werde.
Die Spitzbüberei wurde immer dreister und frecher. Die Zahl derer, denen man mit falschen Versprechungen ständig aufs Neue die Silbermünzen aus der Tasche entlocken konnte, stieg täglich. Gewiß, die der Betrogenen wuchs in weitem Umkreis mit. Viele der Geprellten kamen an den Bettelstab, zwei von ihnen verloren den Verstand. Doch den Schatz fand man nie. Auf die Geister vom Frundeckschlößle aber wartete das Kittchen in Rottenburg mit einer guten Portion „gesiebter" Luft.

Wanderung: über dem Eyachtal zur Ruine Frundeck
Ausgangspunkt: Mühringen, Stadt Horb
Parken: an der Auffahrt zum Café „Erika" (Haarnadelkurve an der L 395, Mühringen – Horb)
Gehzeit: etwa 2 1/2 bis 3 Stunden
Karte: Stadt- und Wanderplan Horb, 1:25 000
Wegmarkierung: Wegzeichen des Schwäbischen Albvereins und des „Horber Kultur- und Heimatpfads"
Einkehrmöglichkeiten: Mühringen
Wanderroute: Wir gehen (ohne Markierung) zwischen dem stillgelegten Schotterwerk und dem DRK-Heim hindurch hangwärts, leicht steil bergan bis auf die Höhe. Dort folgen wir dem Waldsaum nach links, die Umspannstation der EVS und der Dreilindenhof bleiben linker Hand. Bei der kleinen Straßeninsel folgen wir dem Teersträßchen

nach rechts, später nach links, den Waldeckhof in Sichtweite rechts liegen lassend. Jetzt führt unsere Route mit prächtigen Ausblicken auf die Höhen über dem Neckartal am Heidegrund-, Hohenfichte- und Markstallhof vorbei in Richtung Ahldorf. Im Rückblick schöne Sicht auf die Schwäbische Alb. Am Waldeck – vor der Autobahnbrücke – zeigen sich, reizvoll im Oberen Gäu gelegen (von links nach rechts), Hochdorf, Eutingen und Rohrdorf. Hier nun nach rechts und mit den Wegmarkierungen, die zwei Aussiedlerhöfe bleiben links, hinab zur Ruine Frundeck, dem Schauplatz der Gaunerei um den „Frundeckschatz". Achtung: Steinschlaggefahr! Wir folgen der Albvereinsmarkierung und dem Horber Kultur- und Heimatpfad weiter, auf schönem Hangweg durch Mischwald, in Richtung Mühringen. Am Weg **jüdischer Friedhof**. Angelegt Mitte des 16. Jahrhunderts von der jüdischen Gemeinde Mühringen. Es sind auf ihm 600 bis 700 Gräber vorhanden, 1951 wurden nur noch 220 Grabsteine registriert. Dieser Friedhof ist einer der bedeutendsten in Württemberg und wird von der Gemeinde Mühringen gepflegt. Der Schlüssel zum Friedhof ist im Rathaus in Mühringen erhältlich.

Der hübsche Talweg geleitet uns noch das kleine Stück hinein nach **Mühringen** in der Einbuchtung des Eyachtals, überragt von Schloß Hohenmühringen. 786 schenkte Graf Gerold von Nagold „Mereingun" dem schweizerischen St. Gallen. Funde aus der alemannischen Zeit weisen darauf hin, daß der Ort lange vorher besiedelt war. Es gab einen Ortsadel. Die Besitzverhältnisse wechselten häufig. Mit dem Freiherrn von Münch endete 1805 die Adelsherrschaft in Mühringen, danach wurde der Ort württembergisch. Vom Anfang des 18. Jahrhunderts bis zum März 1939 bestand in Mühringen eine der größten jüdischen Gemeinden des Landes. Am Platz der 1960 abgerissenen Synagoge (unterhalb des Rathauses) erinnert seit 1983 ein Gedenkstein an sie. Katholische **Pfarrkirche St.**

Gallus, Rokokobau von 1704, anstelle der seit 1491 bekannten Galluskapelle. Taufstein von 1595. Am Haus Graf-Gerold-Straße 11 (Gasthaus „Lamm“) **Hochwassermarken**, die das Ausmaß der Hochwasserkatastrophen in Mühringen veranschaulichen. 1901 fuhr der erste Zug durchs Eyachtal von Eyach nach Stetten bei Haigerloch.
Übrigens, das Eyachtal, von Mühringen bis Eyach, ist die Ortsgrenze des Kreises Freudenstadt. Das in Muschelkalk und Keuper eingeschnittene Tal bildet schon den Übergang zur Schwäbischen Alb, deren Jurakalkberge das Gegenstück zum Schwarzwald darstellen.
In „Krattenmacherhausen“ pflegt man zur närrischen Zeit noch altes **Fasnetbrauchtum**.

35 Die goldenen Erbsen von der „Alte Burg“

Von der Mündung der Eyach in den Neckar zieht sich eine kaum mehr benutzte Steige nach Felldorf hinauf. Auf der Anhöhe berührt der Waldhang einen gegen den Neckar gerichteten Bergvorsprung; man nennt ihn das „Große Haag“. Die äußerste Spitze ist mit einem tiefen Graben und einem breiten Wall von seinem Plateau abgeschnitten. Ob diese ehemals eine mit einem Pfahlhaag befestigte Volksburg war oder wie der Platz der gegenüberliegenden Frundeck feste Mauern trug, hüllt sich in den geheimnisvollen Schleier der Vergangenheit. Freilich, keltische Ring- oder Fliehburgen aus vorchristlicher Zeit sind in unserem Raume nicht selten. Wir finden sie des öfteren am Albtrauf.
Nur ein Viertelstündchen ist es von hier aus nach Felldorf hinein. Von Amts wegen heißt es seit der Kreisreform in den siebziger Jahren unseres Jahrhunderts „Starzach-Felldorf“, wobei die Gemeinde Starzach noch vier weitere Ortsteile zwischen den Tälern des Neckars, der Eyach und der Starzel ausmachen. Pate gestanden für den neuen Ortsnamen haben die beiden Grenzflüßchen im Osten und Westen, die Starzel und die Eyach.
Werner V. von Ow veräußerte 1371 und 1372 Felldorf an seinen Schwager Reinhard Megentzer. 1414 brachte Hanns von Ow der Jung dagegen den Ort durch Kauf wieder ganz in die Hände der Adelsfamilie. So war Felldorf stets freieigener Besitz der Herren von Ow und gehörte weder zur Grafschaft Hohenberg noch zu Hohenzollern. Hanns von Ow der Jüngere, der zu Dießen ansässig war, scheint auch das 1886 abgebrochene Schloß im Dorf erbaut zu haben. Seine starken Kerkermauern könnten den Stoff für einen spannenden Roman liefern.
Ende des 18. Jahrhunderts beherbergten sie doch den einen oder anderen aus der berüchtigten Bande des Räu-

berhauptmanns Hannikel. Johann Reinhard, seine Spezel nannten ihn nur „Meinzel", war auch einer der bekannten Ganoven. Ihn beförderte das „Henkerle" von Mühringen allerdings am 30. Juni 1787 vor dem Dorf vom Leben zum Tode. Den Platz, wo das geschehen ist, bezeichnen die Felldorfer bis heute mit „im Meinzel".
Nach dem Ort „Veldorf" nannten sich seit dem 14. Jahrhundert die niederadeligen Megentzer. Erstmals treten sie 1288 auf. Ihr Stammsitz war wahrscheinlich die „Alte Burg" über dem Eyachtal westlich des Dorfes.
Einmal saß eine wunderschöne Schlange auf ihren Trümmern. Das goldene Krönlein, das sie auf dem Kopfe trug, schimmerte bis weit ins Tal hinab. Eines Tages gingen unten im Bergwald Kinder vorbei. Just in dem Augenblick kugelten prachtvolle Erbsen den Hang herab zu ihnen. Solch schöne hatten sie noch nie gesehen. Ein Mädchen konnte nicht widerstehen und steckte einige davon in sein Täschchen. Wie es sich aber wieder aufrichtete, sah es oben auf der Alten Burg eine mächtige Schlange sitzen, die schwarz-grün schillerte. Die Kleine erschrak fürchterlich. In ihrer Angst rannte sie, was ihre jungen Beine hergaben, über Stock und Stein zum Wald hinaus. Als das Mädchen zu Hause ankam, waren alle Erbsen zu schwerem, funkelndem Gold geworden.
Von der „Alte Burg" ist nicht mehr als ein großer Schutthaufen übriggeblieben. Das einst blühende Geschlecht der Megentzer erlosch bereits 1695 in männlicher Linie.
Südlich von Felldorf, auf dem Weg von Bad Imnau nach Wachendorf im früheren Kreis Horb, kommt man durch ein Waldstück, das Großholz heißt. Einmal, das Abendrot tauchte den Himmel über dem Eyachtal gerade in ein rotgoldenes Licht, ging ein Bauer von der Feldarbeit heim. Als er auf das Großholz zuging, marschierte ihm geradewegs ein krummbeiniges Männchen entgegen. Es hatte einen blauen und einen grünen Strumpf an und eine rote Zipfelmütze auf. „Was willst du von mir?", fragte der

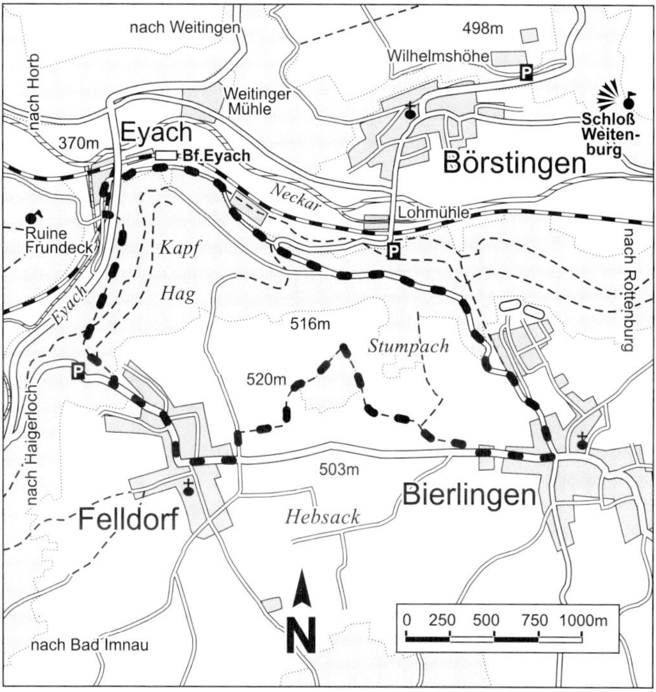

Bauer etwas verdutzt beim Anblick des verhutzelten Männchens, „laß hören!" – „Weißt du, ich bin alt geworden und gichtig dazu, und das Lager im Walde will mir nicht mehr recht bekommen. Nimm mich mit und richte mir ein weiches Bettlein in deinem Hause her, laß mich darin schlafen, bis ich wieder gesund und auf dem Damm bin." „Und sonst verlangst du nichts?", fragte der Bauer mißtrauisch. „Das ist alles!" – „Laß mich's überdenken, die Sache mit meinem Weib, der Babett, bereden." Traurig ließ das Männlein den Kopf hängen. „Nein, nimm mich mit, es soll nicht dein Schaden sein!", forderte es. Je mehr der kleine Wicht drängte, desto verstockter wurde der Bauer. Der dachte freilich nur daran, was seine Babett wohl für ein Gesicht machen würde, käme er in Beglei-

tung des kleinen Zwergs nach Hause. Und überdies, wer wußte schon, nagte es in seiner Seele, ob das kleine Männlein am Ende nicht der Leibhaftige selber war? „Also, ich werd's mir überlegen, aber laß mich jetzt in Frieden. Heute abend komme ich wieder und sage dir, wie meine Babett und ich uns entschieden haben", gab der Bauer barsch zurück. Man konnte am pausbackigen Gesicht des Kleinen ablesen, wie enttäuscht er war. Schnell lief der putzige Zwerg in den Wald hinein. Er kletterte dreimal um einen dicken Baum. Dann bewarf er den Bauern mit den größten Tannenzapfen, die an diesem hingen. Bei jedem, der ihn traf, schrie der laut auf, als wäre das Geschoß ein großer Stein gewesen. Es blieb ihm nur eine Wahl: nichts wie fluchtartig zum Wald hinaus, sonst hätte ihm noch Schlimmeres widerfahren können.
Nicht genug damit. Die Alten aus der Gegend können noch manche Geschichte erzählen, wie das Großholzmännle die Leute an der Nase herumgeführt und allerlei Schabernack mit ihnen getrieben hat.

Wanderung: vom Neckartal zu Starzachs sonnigen Höhen

Ausgangspunkt: Bahnhof Eyach a. N., Gde. Eutingen-Weitingen i. G.
Parken: am Ausgangspunkt
Gehzeit: etwa 3 1/2 Stunden
Karte: L 7518 Rottenburg am Neckar, Ausgabe mit Wanderwegen
Wegmarkierung: Eyach – Felldorf unmarkiert, Orientierung jedoch unproblematisch; Felldorf – Bierlingen bezeichneter Rundwanderweg; Bierlingen – Eyach Zeichen des Albvereins
Einkehrmöglichkeiten: Felldorf und Bierlingen
Wanderroute: Vom Bahnhof Eyach (374 m) zunächst mit der Albvereinsmarkierung zur Hochbrücke und auf der kleinen Wendeltreppe empor zur Kreisstraße. Schöner

Blick zum größten Brückenbauwerk der BAB Stuttgart – Singen, das mit 900 Metern Länge und 127 Metern Höhe das Tal überspannt. Wir gehen nach links in Richtung Mühringen. Nach etwa 300 m führt uns linker Hand ein alter Waldweg, im Volksmund „Horber Steige" genannt, etwas steil nach **Felldorf** (518 m) hinauf. Wir schlendern in Richtung Bierlingen durch den Ort, der bis zur Kreisreform zum früheren Kreis Horb gehörte. Heute ist er nach Westen hin Kreisgrenze des Kreises Tübingen, außerdem Regierungsbezirksgrenze.

Auf der Höhe des Friedhofs biegen wir nach links in den Feldweg ein. Hier in diesem Gewann stehen auf einer leichten Anhöhe zwei einzelne Bäume mit einem Bänkchen. An dieser Stelle wurde der Räuber „Meinzel" hingerichtet. Nach etwa 150 m rechts ab. Der bezeichnete Rundwanderweg führt uns links vom Grüblewald nach Bierlingen. Dazwischen hübsche Ausblicke auf die Schwäbische Alb.

Bierlingen (526 m). Ortsteil von Starzach mit dem höchsten Dorfkirchturm Schwabens. Im 13. und 14. Jahrhundert nennt sich eine vermutlich niederadelige Familie nach dem Ort. Von der in der Nähe der Kirche abgegangenen Burg waren 1905 noch Reste erhalten. Nach wechselnder Besitzerfolge blieb das württembergische Lehen bis ins 19. Jahrhundert in den Händen der Herren von Ow-Felldorf und Ow-Wachendorf. Fasnetbrauchtum.

Kath. **St. Martinskirche**, Kirche und Pfarrei werden schon 1275 erwähnt. Chor- und Turmgeschoß (1478) sind spätgotisch, das neue Langhaus wurde 1972/73 angebaut. In der Nähe des von Owschen Hofgutes Neuhaus Reste einer römischen Villa Rustica. Vermutlich um 260 zerstört. 1865 entdeckt.

Beim Gasthaus „Rößle" in Richtung Eyach zum Ortsteil Brand. Schöner Blick ins Gäu und auf Weitingen. Von dort auf der alten Börstinger Steige zur Lohmühle hinab. Jetzt neckaraufwärts zum Kohlensäurewerk und zum Bahnhof Eyach, unserem Ausgangspunkt.

36 Warum der Teufel nach Weitingen kam

Über dem Neckartal, auf der fruchtbaren Hochebene des Oberen Gäus, trifft man am Beginn eines Seitentals auf Weitingen. Seit den Tagen der Verwaltungsreform ist die Gemeinde Teil von Eutingen im Gäu, Landkreis Freudenstadt. Vom Eyachtal her findet der Blick Halt an der Weitinger Weinberghalde. Der Rebensaft von dieser Lage soll nicht so übel gewesen sein, wie man ihm heute oft nachsagen will. Längst nimmt der Wald den Platz der Weinberge ein, die Bezeichnung „Weinberghalde", stellenweise aber auch die prächtige Aussicht, ist geblieben.
Der Ort selbst, „alt Witingen", gehörte zur Veste Urnburg, mithin den Herren von Weitingen. Friedrich von Weitingen saß noch 1346 dort. Mit Urnburg kam Weitingen danach an die Grafen von Hohenberg, von diesen 1381 an Österreich. Das Familiengrab des Geschlechts derer von Weitingen finden wir in der achteckigen Katharinenkapelle im Kloster Kirchberg bei Haigerloch.
In der Mitte des Ortes steht die spätgotische Pfarrkirche St. Martinus. Der Kirchturm schaut weit ins Land hinein. In seinem Dachstuhl hängt eine große Glocke. Geweiht hat man sie den vier Evangelisten: Matthäus, Markus, Lukas und Johannes. Einst rief sie mit ihrem Angelusläuten dreimal am Tag zum Gebet und bestimmte auch Beginn und Ende der Arbeit und die Mittagspause. Auch wenn feindliche Truppen vor das Dorf rückten oder der rote Hahn über die Dächer züngelte, meldete sie es aufgeregt den Bürgern zu ihren Füßen. Wegen ihres reinen Klangs erweckte die Glocke die Bewunderung aller Nachbargemeinden. Sie wetteiferten miteinander darin, den Weitingern die Glocke abspenstig zu machen. Von nah und fern kamen die Dorfschultheißen und boten sich als Käufer an. Schließlich wurde die Glocke ins Weggental nahe bei Rottenburg verkauft, weil man dort soviel Geld für sie bezah-

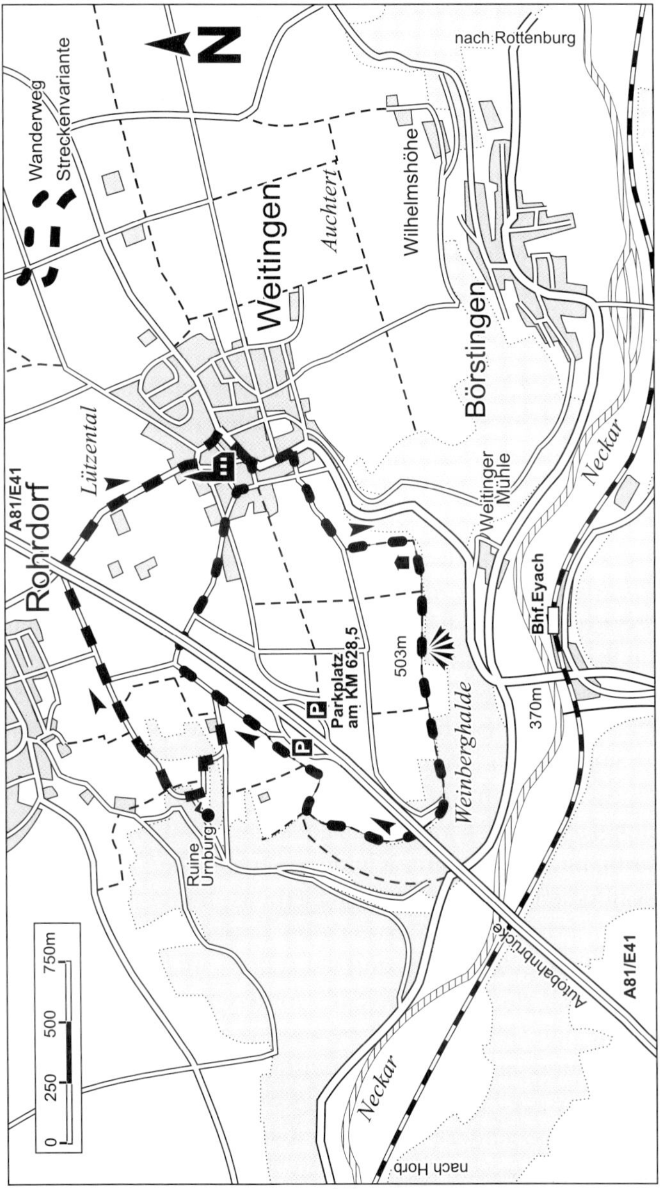
N
Wanderweg
Streckenvariante
nach Rottenburg
Wilhelmshöhe
Auchtert
Weitingen
Börstingen
Lützental
A81/E41
Rohrdorf
Weitinger Mühle
Neckar
Bhf.Eyach
503m
P
Parkplatz am KM 628,5
Weinberghalde
370m
Ruine Urnburg
Autobahnbrücke
A81/E41
Neckar
nach Horb
0 250 500 750m

len wollte, daß man die Straße bis zur Wallfahrtskirche mit Geldstücken hätte pflastern können. Als die Weitinger sie aber vom Turm herunternehmen wollten, begann sie in verständlichen Lauten zu läuten: „Anne Susanne, in Weitinge will i hange, in Weitinge will i bleibe und älle Wetter vertreibe!“

Seither sind die Felder der Weitinger Markung vor schweren Wetterschäden verschont geblieben, denn jedesmal, wenn ein Gewitter am Himmel steht, wird die große Glocke geläutet.

Bei einem schönen Bauernmädchen, das vorzeiten in Weitingen lebte, soll dennoch der Teufel seine Hand im Spiel gehabt haben. Von allen jungen Frauen im Dorf tanzte es am schönsten. Wohl deshalb freite sie bald ein reicher Wirtssohn, obschon die Maid armer Leute Kind war. Das Tanzen habe ihr kein anderer beigebracht als der Leibhaftige selbst, munkelte man im Dorf. Dafür habe sie ihm versprechen müssen, daß er sie zu einer bestimmten Zeit höchstpersönlich holen dürfe. Solches wollte man sogar am Wirtshaustisch gehört haben. Ihren Bund mit dem Höllenfürsten besiegelte sie indessen mit ihrer eigenen Handschrift. Das alles aber war binnen kurzem vergessen, denn sie lebte mit ihrem Ehemann in glücklicher Ehe.

Eines Tages kam ein Wagen mit zwei kohlrabenschwarzen Hengsten vor das Wirtshaus gefahren. Zwei Herren saßen darin, und die Art ihrer Kleidung verriet einen vornehmen, wohlhabenden Stand. Sie stiegen aus, traten in die Gaststube und verlangten etwas zum Trinken. Ein Schoppen von einem guten Roten dürfe es schon sein. Als die Wirtin den Trunk zum Wohle reichte, forderten die beiden Männer sie auf, sich zwischen sie zu setzen. Sie wurde rot vor Scham und tat nur mit Widerwillen, was man von ihr verlangte. Nach einer Weile wollte sie sich von ihrem Platz wieder erheben, doch etwas ließ sie nicht mehr fort. Was sie auch dagegen unternahm, es half nichts. Da kam ihr plötzlich der Pakt mit dem Teufel in den Sinn. Sie spürte

bis ins Mark: jetzt hatte ihr letztes Stündlein geschlagen. In ihrer Not rief sie ihren Mann, gestand ihm die ganze Sache und hieß ihn, schleunigst einen Geistlichen zu holen. Der war wie vor den Kopf geschlagen. Eilends sattelte er sein temperamentvollstes Pferd, ritt nach Hechingen und kam mit einem Kapuziner, der sich auf Teufelsbeschwörungen verstand, wieder. Mit einer Stola, Weihwasser und geweihtem Salz befahl dieser dem Satan, die Abmachung zu lösen, worauf der, begleitet von bestialischem Gestank, der Wirtsstube den Rücken kehrte.
Doch „d'Weidenger send halt koane Pater vom Weggatal", verteidigte einmal ein närrischer Zunftmeister seine Musikanten bei einem Narrentreffen. Als „Schreier" neckt man sie wohl gerade deshalb. Und „Jauner", was soviel bedeutet wie Gauner, werden sie mindestens noch so lange sein müssen, wie in „Jaunerhausen" unter der Regie der „Bettschoner- und Lugebeutel-Zunft" eine „gesegnete" Fasnet steigt.

Wanderung: gemütlich überm Neckartal
Ausgangspunkt: Weitingen, Gde. Eutingen im Gäu
Parken: bei der Pfarrkirche
Gehzeit: etwa 1 1/2 Stunden
Karte: Stadt- und Wanderplan Horb, 1:25 000
Wegmarkierung: keine; Orientierung jedoch problemlos
Einkehrmöglichkeiten: Weitingen
Wanderroute: Weitingen (447 m). 919 bis 934 kam größerer Grundbesitz an das Kloster Reichenau. In der 2. Hälfte des 12. Jahrhunderts traten die Ritter von Weitingen ins Licht der Geschichte. Sie wohnten auf der Urnburg nahe bei Weitingen. Dort starben sie kurz nach 1365 aus. Graf Eberhard im Bart von Württemberg zerstörte die Burg 1465. Burg und Ort kamen 1381 von den Grafen von Hohenberg an Österreich und 1805 an Württemberg.
Pfarrkirche St. Martin, 1275 erstmals erwähnt. 1504 ließ das Kloster Wittichen die heutige Kirche erbauen. Bis

nach dem 1. Weltkrieg besaß Fürstenberg das Patronatsrecht. Sterngewölbter Chor. Hochaltar gotisch, 1912 vom Horber Altarbauer Pius J. Hausch gefertigt.
Kapelle zu den Heiligen Joachim und Anna an der Straße nach Rohrdorf. Wallfahrt zur „Schmerzhaften Mutter Gottes von Weitingen". Gnadenbild aus der 1. Hälfte des 15. Jahrhunderts. Die Legende erzählt, im 13. Jahrhundert habe ein Bauer beim Pflügen ein aus Lindenholz geschnitztes Bild gefunden, Maria mit dem sterbenden Christus, und dasselbe an der Fundstelle in eine Bildsäule stellen lassen. 1506 wurde an diesem Platz eine kleine Kapelle errichtet, 1770 folgte die heutige Kapelle. Eine schöne Bildtafel an der Rückwand des Kirchenschiffs berichtet von der Begebenheit.
An der südlichen Außenwand spätgotischer Erbärmde-Christus vom Ende des 15. Jahrhunderts (Ecce-Homo-Darstellung).
Gasthaus „Adler", schönes Wirtshausschild mit Jahreszahl 1746, das Jahr, in dem die Wirtschaft eröffnet wurde.
Brauchtum: Weitinger Heimattage. Fasnet.
Schlendern wir vom Kirchplatz hinab zum Rathaus an der Dorfstraße. Dort wenden wir uns nach rechts und bleiben auf dieser Straße bis zum Gasthaus „Löwen". Hier gehen wir wieder nach rechts und auf der Landhausstraße dorfauswärts, beim Feldkreuz links dem Wald zu. Am Waldrand treffen wir auf die idyllisch gelegene Grillhütte mit Spielplatz (1975/76 vom Weitinger Narrenverein „Bettschoner" errichtet). Schöner Ausblick ins Eyachtal. Unsere Route führt entlang der Weinberghalde zum größten Bauwerk der 120 Kilometer langen A 81 Stuttgart – Singen, der Weitinger Autobahnbrücke (900 m lang, 127 m hoch, 65 Mill. Mark Baukosten). Prächtige Sicht ins Neckartal. Rechts des Weges steinernes Feldkreuz, 1889 von Peter Fischer gestiftet. Wir lenken unseren Schritt in Richtung Autobahnparkplatz, dann rechts, danach durch die Autobahnunterführung zur Friedhofstraße. Vor dem

Friedhof rechts ab in die Urnburgstraße und dann die zweite links, die Weinbergstraße, zurück zum Rathaus und Ausgangspunkt.

Variante: zur **Ruine Urnburg.** Rathaus – Rohrdorfer Weg – Hölle – Ruine Urnburg – Burgweg – Rathaus. Gehzeit: ca. 2 1/2 Std.

Minnesängerdenkmal bei Leinstetten

37 Was alte Burgen am Neckar erzählen

Die Starzel bildete bis zur Kreisreform im Jahre 1973 die natürliche Grenze des Kreises Horb im Südosten. Das alte Dorf Bieringen an der Einmündung der Starzel in den Neckar war flußabwärts, Rottenburg zu, der letzte zum Kreis gehörende Ort. Dreieinhalb Stunden brauchte man zu Fuß von hier „in die Stadt“, womit Horb am Neckar, die Kreisstadt, gemeint war.
Wie an einer Perlenschnur aufgereiht liegen dazwischen Burgruinen und Schlösser, teilweise sind sie längst zerfallen. Durch die Gemäuer irrt gespenstisch die Melancholie. An den geborstenen Mauern heult der Wind auf, offenbart die Vergänglichkeit alles Irdischen. Nennen wir einige beim Namen: die Siegburg über Sulzau, die Weitenburg und Urnburg hoch über dem Neckar; in einem Seitentälchen die Burg Eutinger Tal; auf der anderen Seite: das Schloß in Nordstetten und der Burgsitz im Egelstal, auf einer Bergspitze zwischen Neckar- und Eyachtal die Veste Frundeck, gegenüber das Schloß in Felldorf, in Wachendorf das Kleinod unter den Schlössern des Schwabenlandes.
Wandern und entdecken wir. „Buß“ heißt der kleine Hügel in der Talaue jenseits des Neckars bei den Einheimischen, wo Bieringens älteste Burg gestanden hat. Den Verlauf des ehemaligen Wassergrabens kann man heute noch verfolgen. Sie gehörte den Herren von Ow. Das Schloß im Ort selber dem Freiherrn Joseph von Raßler. Es wurde vor 1800 abgebrochen. Einen Katzensprung weit neckaraufwärts treffen wir ganz nahe am vorbeifließenden Neckar auf Sulzau. Rechts springt der Kapf stark gegen sein Ufer vor. Spuren von Gemäuern weisen auf das einstige „Bürgle“, die abgegangene Burg der Herren von Sulzau auf der Warte, der Aussichtsplatte, hin.
Die Siegburg. Letzte Mauerreste am steilen Berghang künden von ihr. Der Burggraben umzieht sie. Eine alte

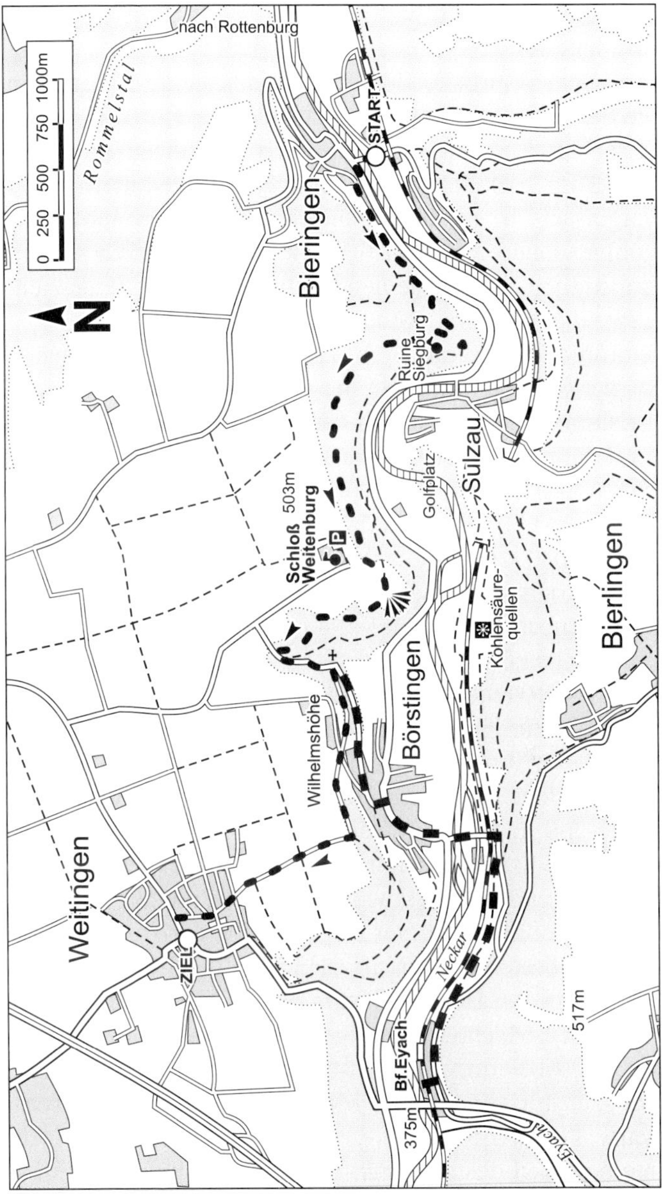
nach Rottenburg
Rommelstal
0 250 500 750 1000m
N
Bieringen
START
Ruine Siegburg
Sülzau
Golfplatz
Schloß Weitenburg
503m
P
Bierlingen
Kohlensäure-quellen
Börstingen
Wilhelmshöhe
Weitingen
ZIEL
Neckar
517m
Bf.Eyach
375m
Eyach

Handschrift erzählt, daß um 1060 Ritter Bern von Siegburg hier lebte. Er ist verheiratet mit Anastasia von Ehingen, aber sie stirbt bei der Geburt eines Kindes. Bern kann den Schmerz und Gram darob nicht überwinden. Tagelang irrt er durch die Wälder um die Burg, zuletzt pilgert er nach Rom. Arnold, sein leiblicher Bruder, wohnt im nahen Haigerloch. Er ist dem Edelfreien Bern alles andere als wohlgesonnen. Die Zeit für sein übles Vorhaben scheint ihm endlich reif. Mit seinen Raubgesellen im Bunde zieht er vor die Siegburg, plündert sie aus bis aufs letzte, dann zerstört der Querkopf die Veste. Bern kehrt nach Monaten aus der Stadt am Tiber, in der die Kämpfe zwischen dem Papsttum und den Staufern schwelen, heim. Im Angesicht der Trümmer seiner Burg sinkt er auf die Knie und wirft verzweifelt die Arme gen Himmel. Sein Herz blutet. Bitter enttäuscht über das, was ihm sein eigen Fleisch und Blut angetan hat, kehrt er der Welt den Rücken. 1082 tritt Bern von Siegburg in das Kloster zu Hirsau ein. Was der adelige Krieger noch besitzt, gibt er als Schenkung hin. Auf seinem kleinen Gut, das im dichten Urwald an der Einmündung des Reichenbachs in die Murg liegt, gründet Abt Wilhelm von Hirsau auf Veranlassung von Bern alsbald das Kloster Reichenbach. 1085 schon weiht der Bischof von Konstanz dieses den Heiligen Gregor und Remigius.
Keine 200 m Luftlinie weiter finden wir, von Wald umrahmt, in einzigartig schöner Lage hoch über dem Neckartal, die Weitenburg. Gewiß ist sie nicht die älteste Burg- oder Schloßanlage dieser Region. Eine der frühen, größten und besterhaltenen ist sie dennoch. Einst war das Prunkstück der Herrensitze am oberen Neckar eine wehrhafte Burg. Mächtige Kellergewölbe erinnern noch an diese Zeit. Aber dort, wo einst Ritter hausten, tafeln jetzt Hochzeitsreisende, tagen Manager und urlauben Touristen.
In einem Teil des alten Schlosses soll es spuken. Ein Kapuziner gehe dort um, sagen jedenfalls die Leute in den

umliegenden Dörfern. Im Schloß sei er Kaplan gewesen und habe ein furchtbares Verbrechen begangen. Über dieses will aber niemand mehr sprechen. Büßen mußte es der Geistliche jedenfalls mit seinem eigenen Leben. Im Schloßhof wurde der Pater nach Recht und Gesetz um einen Kopf kürzer gemacht. Offensichtlich ist er aber ohne jede Reue dahingegangen. Und wohl deshalb findet der Unglückliche nun auch keine Ruhe. Seit über 300 Jahren muß der Friedlose, wenn im Tal zur mitternächtlichen Stunde die Glocke zwölf Uhr schlägt, durch die Gänge schlurfen. Klipp, klapp, hört man die Sandalen auf den Klinkerboden schlagen. Eine Kette klirrt, die Kutte streift raschelnd die Wände, und es jammert und wehklagt. Wehe dem aber, der ihm um Mitternacht begegnet. Eine braune Kutte ohne Kopf steht vor ihm. Den Kopf hält die abgeschiedene Seele unterm Arm, in seinen Augenhöhlen glüht es gespenstisch.

Nicht weit ist die Wilhelmshöhe oberhalb von Börstingen. Im 14. Jahrhundert habe in ihrer Nähe eine Klause des Klosters Wittichen im Kaltbrunner Tal gestanden, will die Sage wissen. Die Tagzeiten taten die Nonnen der Umgebung mit einem Glöcklein kund. Doch eines Tages waren Kloster und Glocke wie vom Erdboden verschluckt. Dort, wo das Klösterlein gestanden hatte, wühlten nach vielen Jahren Wildschweine den Boden auf. Was sie zu Tage förderten, war eine kleine, blecherne Glocke. Ein Bauer fand sie darauf bei der Feldarbeit. Seine Freude war groß. Es war das vermißte Glöcklein vom Türmchen des untergegangenen Klosters. Er nahm es mit und brachte es in das Börstinger Rathaus. Von dort trat es die Reise ins Museum nach Horb an. Ohnehin: Fachleute halten diese aus Eisenblech gefertigten Glocken für die ältesten. Und da es in Württemberg keine dieser Art mehr gibt, dürfte die Börstinger „Pumpelschelle“ die älteste hierzulande sein.

Wanderung: vom Neckartal zur Weitenburg
Ausgangspunkt: Bieringen, Stadt Rottenburg, beim Bahnhof
Parken: am Ausgangspunkt
Gehzeit: etwa 3 bis 3 1/2 Stunden
Karte: Schwarzwaldverein Blatt 3, Bad Wildbad-Freudenstadt
Wegmarkierung: roter Strich des Albvereins; Wilhelmshöhe – Weitingen – Eyach ohne Markierung
Einkehrmöglichkeiten: Bieringen, Weitenburg, Weitingen und Börstingen
Wanderroute: Unsere kleine heimatkundliche Sagen-, Burgen- und Ruinenwanderung beginnen wir in Bieringen, Stadt Rottenburg, das im tief eingeschnittenen Muschelkalktal des Neckars vor uns liegt.
Bieringen (368 m). Das alte Bieringen lag auf dem rechten Neckarufer, in der Nähe des Pumphauses bei der 1950 erbauten Neckarbrücke. Der Ort war Teil der Grafschaft Hohenberg und gelangte 1381 mit dieser an Österreich. Mit Rottenburg verblieb auch Bieringen beim österreichischen Kaiserreich bis zum Übergang an Württemberg im Jahr 1805. Das Leben der Dorfbewohner reglementierte bis 1753 ein 1513 erlassenes Dorfrecht. 1541 belehnte Kaiser Karl V. die Ortsherren von Ehingen und anschließend die von Wernau mit dem reichslehnbaren Blutbann über Schloß und Dorf. Bis in die Mitte dieses Jahrhunderts hinein wurde Bieringen öfters von schweren Hochwassern, 1846 237 der 687 Seelen vom bösartigen Nervenfieber heimgesucht. 1972 nach Rottenburg eingemeindet und zum Landkreis Tübingen gehörend. **Friedhofskapelle**, gotische Wandmalereien um 1400. Altarrelief von den Horber Meintel-Schülern Leins und Hausch aus dem Jahr 1900.
An einem Kastanienbaum rechter Hand vor dem **Bahnhof** entdecken wir die SV-Markierung, die den Weg für unsere Route weist. Der rote Balken bringt uns zur Starzelbrücke

(Einmündung der Starzel in den Neckar), die wir nach rechts überschreiten. Gleich darauf geht es über den Neckar. Auf der anderen Straßenseite zeigt ein SV-Wegweiser in Richtung „Weitenburg – Eyach“ nach links. Die nächste, nach rechts abbiegende Straße ist die Haldenstraße. Auf ihr gehen wir leicht bergan, um darauf der Siegburgstraße nach links, zunächst am Waldrand entlang, später im Wald steil aufwärts, zur Ruine Siegburg zu folgen.
Ruine Siegburg (465 m). Von der im 11. Jahrhundert von den Edelfreien von Siegburg erbauten Burg sind heute nur noch einige klägliche Mauerreste und der Burggraben zu sehen. Von der Ruine am Höhenkamm entlang zu den Anlagen von **Schloß Weitenburg** (502 m) mit herrlichem Blick ins idyllische Neckartal. Direkt unterhalb des Schlosses, im Landschaftsschutzgebiet „Oberes Neckartal“, die rund 73 ha große Golfanlage des Golfclubs Schloß Weitenburg e.V.

Die Anfänge der Weitenburg liegen im dunkeln. Im 15. Jahrhundert wird sie erstmals urkundlich erwähnt. Erste bekannte Besitzer der „Feste Weyttenburg mit unterer Veste, Turm und Zubehörde“ sind die Herren von Weitingen. Unter anderen waren Eigentümer: die Pfuser von Nordstetten, der Herzog von Württemberg und das Kloster Marchtal. Seit 1720 sind die Raßler von Gamerschwang Schloßherren auf Weitenburg.

Ursprünglich befestigte Wehrburg. Nach mehrmaligem Umbau heute ein dreiflügeliges Wohn- und Hotelschloß. Der hochgiebelige Hauptbau (Ehingenbau) erhielt 1585 seine jetzige Form mit Treppengiebel und Barockaufbau. Der neugotische Südflügel mit Zinnenkranz auf dem Eckturm wurde 1869 von J. G. Rupp aus Reutlingen angebaut. Frühbarockes Portal am Hauptflügel von 1661 mit den Initialen des Quirin von Höhnstett, der die Weitenburg von 1656 bis 1689 besaß.

Nach Verlassen des Schlosses bleiben wir bis zum Ende der Umzäunung linker Hand auf der Zufahrtsstraße zum

Schloß. Am Ende der Umzäunung biegen wir nach links in den Grasweg ein und gehen rechts des Zauns in den nahen Wald. Ein kurzes Stück im Wald bergab zur Weitenburger Straße. Bei der kleinen Waldkapelle aufwärts zur kleinen Siedlung **Wilhelmshöhe** und auf demselben Sträßchen in einer knappen halben Stunde nach **Weitingen** (s. Kap. 23). Von dort haben wir Busverbindung zurück nach Horb oder zu den Bahnstationen Eutingen und Eyach.

Zu Fuß nach Eyach: Wer direkt nach Eyach wandern will (Albvereins-Markierung), geht bei der Waldkapelle oberhalb von Börstingen nicht zur Wilhelmshöhe hinauf, sondern geradeaus weiter und kommt so in wenigen Minuten hinab nach **Börstingen** (381 m), 1273 erstmals urkundlich erwähnt. Niederadelige Herren nannten sich vom 13. bis zum 15. Jahrhundert nach dem Ort im Neckartal. Mehrere Besitzer folgten diesen, bis 1698 die Raßler von Gamerschwang das Rittergut erwarben. 1756 Bau des neuen Schlosses. 1805 kommt das ritterschaftliche Dorf unter württembergische Staatshoheit, 1938 zum Kreis Horb, 1974 nach Starzach im Landkreis Tübingen eingemeindet. Beim Restaurant Zorbas (vordem Gasthaus „Lamm") biegen wir nach rechts in die Horber Straße ab, die uns dorfauswärts in Richtung Eyach bringt. Wir überschreiten die Bahngleise der im Jahr 1866 eröffneten Linie Plochingen – Tübingen – Horb. Von hier aus schöner Blick zurück auf Börstingen und die Weitenburg. Nach etwa 150 Metern lenken wir unseren Schritt nach rechts in das Feldsträßchen und schlendern auf diesem am Kohlensäurewerk vorbei zum nahen Bahnhof Eyach (374 m).

Informationen

Möchten Sie über ein bestimmtes Gebiet oder einen Ort mehr wissen? Wenden Sie sich einfach an eine der folgenden Anschriften, man wird Ihnen gerne Auskunft geben.

Alpirsbach
Kurverwaltung Haus des Gastes
72275 Alpirsbach
Tel. 07444/614–281, Fax 07444/614–283

Altensteig
Städt. Verkehrsamt
72213 Altensteig
Tel. 07453/66 33, Fax 07453/32 49

Appenweier
Bürgermeisteramt
Ortenauer Str. 13
77767 Appenweier
Tel. 07805/95 94-0, Fax 07805/95 94–44

Baden-Baden
Baden-Baden Marketing Ges. für Kur, Touristik und Stadtentwicklung mbH
Augustaplatz 8
76530 Baden-Baden
Tel. 07221/2 75–2 00, Fax 07221/2 75–2 02

Bad Liebenzell
Kurverwaltung
75378 Bad Liebenzell
Tel. 07052/40 80, Fax 07052/40 81 08

Bad Peterstal-Griesbach
Kurverwaltung
77740 Bad Peterstal-Griesbach
Tel. 07806/79 33, Fax 07806/10 40

Bad Rippoldsau-Schapbach
Tourist-Information
77776 Bad Rippoldsau-Schapbach
Tel. 07440/7 22 und 7 23, Fax 07440/5 29

Baiersbronn
Kurverwaltung
72270 Baiersbronn
Tel. 07442/84 14 14, Fax 07442/84 14 18

Betzweiler-Wälde
Kurverwaltung
Hagenbrunnenstr. 35, 72291 Betzweiler-Wälde
Tel. 07455/10 17 oder 10 18, Fax 07455/26 33

Dornhan
Bürgermeisteramt
72175 Dornhan
Tel. 07455/93 81-0, Fax 07455/93 81 – 33

Dornstetten
Verkehrs- und Kulturamt
72280 Dornstetten
Tel. 07443/96 20 30, Fax 07443/96 20 96

Freudenstadt
KTK-Kongresse-Touristik-Kur
72250 Freudenstadt
Tel. 07441/8 64-0, Fax 07441/8 51 76

Glatten
Verkehrsamt
72293 Glatten
Tel. 07443/96 07-0, Fax 07443/96 07 – 20

Hausach
Verkehrsamt
Hauptstraße 40, 77756 Hausach
Tel. 07831/7 90, Fax 07831/79 56

Horb am Neckar
Verkehrsbüro
Marktplatz 12, 72160 Horb a. N.
Tel. 07451/90 12 24, Fax 07451/90 12 90

Loßburg
Loßburg Information
Hauptstraße 46, 72290 Loßburg
Tel. 07446/95 06-0, Fax 07446/95 06–14

Nagold
Bürgermeisteramt
Marktstraße 27, 72202 Nagold
Tel. 07452/6 81-0, Fax 07452/6 81–122

Oberndorf
Stadtverwaltung
Klosterstraße 3, 78727 Oberndorf a. N.
Tel. 07423/77-0, Fax 07423/77–1 11

Offenburg
Verkehrsamt
Gärtnerstraße 6, 77652 Offenburg
Tel. 0781/8 22 53, Fax 0781/8 25 82

Pfalzgrafenweiler
Kurverwaltung
72285 Pfalzgrafenweiler
Tel. 07445/85 18–40, Fax 07445/85 18–53

Schenkenzell
Kurverwaltung
77753 Schenkenzell
Tel. 07836/93 97 51, Fax 07836/93 97 50

Schwarzwaldhochstraße
Verein der Kur- und Fremdenverkehrs-
betriebe an der Schwarwaldhochstraße e. V.
77270 Baiersbronn-Schliffkopf
Tel. 07449/92 00, Fax 07449/92 01 99

und
Hotel Untersmatt, 77815 Bühl
Tel. 07226/919 90, Fax 07226/91 99 99

Seebach
Tourist-Information
Ruhesteinstraße 21, 77889 Seebach
Tel. 07842/3 08 96 und 1 94 33, Fax 07842/32 70

Seewald
Kurverwaltung
72297 Seewald
Tel. 07447/94 60–0, Fax 07447/94 60–15

Sulz am Neckar
Städt. Verkehrsamt
Rathaus, 72172 Sulz a.N.
Tel. 07454/96 50–0, Fax 07454/96 50–12

Starzach
Bürgermeisteramt
Rathaus, 72181 Starzach-Bierlingen
Tel. 07483/188

Touristische Straßen

Schwarzwaldhochstraße
70 km, von Baden-Baden nach Freudenstadt. Eine der wohl schönsten und bekanntesten touristischen Straßen Baden-Württembergs. Die B 500 durchquert in Höhen zwischen 700 bis 1000 Metern eines der reizvollsten Gebiete des Schwarzwaldes.
Auskunft: Fremdenverkehrsverband Schwarzwald, Postfach, 79104 Freiburg im Breisgau.

Schwarzwaldtälerstraße
80 km von Rastatt nach Alpirsbach. Eine nicht allzu bekannte touristische Straße die den Nordschwarzwald durchzieht und überwiegend im romantischen Murgtal verläuft.
Auskunft: Fremdenverkehrsverband Schwarzwald, Postfach, 79104 Freiburg im Breigau.

Schwarzwaldbäderstraße
200 km Rundkurs zu den Heilbädern und Kurorten. Der Reiz des Rundkurses liegt in den zahlreichen Ausflugs- und Abkürzungsmöglichkeiten, die es jedem Besucher ermöglichen, seine individuelle Tour zu planen.
Auskunft: Fremdenverkehrsverband Schwarzwald, Postfach, 79104 Freiburg im Breisgau.

Freundschaftsstraße
Die 340 km lange „Route de l'amité" führt grenzüberschreitend von Metz (Frankreich) über Straßburg – Oberkirch – Freudenstadt – Wildbad nach Stuttgart. Vielfältige landschaftliche Reize Lothringens, der Vogesen, der Rheinebene und des Schwarzwaldes wechseln ab mit dem persönlichen Kennenlernen der Lothringer, Elsässer, Badener und Schwaben.
Auskunft: Fremdenverkehrsverband Schwarzwald, Postfach, 79104 Freiburg im Breisgau.

Mobil im Schwarzwald auch ohne Auto …

… mit dem „Schönes-Wochenende-Ticket“. Das gilt nicht nur für eine Person, sondern für bis zu 5 Personen. Und nicht nur für eine Hin- und Rückfahrt, sondern für beliebig viele.
In allen Nahverkehrszügen auf dem gesamten Streckennetz der Deutschen Bahn AG.
Wer ein schönes Wochenende haben will, soll auch eins bekommen. Zum Preis von DM 30,– können bis zu fünf Personen (Erwachsene oder Kinder) gemeinsam fahren.
Das „Schönes-Wochenende-Ticket“ gilt von Samstag, 0 Uhr, bis Sonntag, 24 Uhr, für beliebig viele Fahrten.
In dieser Zeit kann man, sooft man will, mit allen Nahverkehrszügen der DB fahren: mit Regional Express (RE), Regional Bahn (RB), Stadt Express (SE) und der S-Bahn.
Außerdem ist u. a. auch der Verkehrsverbund in Karlsruhe in dieses Angebot mit einbezogen.
Das „Schönes-Wochende-Ticket“ gibt's im Zug, an Automaten und bei allen Verkaufsstellen.
Mit dem Regionalbusverkehr Südwest (RVS) sind Skifahrer, Wanderer und Naturfreunde im nördlichen und mittleren Schwarzwald auch ohne Auto mobil.
Das gut ausgebaute ÖPNV-Netz und attraktive Angebote machen es leicht.
Mit dem „Freizeitpaß“ können Fahrgäste abends, am Wochenende sowie sonn- und feiertags alle 19 Freizeitlinien im Landkreis Freudenstadt benutzen.
Weitere Informationen erhält man in den RVS-Verkaufsbüros.

Literaturverzeichnis

Archäologische Denkmäler in Baden-Württemberg, Stuttgart 1990.

Das Bergschloß Weitenburg im Wandel der Geschichte, 1988.

Bettenhausen-Leinstetten, 900 Jahre in Wort und Bild, Freudenstadt 1985.

Hans Beuter, Horb erleben und entdecken, Horb 1993.

Hans Beuter, Horb ond drom rom, Horb 1990.

Hans Beuter, Vom Rhein zur Donau, Lahr 1989.

Blickpunkte Baden-Würtemberg, hrsg. vom Geograph.-Kartograph. Institut Meyer, Mannheim 1988.

Christine Buchwald, Märchen, Sagen und Legenden aus Schwaben, Atzdorf 1979.

Fest- und Heimatbuch Empfingen, hrsg. von der Gemeinde Empfingen 1972.

G. Haag, Murgtalsagen, Baiersbronn o. J.

Handbuch der historischen Stätten Deutschlands, Baden-Württemberg, hrsg. von Max Miller, Band 6, Stuttgart 1965.

Heimatbuch Bad Imnau, Hechingen 1982.

Heimatkundliche Wanderungen, Freudenstadt 1983.

Gerhard Hertel, Das Bärenschlößle, Freudenstadt 1981.

Gerhard Hertel, Herzog Friedrich I. von Württemberg, Horb 1989.

A. Hiss, Heimat zwischen Murg und Kinzig, Baiersbronn 1953.

Josef Klink, Die Wildröslein-Sage, in: Schwarzwälder Bote, Ostern 1977.

Die Königswart über der Murg. Von Kreisarchivar Dr. Gerhard Wein in: Freudenstädter Beiträge, Nr. 3/79, Freudenstadt 1979.

Der Kreis Freudenstadt. Heimat und Arbeit, Hrsg. Landrat Gerhard Mauer, Stuttgart und Aalen 1978.

Johannes Künzig, Schwarzwald-Sagen, Dritte Auflage 1976.
Walter Kull, Freudenstadt. Geschichte und Geschichten, Freudenstadt o. J.
Sönke Lorenz, Axel Kuhn, Baiersbronn. Vom Königsforst zum Luftkurort, Stuttgart 1992.
Undine Meissner, Seewald. Ein Heimatbuch, Horb 1990.
1200 Jahre Mühringen. Ein Geschichts- und Heimatbuch, Horb 1986.
Egon Rieble, Sehen und Entdecken im Kreis Rottweil, 2. Auflage, Stuttgart 1982.
1200 Jahre Schopfloch, Freudenstadt o. J.
Sagenkränzlein, hrsg. von E. Rebholz, Tuttlingen 1924.
Rudolf Schmid, Schapbach im Wolftal, Lahr 1989.
Willy Teufel, 50 Wanderungen, Glatten o. J.
Willy Teufel, Beiträge zur Heimatgeschichte, Horb 1987.
Urlaubsziel Schwarzwald, hrsg. von Monika Putschögl und Klaus Viedebantt, Heyne-Buch Nr. 33/34.
Gerhard Wein, Die Königswart über der Murg. Von Kreisarchivar Dr. Gerhard Wein, in: Freudenstädter Beiträge Nr. 3/79, Freudenstadt 1979.
Wittendorfer Heimatbuch, Horb 1983.
Johannes Wößner, Karl Bohn, Heimatbuch der Stadt und des alten Amts Dornstetten, Hrsg.: Stadt Dornstetten, Freudenstadt 1968/1986.
Zwischen Schwarzwald und Schwäbischer Alb, hrsg. von Franz Quarthal, Sigmaringen 1984.

Anmerkungen

1) Ernst Meier, Deutsche Sagen, Sitten und Gebräuche aus Schwaben, Erster Teil, Stuttgart 1852.
2) Hoffmann, Schapbach und seine Bewohner, Alamannia, Freiburg 1873 – 1917.
3) Ebd.
4) Ebd.
5) Vgl.: Anm. 12.
6) Vgl.: Willi Keller, Sagen des Kinzigtals, Oberkirch 1994, S. 27.
7) Vgl.: Anm. 31, S. 26.
8) Vgl.: Anm. 31, S. 26.
9) A. Hiss, Heimat zwischen Murg und Kinzig, Baiersbronn 1953, S. 191 – 223 und Das Bärenkreuz in Loßburg, in: Freudenstädter Heimatblätter, Nr.:14, 6. Februar 1954.
10) Vgl.: Anm. 1.
11) Wittendorfer Heimatbuch, Horb 1993, S. 24.
12) Vgl.: Anm. 9.
13) Doris Schatz, Einem Imker über die Schulter geschaut, in: Der Landkreis Freudenstadt, Heimat- und Jahrbuch 1995/96, S. 100.
14) Vgl.: Anm. 9.
15) Vgl.: Anm. 11.
16) Vgl.: Anm. 11.
17) Vgl.: Anm.: 9.
18) 1200 Jahre Schopfloch, Freudenstadt 1972, S. 57.
19) Ebd.
20) Orts- und Kirchenchronik Tumlingen-Hörschweiler 1267 – 1967, S. 51.
21) Ebd.
22) Hans Beuter, Horb erleben und entdecken, Horb 1993, S. 44, 47.
23) Ebd.

24) 1200 Jahre Betra, Ein Heimatbuch, Horb 1993, S. 191 bis 194.
25) Ebd.
26) Der Kreis Freudenstadt. Heimat und Arbeit, Hrsg. Landrat Gerhard Mauer, Stuttgart und Aalen 1978, S. 226.
27) Vgl.: Anm. 1.
28) Südwest Presse, Neckar-Chronik, Aus Empfingen, 28. Januar 1995.
29) Ebd.
30) Vgl.: Leseschlüssel zu unserer alten Schrift von Paul Arnold Grun, Görlitz, 1935, Tafel XI., ff.
31) Die Kapelle „Unserer Lieben Frau" im Taberwasen, Horb-Nordstetten, hrsg. vom Kath. Pfarramt Nordstetten, 1983, S. 5.
32) Fest- und Heimatbuch Empfingen, hrsg. von der Gemeinde Empfingen 1972, S. 87, 113.
33) Anton Birlinger, Aus Schwaben, 1874.
34) Heimatbuch Bad Imnau, Hechingen 1982, S. 170.

Horb

Zum Autor

Hans Beuter gründete bereits mit 16 Jahren eine Ortsgruppe des Schwäbischen Albvereins. Später war er fast zwei Jahrzehnte lang Wanderwart und Vorsitzender einer Ortsgruppe des Schwarzwaldvereins. In dieser Zeit organisierte und führte er über 600 Touren durch den Schwarzwald, die Schwäbische Alb, das Albvorland und die Nordschweiz. Neben Wanderführern schrieb Hans Beuter Sachbücher und Erzählungen.

Ferdinand Mehle

Burgen und Klöster in Franken

Ein Führer durch Haßberge, Steigerwald und die Fränkische Schweiz

208 Seiten, 45 Abbildungen, Übersichtskarten
ISBN 3-88571-236-9

Drei fränkische Landschaften: die Haßberge, der Steigerwald und die Fränkische Schweiz werden in der Neuerscheinung von Ferdinand Mehle vorgestellt. Es sind Gebiete, die mit Ausnahme der Fränkischen Schweiz außerhalb Frankens kaum bekannt sind. Gerade dies aber macht sie so anziehend für diejenigen, die Erholung in Ruhe und Abgeschiedenheit suchen. Zu diesen Vorzügen gesellen sich die Zeugen der Vergangenheit, die vor allem in den vielen Schlössern, Burgen und Klöstern ihren baulichen Ausdruck gefunden hat. Sie dem Besucher nahezubringen, hat sich der Verfasser zur Aufgabe gemacht. Er beschreibt detailliert ihre Lage, Geschichte und bauliche Beschaffenheit sowie die Straßen und Wege, die zu ihnen führen. Die Sagen, die sich um sie ranken, runden das Bild ab. Zahlreiche Abbildungen, Übersichtskarten und ein Register, das u. a. Auskunft über die Besichtigungsmöglichkeiten gibt, ergänzen die Schilderungen. Ein ausführliches Kapitel beleuchtet die geschichtliche Entwicklung Frankens, verbunden mit einer Burgenkunde, die Anlage und wesentliche Bestandteile mittelalterlicher Burgen aufzeigt. Jedem der drei Landschaftsabschnitte wird außerdem eine gesonderte Einleitung vorangestellt, die Geschichte und Beschaffenheit des Gebietes erläutert.
Der bei Bamberg lebende, in Karlsruhe geborene Sachbuchautor Ferdinand Mehle wurde bekannt durch eine Veröffentlichung über die Burgen der Vogesen und einen vielbeachteten Elsaßführer. Aufsehen erregte sein Buch „Der Kriminalfall Kaspar Hauser“, das in der Wochenzeitschrift „Die Zeit“ als „Die Lösung des Rätsels“ bezeichnet wurde (Nr. 16 vom vom 14. 4. 95).
Hier nun liegt die neueste Arbeit Mehles vor, die den Lesern mit den landschaftlichen Glanzpunkten und Sehenswürdigkeiten seiner Wahlheimat Franken vertraut macht.

MORSTADT VERLAG KEHL STRASBOURG BASEL

Gabriele Schneider

Radwanderwege Elsaß-Lothringen

Von Saarbrücken bis Basel

168 Seiten, 20 Abbildungen, 2 Karten
ISBN 3-88571-225-3

Der Wanderführer „Radwanderwege Elsaß-Lothringen“ bringt die schönsten Wanderstrecken vom Saarland und der Südpfalz, durch Nordlothringen und das Elsaß bis in die Schweiz. Er enthält:

- Radwanderwege
  - durch das nordlothringische Seengebiet
  - zur Deutschen Weinstraße in die Pfalz
  - auf den Treidelpfaden des Rhein-Marne-Kanals und des Saar-Kohlenkanals
  - durch die Vogesen
  - über die elsässische Weinstraße bis zum Sundgau
- Stadtführer von Saarbrücken, Zweibrücken, Landau, Weißenburg, Hagenau, Zabern, Straßburg, Schlettstadt, Mülhausen und Basel
- Sehenswürdigkeiten vieler Orte und Städte in Lothringen und im Elsaß, im Saarland und in der Südpfalz

Gabriele Schneider

Radwanderwege Mittelbaden

Im Land um Rhein und Schwarzwald

136 Seiten, 25 Abbildungen, 11 Übersichtskarten
ISBN 3-88571-238-5

Das Land am Oberrhein ist für Radtouren wie geschaffen. Sie sind im Wanderführer „Radwanderwege Mittelbaden“ so angelegt, daß sie nicht nur immer wieder an den Ausgangspunkt zurückführen: auch wer unterwegs einsteigt,der kommt wieder dorthin zurück. Die gut gewählten Radtouren führen u. a. von Kehl durchs Hanauerland, von Offenburg in das Kinzigtal, über die Badische Weinstraße, ins Gutachtal zum Vogtsbauernhof, von Achern zur Ruine Windeck, zum Taubergießen durch Orchideenwiesen, die an die Tropen erinnern, in ein heute noch weithin unbekanntes „Urgebiet“.

MORSTADT VERLAG KEHL STRASBOURG BASEL

Leonardo da Vinci

Der Esel auf dem Eis

Leonardo da Vinci

Der Esel auf dem Eis

Miniaturen

Aus dem Italienischen
und mit einem Nachwort von
Rudolf Hagelstange

Unionsverlag

Die vorliegende Ausgabe basiert auf den zwei Bänden
Favole e Leggende (1972) und *Animali Fantastici* (1974),
beide erschienen bei Giunti-Bemporad Marzocco
und Nardini Editore, Florenz. Die Originaltexte wurden
von Bruno Nardini in die vorliegende Fassung gebracht.
Deutsche Erstausgabe 1973 und 1975
im Arena Verlag, Würzburg.

Im Internet
Aktuelle Informationen, Dokumente, Materialien
zu Leonardo da Vinci und diesem Buch
www.unionsverlag.com

Rieterstrasse 18, CH-8027 Zürich
Telefon +41 44 283 20 00, Fax +41 44 283 20 01
mail@unionsverlag.ch

Umschlaggestaltung: Martina Heuer, Zürich
Druck und Bindung: CPI – Clausen & Bosse, Leck
ISBN 978-3-293-00496-2

Inhalt

Das Papier und die Tinte

Ein Blatt Papier, das zusammen mit anderen, ihm ähnlichen Blättern auf einem Schreibtisch lag, sah sich eines Tages mit Zeichen bedeckt. Eine Feder, in schwärzester Tinte gebadet, hatte es mit vielen Wörtern und Zeichen übersät.

»Konntest du mir diese Erniedrigung nicht ersparen?«, sagte das Blatt erzürnt zur Tinte. »Du hast mich besudelt mit deiner höllischen Schwärze und für immer ruiniert!«

»Warte ab«, antwortete ihm die Tinte. »Ich habe dich nicht besudelt, sondern dich mit Sinnbildern versehen. Jetzt bist du kein Blatt Papier mehr, sondern eine Botschaft. Du bewahrst den Gedanken des Menschen und bist somit ein kostbares Instrument geworden.«

Und in der Tat: Bald darauf machte jemand Ordnung auf dem Schreibtisch, sah die verstreuten Blätter und wollte sie ins Feuer werfen. Unversehens kam ihm das »besudelte« Blatt in die Hand, und er schied es von den anderen und legte es zurück auf seinen Platz, weil es unübersehbar die Botschaft der menschlichen Intelligenz trug.

Stein und Feuerstein

Ein Stein, der eines Tages von einem Feuerstein geschlagen wurde, empörte sich überrascht und beleidigt, indem er sagte: »Was fällt dir ein! Du hast mich wohl mit einem anderen verwechselt? Ich kenne dich überhaupt nicht. Lass mich in Ruhe. Ich habe niemandem etwas zuleide getan.«

Der Feuerstein sah ihn lächelnd an und sagte: »Wenn du nur ein wenig Geduld hättest, würdest du sehen, was für eine erstaunliche Leistung du vollbringen kannst.«

Auf diese Worte hin ertrug der Stein mit großer Geduld das Martyrium, das der Feuerstein ihm durch seine Schläge zufügte. Schließlich brachte er jenes wunderbare Feuer zustande, welches mit seiner Kraft in vielen Dingen wirksam ist.

Diese Fabel ist für diejenigen erzählt, die zu studieren beginnen und den Stachel fürchten, der sie zwingt fortzufahren. Wenn sie jedoch ihre Bemühungen mit Geduld fortsetzen, werden sie erleben, dass daraus wunderbare Dinge hervorgehen.

Die Lilie

Am grünen Ufer des Flusses Ticino stand einst eine schöne Blume: eine Lilie. Hoch und schlank auf dem Stiel, spiegelte die Blume ihre weißen Blütenblätter im Wasser, und das Wasser hätte sie gern besessen.

Jede Welle, die vorbeirauschte, trug mit sich das Bild dieser weißen Blumenkrone und reichte die eigene Sehnsucht weiter an die Wellen, die noch kommen mussten, um sie zu sehen.

So begann der ganze Fluss zu beben, die Wellen wurden unruhig und stürmisch; und weil sie die Lilie, fest gepflanzt im Boden und so hoch auf starkem Stiel, nicht erreichten, warfen sie sich wütend gegen das Land, bis das Hochwasser das ganze Ufer fortriss, mitsamt der reinen und einsamen Lilie.

Der Pfirsichbaum

Ein Pfirsichbaum, der neben einem Nussbaum lebte, betrachtete voll Neid die mit Nüssen beladenen Zweige seines Nachbarn.

Warum darf er so viele Früchte tragen, dachte er, und ich so wenige? Das ist nicht gerecht. Ich will versuchen, es ihm gleichzutun.

»Übernimm dich nicht«, sagte ein junger Pflaumenbaum, der seine Gedanken las. »Siehst du nicht, was für mächtige Zweige der Nussbaum hat, was für einen Stamm? Jeder muss seiner Kraft gemäß geben. Denke daran, gute Pfirsiche zu geben. Nicht die Quantität, die Qualität wiegt!«

Aber der Pfirsichbaum platzte vor Neid und wollte nicht hören. Er hieß seine Wurzeln, mehr Substanz aus der Erde zu ziehen, seine Fasern, mehr Saft aufzunehmen, seine Zweige, mehr Blüten zu treiben, seine Blüten, sich in mehr

Früchte zu verwandeln, bis er schließlich, als seine Zeit kam, von Kopf bis Fuß mit Pfirsichen beladen war.

Aber die reifenden Pfirsiche nahmen zu an Gewicht, und die Zweige konnten sie nicht mehr tragen; auch der Stamm konnte alle diese von Pfirsichen überfüllten Zweige nicht mehr halten. Ächzend bog sich der Pfirsichbaum, und dann, mit großem Krachen, spaltete sich der Stamm, und alle Pfirsiche rollten dem Nussbaum vor die Füße.

Die Kastanie und der Feigenbaum

Ein alter Kastanienbaum sah eines Tages einen Mann auf einem Feigenbaum. Dieser Mann bog die Zweige zu sich, löste die reifen Früchte ab, steckte eine nach der anderen in den Mund und zerkaute sie.

Und die Kastanie, mit unmutigem Murren, sprach: »Ach, Feige, wie viel weniger als ich verdankst du doch der Mutter Natur! Siehst du, wie sie mit mir verfuhr? Wie sie meine Kinder wohl umsorgt und geschützt hat, zuerst mit einem feinen Hemd, darüber dann mit einem Rock von fester und gefütterter Schale? Und nicht genug mit solcher Fürsorge, hat sie für diese auch noch ein festes Gehäuse konstruiert und darauf so scharfe und spitze Dornen gepflanzt, dass sie vor den Händen des Menschen sicher sind!«

Als der Feigenbaum das hörte, begann er mit allen seinen Feigen zu lachen, und nachdem er sich ausgelacht hatte, sprach er folgendermaßen: »Aber kennst du denn den Menschen nicht? Er ist so geschickt, dass er dich dennoch aller deiner Früchte beraubt. Bewaffnet mit Stangen, Stöcken und Steinen, rückt er deinen Zweigen zu Leibe, bringt alle deine Früchte zum Fallen, und wenn sie gefallen sind, zerstampft und zerteilt er sie, um sie aus dem Gehäuse zu vertreiben, das so gut mit Stacheln bewehrt ist; und deine Söhnchen kommen übel zugerichtet, zerplatzt und verbeult heraus. Ich dagegen werde mit Zartgefühl behandelt, ich werde nur mit den Händen berührt.«

Die Rebe und der alte Baum

Eine Rebe hatte, um sicherzugehen, sich in der Nähe eines alten Baumes eingerichtet. Ihre Gefährten, die gemeinsam mit Pfählen in der Erde des Bauern verankert waren, fragten sie: »Aber warum hast du dir als Halt einen alten Baum ausgesucht? Wenn er stirbt, was tust du dann?«

Die Rebe, überzeugt von der Richtigkeit ihrer Wahl, kümmerte sich nicht um ihre Artgenossen. Sie hielt sich immer enger an dem alten Stamm fest und war sicher, alle anderen Reben des Weinbergs zu überleben.

Aber – der Baum hatte so viele Jahre auf dem Buckel: Er war schließlich so hinfällig, dass er nicht mehr konnte. Er schwankte bei jedem Windstoß, viele seiner Äste waren abgestorben – bis er sich eines Tages mit lautem Ächzen lang auf das Feld legte.

Die Rebe, die ihn immer umklammert hielt, verdarb mit ihm am Boden und starb, indem sie unter dem Stamm erstickte.

Die Waldrebe

Im Schatten der Hecke wand die Waldrebe ihre grünen Ranken um die Stämme und Zweige des Weißdorn.

In der Höhe angelangt, sah sie um sich und erblickte einen anderen Weißdorn, der den gegenüberliegenden Teil der Straße flankierte.

»Wie würde ich es schön finden, bis dahin zu gelangen!«, sagte die Waldrebe. »Jener Weißdorn ist größer und schöner als dieser.«

Und Stückchen für Stückchen, die Arme vorstreckend, näherte sie sich jeden Tag mehr dem gegenüber wohnenden Weißdorn. Endlich erreichte sie ihn, wand sich um einen Zweig und begann glücklich, ihn zu umgarnen. Aber bald danach passierten Spaziergänger diese Straße und fanden sich unversehens diesem Zweig der Waldrebe gegenüber, der den Weg versperrte. Darum zerbrachen sie ihn mit den Händen, rissen ihn ab und warfen ihn in den Graben.

Die Zeder und die anderen Bäume

In einem Garten, zusammen mit vielen anderen Bäumen, wuchs eine herrliche Zeder. Zu jeder Jahreszeit mehrte sich ihre Schönheit; ihre Spitze ragte in den Himmel, über alle Bäume hinaus.

»Räumt mir diesen Nussbaum aus dem Weg!«, sprach die hochmütig gewordene Zeder. Und der Nussbaum fiel.

»Fort mit diesem Feigenbaum!«, sagte die Zeder weiter. »Er langweilt mich.« Und der Feigenbaum wurde gefällt.

»Befreit mich von diesen Apfelbäumen!«, fuhr die Zeder fort, ihr Haupt in die Höhe reckend. Und die Apfelbäume wurden zum Mittag beseitigt.

So ließ die Zeder, ein ums andere Mal, alle anderen Bäume beseitigen, um alleiniger Herrscher des großen Gartens zu sein.

Aber eines Tags kam ein großer Wirbelsturm. Die so herrliche Zeder widerstand mit allen ihren Kräften und klammerte sich mit den langen Wurzeln an die Erde; aber der Sturm, dem keine anderen Bäume im Weg standen, bog sie und zerrte an ihr. Und schließlich streckte er sie mit einem Krachen zu Boden.

Der Lorbeer und die Myrte

Zwei Bauern, die Beile in den Händen hielten, blieben am Birnbaum stehen.

»Birnbaum«, rief der Lorbeer, »sie kommen deinetwegen!«

Die Bauern fassten die Äxte fester und begannen tatsächlich, das Stammende zu behauen, um den Baum zu fällen.

»Birnbaum«, rief darauf die Myrte, »wohin gehst du? Wo ist der Stolz, den du hattest, als deine Zweige voller Früchte hingen?«

»Jetzt«, fügte der Lorbeer hinzu, »wirst du keinen Schatten mehr mit deiner dichten Krone spenden.«

Der Birnbaum, zu Tode getroffen, murmelte: »Ich gehe mit diesen Bauern, die mich fällen, um mich in die Werkstatt eines ausgezeichneten Bildhauers zu bringen. Dieser wird mir durch seine Bildhauerkunst die Form des Gottes Jupiter geben; sie werden mich in einen eigens für mich errichteten Tempel tragen, und alle Menschen werden mich anbeten. Und du, Lorbeer, und du, Myrte, ihr seid zu gebrochenen und beschnittenen Zweigen verurteilt, denn die Menschen werden kommen und Euer Laub nehmen, um mich damit zu krönen und mir die Ehren zu erweisen, die sie einem Gott schuldig sind.«

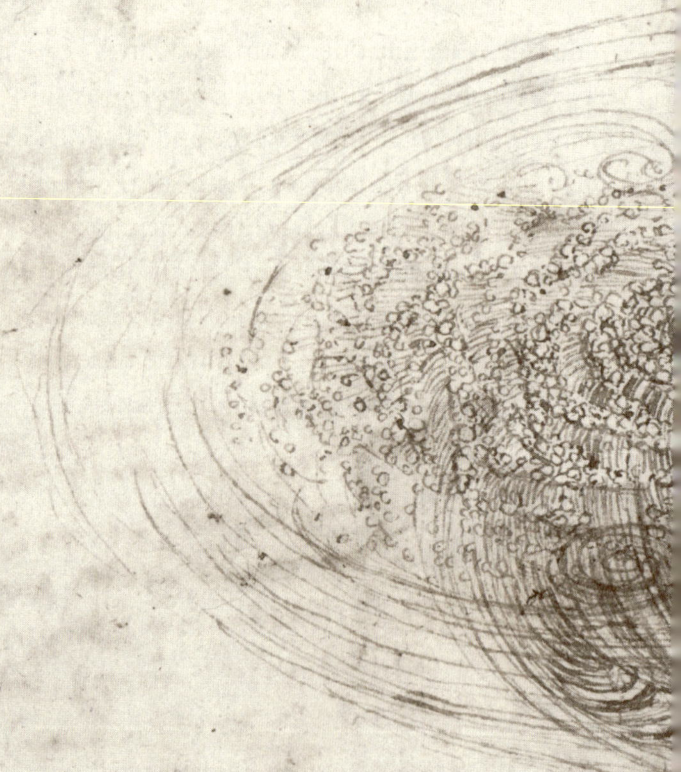

Das Wasser

Eines Tages wurde das Wasser, das sich in seinem Element, das heißt im stolzen Meer befand, von dem Verlangen ergriffen, zum Himmel aufzusteigen.

Es wandte sich also an ein anderes Element, das Feuer, und bat um Hilfe. Das Feuer willigte ein, und mit seiner Hitze ließ es das Wasser leichter als die Luft werden und in hauchfeinen Dampf übergehen.

Der Dampf stieg zum Himmel, höher und höher, bis in die dünnsten und kältesten Schichten der Luft, wohin das Feuer nicht mehr folgen konnte. Darum wurden die Teilchen des Dampfes, welche vor Kälte erstarrten, gezwungen, sich miteinander zu verbinden, und darüber wurden sie wieder schwerer als die Luft.

Sie waren, geschwellt vor Stolz, in den Himmel gestiegen und wurden nun in die Flucht geschlagen. Der Regen wurde von der dürstenden Erde getrunken: Lange Zeit blieb das Wasser im Boden gefangen und bezahlte seine Hoffart mit einer harten Buße.

Eine Maus, ein Wiesel und eine Katze

An diesem Morgen konnte die kleine Maus nicht aus ihrem Haus: Es war belagert.

Ein hungriges Wiesel lauerte ihr am Schlupfloch auf; von einem Spalt aus bemerkte sie das Wiesel, wie es gespannt die Öffnung überwachte, um sich auf sie zu stürzen.

Das Mäuschen war sich der großen Gefahr bewusst und zitterte am ganzen Leibe vor Furcht.

Eine Katze jedoch stürzte sich unversehens auf das Wiesel, packte es am Genick und machte ihm den Garaus.

»Oh, Jupiter, ich danke dir!«, seufzte das Mäuschen, das von seinem Loch aus die Szene beobachtet hatte. »Ich opfere dir gern ein paar von meinen Kernen!«

So, nach demütig erwiesenem Opfer, verließ die Maus ihr Versteck rasch, um die verlorene Freiheit wiederzufinden. Freilich – nur für einen Augenblick, weil die Ärmste ihre Freiheit zugleich mit dem Leben unter den reißenden Zähnen der Katze verlor.

Der Esel auf dem Eis

Es war einmal ein müder Esel, der vermeinte, nicht mehr bis zum Stall gehen zu können.

Es war Winter und sehr kalt; alle Straßen waren vereist.

»Ich bleibe hier«, sagte der Esel und ließ sich zu Boden fallen.

Ein kleiner, hungriger Spatz näherte sich ihm und flüsterte ihm zu: »Esel, du bist nicht auf der Straße, sondern über einem zugefrorenen See. Gib acht!«

Der Esel, schläfrig, gähnte genüsslich und schlief ein.

Aber seine Körperwärme begann nach und nach, das Eis aufzutauen, bis es mit einem Krachen brach.

Als sich der Esel im Wasser wiederfand, fühlte er sich doch sehr beunruhigt. Aber jetzt war es zu spät, und er ertrank.

Die Auster und der Krebs

Eine Auster war verliebt in den Mond. Wenn der Vollmond am Himmel erglänzte, blieb sie stundenlang mit geöffnetem Mund und staunte ihn an. Ein Krebs näherte sich von seinem Beobachtungsposten aus dieser Auster, die sich auftat in der Vollmondnacht, und gedachte sie zu verspeisen.

In der folgenden Nacht, als die Auster sich wieder öffnete, warf der Krebs ein Steinchen in ihr Inneres, und als die Auster sich zu schließen versuchte, hinderte der Stein sie daran.

So geschieht dem, der den Mund auftut, um sein Geheimnis preiszugeben: Da ist immer irgendein Ohr.

Die Auster und die Maus

Eine Auster fand sich mit anderem Meeresgetier im Hause eines Fischers wieder, unweit des Meeres.

Hier sterben wir alle, dachte die Auster beim Anblick ihrer Gefährten, die am Boden nach Luft schnappten.

Da kam eine Maus vorbei. »Höre, Maus!«, sagte die Auster. »Würdest du mich bitte ans Meer tragen?«

Die Maus sah, dass es eine schöne, fette Auster war, die gutes Fleisch enthalten musste.

»Gewiss«, erwiderte die Maus und war entschlossen, die Auster zu fressen, »aber du musst dich öffnen, weil ich dich so geschlossen nicht tragen kann.«

Die Auster öffnete sich vorsichtig, und die Maus zwängte das Schnäuzchen dazwischen, um die Auster mit den Zähnen zu packen. Aber in ihrer Hast verfuhr sie zu auffällig, die Auster schloss sich wie eine Falle um den Kopf der Nagerin. Die Maus schrie. Die Katze hörte es. Mit einem Satz war sie zur Stelle und verzehrte die Maus.

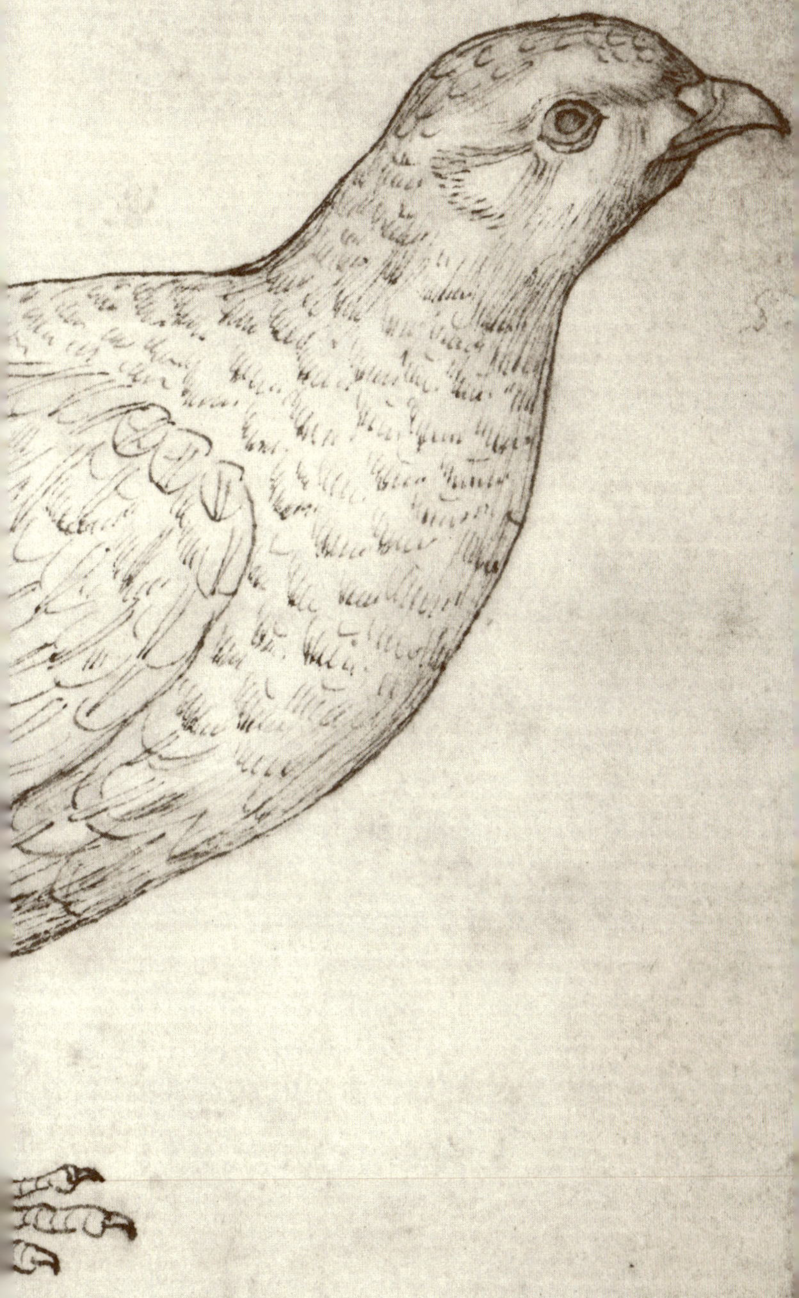

Der Pelikan

Als der Pelikan zur Nahrungssuche aufbrach, machte sich die im Gebüsch versteckte Schlange auf den Weg zum Nest.

Die Jungen schliefen ruhig.

Die Schlange näherte sich, und mit einem tückischen Funkeln in den Augen begann sie ihr Gemetzel. Ein giftiger Biss für jedes, und die Ärmsten schieden unmittelbar vom Traum in den Tod.

Zufrieden kehrte die Mörderin in ihr Versteck zurück, um sich an der Rückkehr des Pelikans zu weiden.

Kurz darauf kehrte der Vogel zurück.

Beim Anblick seines Verlustes begann er zu weinen, und seine Klage war so verzweifelt, dass alle Bewohner des Waldes sie bewegt vernahmen. »Welchen Sinn hat mein Leben ohne euch?«, rief der arme Vater und betrachtete seine ermordeten Kinder. »Auch ich will sterben, wie ihr!«

Und mit dem Schnabel begann er, sich die Brust zu zerfleischen, gerade oberhalb des Herzens, sodass in Bächen das Blut aus der Wunde sprudelte und die von der Schlange getöteten Jungen benetzte.

Aber mit einem Mal hielt der todgeweihte Pelikan inne. Sein warmes Blut hatte den Jungen das Leben zurückgegeben, seine Liebe hatte sie ins Leben zurückgerufen.

Nun hauchte er, glücklich, sein Leben aus.

Der Stieglitz

Als der Stieglitz mit einem kleinen Wurm im Schnabel ins Nest zurückkehrte, fand er seine Jungen nicht mehr. Irgendjemand hatte sie während seiner Abwesenheit geraubt.

Der Stieglitz begann jammernd und klagend, sie überall zu suchen. Der ganze Wald tönte wider von seinen verzweifelten Rufen; aber niemand antwortete ihm.

Eines Tages sagte ihm ein Fink: »Ich glaube, ich habe deine Jungen am Haus des Bauern gesehen.«

Der Stieglitz brach voller Hoffnung auf, und schon bald kam er zum Hause des Bauern. Er setzte sich aufs Dach: Da war niemand. Er flog auf die Tenne: Sie war leer.

Aber als er seinen Kopf hob, sah er draußen am Fenster einen Käfig befestigt. Darin waren seine Jungen. Gefangene.

Als er sie so kläglich piepsend an die Stäbe des Käfigs gedrängt sah, bittend, sie zu befreien, versuchte er, mit Schnabel und Krallen die Gitter des Gefängnisses zu zerbrechen – aber vergebens.

Darauf verließ er sie mit lautem Klagen.

Am Tage darauf kehrte der Stieglitz zu dem Käfig zurück, in dem seine Jungen waren. Er betrachtete sie. Darauf fütterte er einen um den anderen zum letzten Mal durch das Gitter.

Tatsächlich hatte er seinen Kindern ein giftiges Kraut gebracht, an dem die kleinen Vögel starben.

»Besser tot«, sagte er, »als die Freiheit verlieren.«

Der Schwan

Der Schwan neigte den biegsamen Hals aufs Wasser und spiegelte sich lange.

Da begriff er die Ursache seiner Müdigkeit und dieser Kälte, die seinen Körper wie mit Zangen griff und zittern machte wie im Winter: Mit absoluter Gewissheit wusste er, dass seine Stunde geschlagen hatte und dass er zum Sterben bereit sein musste.

Seine Federn waren noch weiß wie am ersten Tag seines Lebens. Er hatte Jahre und Jahreszeiten durchmessen, ohne sein unbeflecktes Kleid zu beschmutzen. Jetzt konnte er Abschied nehmen und sein Leben in Schönheit beschließen.

Den schönen Hals hebend, steuerte er langsam, fast feierlich unter eine Trauerweide, wo er an heißen Tagen zu ruhen pflegte. Es war schon Abend. Der Sonnenuntergang verfärbte das Seewasser purpurn und violett. Und in dem großen

Schweigen, das sich auf alles niedersenkte, begann der Schwan zu singen.

Niemals zuvor hatte er Töne so voller Liebe für alle Natur, für die Schönheit des Himmels, des Wassers und der Erde gefunden. Sein süßester Gesang verschwebte in der Luft, von Schwermut umflort, bis er sich leise, leise verlor, eins mit dem letzten Licht des Horizontes.

»Es ist der Schwan«, sagten bewegt die Fische, die Vögel, alle Tiere des Waldes und der Wiesen, »es ist der Schwan, der stirbt.«

Das Hermelin

Ein Fuchs war beim Fraß, als ein hübsches Hermelin vorbeikam.

»Darf ich etwas anbieten?«, fragte der Fuchs, der satt war.

»Danke«, antwortete das Hermelin, »ich habe schon gespeist.«

»Soso«, lachte der Fuchs. »Ihr Hermeline speist nur einmal am Tag und bevorzugt zu fasten, ehe ihr euch das Kleid befleckt.«

In diesem Augenblick nahten die Jäger. Der Fuchs versteckte sich blitzschnell in einer Bodenwelle, und das Hermelin, nicht weniger schnell als der Fuchs, rannte zu seiner Höhle.

Aber die Sonne hatte den Schnee geschmolzen und die Höhle in einen Sumpf verwandelt. Das schneeweiße Hermelin zögerte, da es sich nicht beschmutzen wollte, und die Jäger trafen es tödlich. Das Hermelin zieht es also vor zu sterben, ehe es seine Makellosigkeit befleckt.

Die Ameise und das Weizenkorn

Ein Weizenkorn, das von der Ernte allein auf dem Feld übrig geblieben war, erwartete den Regen, um in die bergende Erde zurückzukehren. Eine Ameise entdeckte es, lud es auf und schleppte es mit großer Anstrengung zur weit entfernten Behausung.

Sie ging und ging, das Weizenkorn schien immer schwerer zu werden auf den müden Schultern der kleinen Ameise.

»Warum lässt du mich nicht liegen?«, sprach das Korn.

Die Ameise antwortete: »Wenn ich dich liegen lasse, werden wir keine Vorräte für diesen Winter haben. Wir sind viele, wir Ameisen, und jede von uns muss in die Vorratskammer so viel bringen, wie sie nur findet.«

»Aber ich bin nicht nur geschaffen, um gegessen zu werden«, sagte das Weizenkorn darauf. »Ich bin ein Same, voll von Lebenskraft, und meine Bestimmung ist es, eine neue Pflanze wachsen zu lassen. Höre, liebe Ameise, machen wir einen Vertrag!«

Die Ameise war zufrieden, ein wenig ausruhen zu können, legte das Korn ab und fragte: »Was für ein Vertrag soll das sein?«

»Wenn du mich auf meinem Feld belässt«, sagte das Korn, »und davon abstehst, mich in deine Behausung zu tragen, werde ich dir in einem Jahr hundert Körner meiner Art zurückerstatten.«

Die Ameise starrte ungläubig.

»Ja, liebe Ameise. Glaub, was ich dir sage! Wenn du heute auf mich verzichtest, werde ich mich dir hundertfach geben: Ich werde dir hundert Weizenkörner für dein Heim schenken.«

Die Ameise dachte: Hundert Körner im Tausch gegen ein einziges – das ist ein Wunder.

Sie fragte das Weizenkorn: »Und wie wirst du das machen?«

»Es ist ein Geheimnis«, antwortete das Korn. »Das Geheimnis des Lebens. Heb eine kleine Grube aus, begrab mich darin und komm nach einem Jahr zurück!«

Ein Jahr später kehrte die Ameise wieder.

Das Weizenkorn hatte sein Versprechen gehalten.

Der Floh und der Hammel

Ein Floh, der im geschorenen Fell eines Hundes wohnte, spürte eines Tages einen angenehmen Geruch von Wolle.

»Was ist los?« Er machte einen kleinen Sprung und bemerkte, dass sein Hund auf dem Fell eines Hammels eingeschlafen war.

»Welch ein Pelz ist das gegen meinen!«, sprach der Floh. »Er ist dicker und weicher, und vor allem ist er sicherer. Da besteht keine Gefahr, dass die Krallen und Zähne, die sich bemühen, mich zu erwischen, eindringen; und außerdem wird das Hammelfell gewiss auch wohnlicher sein.«

Damit, ohne weiter nachzudenken, wechselte der Floh seine Behausung: Er sprang vom Fell des Hundes in den Pelz des Hammels.

Aber – die Wolle war dicht, ganz dicht und dick, sodass es nicht leicht war, an die Haut heranzukommen.

Versuch um Versuch, in Geduld ein Haar vom anderen zu trennen und mit Mühe einen Durchgang zu öffnen – und schließlich gelangte der Floh an die Haarwurzeln. Aber diese standen so dicht, dass sie dem Floh keinen Raum ließen, durch den er die Haut hätte kosten können.

Müde, schwitzend und enttäuscht beschloss der Floh, zum Hund zurückzukehren; aber der war verschwunden.

Armer Floh! Seinen Irrtum bereuend, weinte er tagelang, um schließlich im dicken Hammelfell verhungert zu sterben.

Der Geizhals

Jeden Tag spitzte die Kröte ihr Maul und griff mit den Zähnen ein wenig Erde.

»Warum bist du so mager?«, fragte ein Marienkäfer sie eines Tages.

»Weil ich immer Hunger habe«, antwortete die Kröte.

»Aber wenn du dich nur von Erde ernährst«, rief das reizende Insekt, »warum isst du dich nicht satt?«

»Weil eines Tages«, sprach der Geizhals kläglichen Tons, »auch die Erde verbraucht sein könnte.«

Die Spinne und die Schwalbe

Es war schon das dritte Mal, dass eine Spinne ihren silbernen Faden zwischen zwei Bäumen aufzuhängen trachtete. Doch jedes Mal durchschnitt ihn eine kecke Schwalbe in raschem Vorüberflug mit dem Schnabel.

»Warum lässt du mich nicht arbeiten?«, fragte die Spinne.

»Du bist ein hinterlistiges Tier«, antwortete die Schwalbe, »und das Netz, das du da spinnen willst, ist eine tödliche Falle.«

»Und du«, sagte die Spinne, »was machst du? Fliegst du nicht dauernd mit offenem Schnabel herum, um die Insekten zu fangen? Ich arbeite wenigstens. Ich scheide aus meinem Inneren diese Fäden aus und webe sie mit meiner Kunstfertigkeit zu einem meisterhaften Gewebe. Und dieses gibt mir als Vergütung die Beute, welche darin hängen bleibt.«

Die Nuss und der Kirchturm

Eine Krähe pickte eine Nuss auf und trug sie auf die Höhe eines Kirchturms. Die Frucht zwischen den Krallen, versuchte sie, mit Schnabelhieben die Nuss zu öffnen; aber unversehens entrollte sie ihr und verschwand in einem Spalt des Mauerwerks.

»Mauer, gute Mauer!«, flehte die Nuss, die glücklich war, aus dem tödlichen Schnabel der Krähe befreit zu sein. »Im Namen Gottes, der zu dir so gut gewesen ist, indem er dich so hoch und fest geschaffen hat und reich an schönen Glocken, die so herrlich tönen, hilf mir, habe Mitleid mit mir! Ich war ausersehen, unter die Zweige meines alten Vaters zu fallen, um mich auszuruhen in der fetten Erde, von gelben Blättern zugedeckt. Verlass mich nicht, ich bitte dich. Als ich im rohen Schnabel der Krähe war, habe ich ein Gelübde getan: Wenn Gott mich daraus entrinnen lässt, verspreche ich, den Rest meiner Tage in einem kleinen Loch zu verbringen.«

Die Glocken warnten mit leichtem Murmeln die Mauer des Kirchturms, achtzugeben, weil die Nuss gefährlich werden könnte; aber die Mauer, von Mitleid bewegt, beschloss, sie zu beherbergen, und erlaubte ihr, in dem Spalt zu bleiben, in den sie gefallen war.

In kurzer Zeit nun begann die Nuss, sich zu öffnen und ihre Wurzeln zwischen den Steinen zu entfalten, und die Wurzeln machten sich breit, indes die Zweige aus dem Spalt sprossen. Und die Zweige wuchsen, wurden stärker, sie erhoben sich hoch bis zur Turmspitze, und die Wurzeln, anwachsend und sich wölbend, begannen, das Mauerwerk zu sprengen und die Steine beiseitezustoßen.

Zu spät begriff die Mauer, dass die Bescheidenheit der Nuss und ihr Gelöbnis, im Spalt verborgen zu bleiben, nicht aufrichtig waren, und sie bereute, den Glocken kein Gehör geschenkt zu haben.

Die Nuss wuchs weiter, herausfordernd und ungerührt, und die Mauer, die arme Mauer, fuhr fort, abzubröckeln und einzustürzen.

Der Löwe und das Lämmchen

Eines Tages brachte man einem gefangenen Löwen ein junges Lämmchen zum Fraß.

Es war so unschuldig und arglos, dieses Schäfchen, dass es keine Furcht vor dem Löwen empfand, sondern ganz nahe an ihn heranging, als wäre er seine Mutter. Mit staunenden und demütigen Blicken sah es ihn an.

Der Löwe, von so viel vertrauensseliger Unschuld gerührt, hatte nicht das Herz, das Lämmchen zu töten, und blieb brummend zurück, den Hunger in seinem Leib.

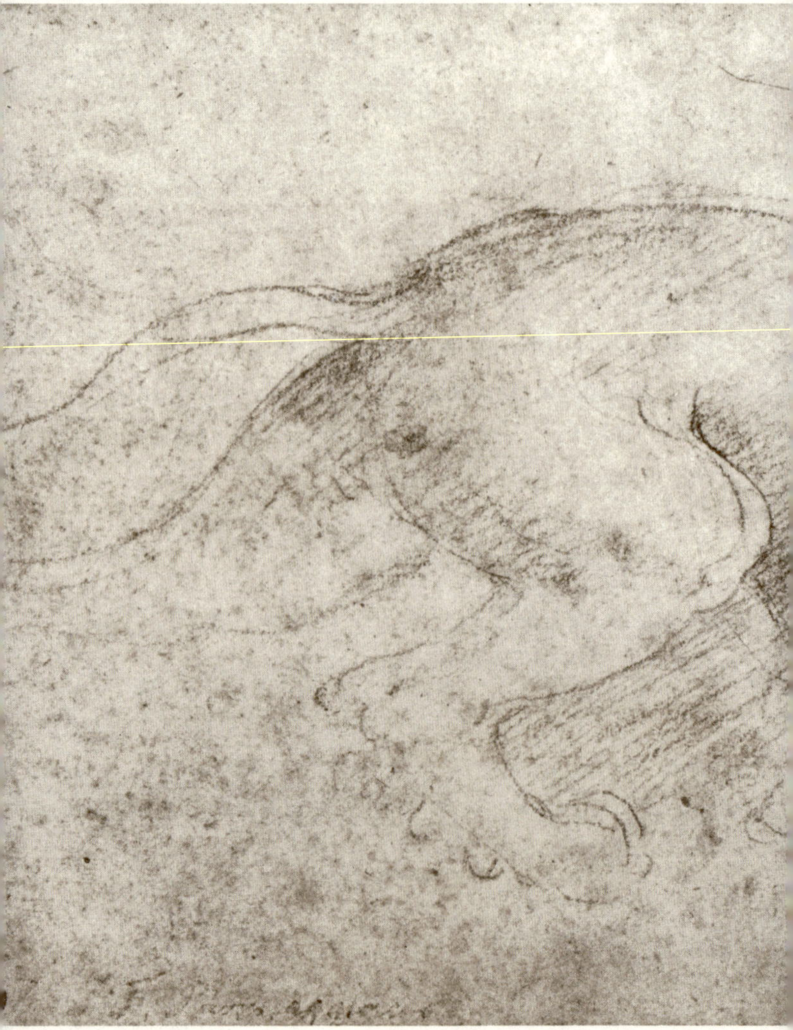

Der Falke und die Ente

Jedes Mal, wenn er Jagd auf Enten machte, wurde der edle Falke zornig. Diese Enten kriegten es fertig, ihn zum Narren zu halten, indem sie im letzten Augenblick in das Wasser eintauchten und länger unter Wasser blieben, als er sich in der Luft halten konnte, um ihnen aufzulauern.

An diesem Morgen beschloss der Falke, sich zu beherrschen. Nachdem er mit ausgebreiteten Schwingen viele Kreise gezogen hatte, um die Lage auszumachen, und nachdem er genau seine Jagdbeute bestimmt hatte, stürzte der edle Räuber wie ein Meteor hernieder. Aber die Ente, noch flinker, tauchte kopfüber hinweg.

»Dieses Mal kommst du mir nicht aus!«, schrie der Falke erbost, und auch er tauchte ein.

Die Ente sah ihn unter Wasser, schnellte hinweg, tauchte wieder auf, spannte die Flügel und erhob sich zum Flug. Der Falke aber, mit triefenden Schwingen, vermochte nicht den Flug wieder aufzunehmen.

Aus der Höhe rief ihm die Ente zu: »Adieu, Falke! Ich kenne mich wohl in deinem Himmel aus, du aber musst in meinem Wasser scheitern!«

Der Adler

Ein Adler, der eines Tages aus seinem hochgelegenen Nest niedersah, erblickte einen Uhu.

»Was für ein komisches Tier«, sprach er zu sich.

Von Neugier getrieben, spannte er seine großen Flügel aus und begann in weiten Kreisen niederzusteigen. Als er dem Uhu nahe gekommen war, fragte er ihn: »Wer bist du? Wie heißt du?«

»Ich bin der Uhu«, antwortete zitternd der arme Vogel.

»Haha! Wie komisch du bist!«, lachte der Adler, weiter um den Baum kreisend.

»Du bestehst nur aus Augen und Federn. Sehen wir ein wenig«, fügte er an, sich auf einem Ast niederlassend, »sehen wir aus der Nähe, wie du beschaffen bist. Lass mich deine Stimme besser hören! Wenn sie so schön ist wie dein Gesicht, wird man die Ohren schließen müssen.«

Dabei versuchte der Adler, sich mithilfe der Flügel einen Weg durch die Zweige zu bahnen.

Aber zwischen den Zweigen des Baumes hatte ein Bauer Leimruten gespannt und auch die großen Äste mit Leim bestrichen.

So fand sich der Adler unversehens mit den Flügeln an den Baum geheftet, und je mehr er sich zu befreien strebte, umso mehr verschmierte er alle Federn mit Leim.

Der Uhu meinte: »Adler, bald wird der Bauer kommen, dich fangen und in einen Käfig sperren. Vielleicht wird er dich auch töten, um die Lämmer zu rächen, die du gerissen hast. Du, der du im Himmel lebst, frei von aller Gefahr – was musstest du auch herniederkommen, um deinen Spott an mir auszulassen?«

Großmut

Das Adlerjunge steckte den Kopf aus dem Horst und bemerkte viele Vögel, die unterhalb der Felsen herumflogen.

»Mutter«, fragte es, »wer sind diese Vögel?«

»Sie sind unsere Freunde«, antwortete die Mutter. »Der Adler lebt einsam, aber er braucht einen Hof. Was wäre er sonst für ein König? Diese Vögel sind unsere treuen Höflinge.«

Zufriedengestellt schaute das Adlerjunge weiter zu; dann aber sagte es: »Mutter, sie haben mir das Futter gestohlen!« »Nein, sie haben es nicht gestohlen; ich habe es ihnen gegeben! Merke, was ich dir sage: Ein Adler hat nie so viel Hunger, dass er nicht einen Teil seiner Beute den Vögeln geben kann, die in seiner Umgebung leben. Weiß Gott, in dieser Höhe würden sie auch nichts finden, und sie müssten uns verlassen, um Futter zu suchen. Wer Hof halten will, muss großzügig sein und seine Höflinge, gleichsam als Entgelt für ihre Ergebenheit, täglich ernähren.«

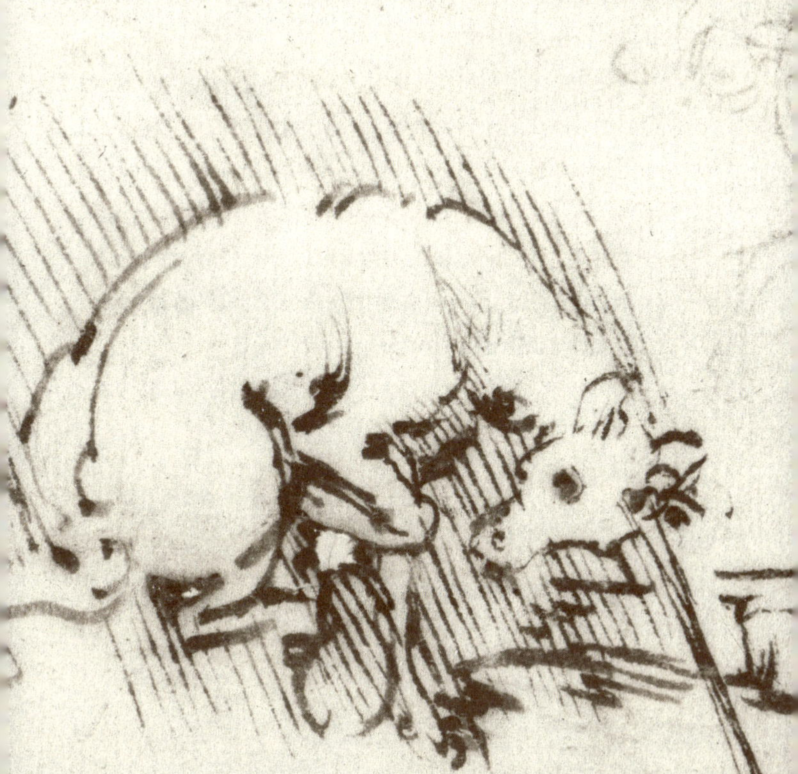

Fröhlichkeit …

»Wer ist das fröhlichste Tier?«, fragte man einen alten Bauern.

»Es ist der Hahn«, antwortete der Bauer. »Der Hahn und die Fröhlichkeit sind eins. Er freut sich, wenn der Tag geboren wird, und singt; er freut sich, wenn die Sonne aufgeht, und singt; er läuft, springt, kämpft und spielt, immer singend, glücklich und zufrieden, und der ganze Hof hört auf ihn und freut sich mit.«

… und Traurigkeit

Und das traurigste Tier?«, fragten sie den weisen Bauern noch.

»Das traurigste Tier ist der Rabe«, lautete die Antwort. »Die Traurigkeit ist genau wie er. Wenn sich im Nest die Eier öffnen und dem Raben Kinder geboren werden, flieht er, weil er sie so federlos und weiß sieht, und gibt sie in großem Kummer auf. Er zieht sich auf einen benachbarten Baum zurück und weigert sich, die Jungen zu ernähren. Bis er schließlich bemerkt, dass auf ihrer Haut die ersten schwarzen Federchen zu sprossen beginnen. Und nun kehrt er zurück.«

Die Drosseln und die Eule

»Wir sind frei! Wir sind frei!«, riefen eines Tages die Drosseln, als sie sahen, dass der Mensch die Eule gefangen hatte. »Jetzt brauchen wir keine Furcht mehr vor der Eule zu haben; jetzt werden wir ruhig schlafen.«

Die Eule war tatsächlich in einem Hinterhalt gefangen, und der Mensch hatte sie in einen Käfig gesperrt.

»Lasst uns die Eule in Gefangenschaft sehen!«, riefen die Drosseln, flogen und sangen um das Gefängnis herum.

Aber – der Mensch hatte die Eule zu einem anderen Zweck gefangen, zu dem nämlich, der Drosseln habhaft zu werden. Und wirklich schloss die Eule sofort ein Bündnis mit ihrem Bezwinger, der die an einer Klaue gefesselte jeden Tag auf einem Dreifuß zur Schau stellte. Die Drosseln stürzten sich auf die benachbarten Bäume, in denen der Mensch seine Leimruten versteckt hatte. Sie wollten die Eule sehen und verloren – anstatt die Freiheit zu verlieren wie die Eule – das Leben.

Diese Fabel ist für alle erzählt, die sich freuen, wenn einer, der mehr zählt als sie, die Freiheit verliert. Der Besiegte nämlich, der bedeutend ist, verbündet sich sofort mit dem Sieger und wird sein Instrument, während alle die, welche vorher von ihm abhingen, unter einen neuen Herrn geraten und mit ihrer Freiheit oft genug auch das Leben verlieren.

Die Raupe

Eng an ein Blatt geschmiegt, sah die Raupe um sich: Da sang es, sprang es, lief es, flog es. Alle Insekten waren in ständiger Bewegung, nur sie, die Ärmste, hatte keine Stimme, lief nicht, flog nicht.

Mit großer Mühe gelang es ihr, sich vorwärts zu bewegen, aber so wenig, dass sie eine Weltreise gemacht zu haben schien, wenn sie von einem Blatt zum anderen glitt.

Trotzdem beneidete sie niemanden. Sie wusste, dass sie eine Raupe war und dass die Raupen es lernen mussten, einen seidigen Schaum zu spinnen, um mit wunderlicher Kunst ihre Behausung zu weben.

Also machte sie sich mit großem Eifer an ihre Arbeit.

In kurzer Zeit war die Raupe eingeschlossen in einen lauwarmen Kokon von Seide und abgetrennt von der übrigen Welt.

»Und nun?«, fragte sie sich.

»Noch ein wenig Geduld, und du wirst staunen.«

Im rechten Augenblick erwachte die Raupe und war keine Raupe mehr. Aus dem Kokon trat sie mit zwei herrlichen Flügeln, die mit lebhaftesten Farben geschmückt waren, und erhob sich sogleich in die Höhe, himmelan.

Die Viper

Es war Zeit der Liebe und der Paarung, und die Viper wartete in der Sonne auf das Nahen des Männchens.

Dieses ließ nicht lange auf sich warten. Mit leichtem Zischen näherte es sich der Gefährtin und vereinigte sich sofort mit ihr.

Aber das Weibchen hielt das Maul weit geöffnet, und als das Männchen sich lösen wollte, biss das Weibchen ihm den Kopf ab und tötete den Gefährten.

Nach einiger Zeit bereitete sich die Viper darauf vor, ihre Kinder zur Welt zu bringen. Diese jedoch rissen voller Ungeduld mit ihren Zähnen den Bauch der Viper auf. Um schneller geboren zu werden, hatten die Kinder ihre Mutter getötet.

Die Biene und die Drohnen

Faulenzer!«, sagte eine alte Arbeitsbiene zu den männlichen, die zum Vergnügen um den Bienenkorb herumflogen. »Ihr habt nie Lust, etwas zu tun. Schaut, wie viel ich arbeite! Blickt um euch, und ihr werdet sehen, dass alle arbeiten. Die Ameise, zum Beispiel, denkt den ganzen Sommer über an den Winter. Auch sie, genau wie ich, hat einen natürlichen Instinkt, der sie antreibt, für Vorrat zu sorgen.«

»Was für ein Unsinn!«, antwortete eine gelangweilte Drohne. »Die Ameise vernichtet den Samen jeder Ernte, um zu vermeiden, dass er wieder aufersteht. Um im Winter ein einziges Weizenkorn zu essen, tötet sie das vielfältige Leben, das in diesem Samenkorn verschlossen ist.«

Die Pflanze und der Pfahl

Eine Pflanze, die üppig blühend himmelan wuchs mit ihrem Federbusch von zarten Blättern, ertrug nur schwer neben sich die Anwesenheit eines vertrockneten alten Pfahles.

»Pfahl, du kommst mir zu nahe! Könntest du nicht beiseitegehen?«

Der Pfahl tat, als ob er nicht gehört hätte, und antwortete nicht.

Darauf wandte sich die Pflanze an die Dornenhecke, welche sie umgab: »Hecke, könntest du dir nicht einen anderen Ort suchen? Du langweilst mich.«

Die Hecke tat, als ob sie nicht gehört hätte, und antwortete nicht.

»Schöne Pflanze«, sagte schließlich eine Eidechse, ihr Häuptchen hebend und von oben auf sie herabsehend, »siehst du nicht, dass der Pfahl dich aufrecht stehen macht? Begreifst du nicht, dass die Hecke dich gegen schlechte Gesellschaft schützt?«

Die Wärme des Herzens

Zwei junge Strauße waren ganz verzweifelt. Immer wenn sie ein Ei ausbrüten wollten, brach es unter ihrem Gewicht entzwei.

Eines Tages beschlossen sie, ihre Eltern um Rat zu fragen, die am anderen Ende der Wüste lebten. Sie liefen viele, viele Tage und kamen endlich zum Nest ihrer alten Mutter.

»Mutter«, sprachen sie, »wir sind gekommen, dich zu fragen, wie man die Eier ausbrütet. Immer wenn wir es versuchen, zerbrechen sie.«

Die Mutter hörte ihnen ruhig zu. Dann antwortete sie: »Dazu braucht ihr eine ganz besondere Wärme.«

»Und welche ist das?«, fragten die beiden Strauße.

»Die Wärme des Herzens. Betrachtet eure Eier mit Liebe und denkt dabei an das Leben, das in ihnen schlummert. Dieser Blick, verbunden mit eurer Geduld, wird es dann erwecken.«

Und als das Straußenweibchen erneut ein Ei gelegt hatte, betrachtete sie es mit Liebe und ließ es nie aus den Augen.

So vergingen viele Tage. Als die Strauße schon am Rande ihrer Kräfte waren, knackte es plötzlich im Ei, die Schale riss auf, zerbarst schließlich, und heraus schaute ein winziger Straußenkopf.

Die Spinne und die Biene

An einem schönen Frühlingsmorgen flog eine Arbeitsbiene auf der Suche nach Blütenstaub von Blume zu Blume. Als sie einen Blütenkelch verließ, geriet sie plötzlich in das Netz einer Spinne. Hinter einem Blatt verborgen, freute sich darüber die kleine Spinne und eilte herbei.

»Du bist ein Verräter«, rief ihr die Biene zu. »Du stellst deine Fallen auf, um denjenigen zu töten, der arbeitet!«

Als die Spinne noch näher kam, machte die Biene eine Drehung und versuchte, der Spinne den Garaus zu machen, indem sie den Stachel aus ihrem Leib zückte.

Aber die Spinne wich rechtzeitig aus und stürzte sich auf die Biene. »Biene, mit welchem Recht wagst du, mich zu richten?«, antwortete sie und hielt dabei die Biene fest. »Du bist der leibhaftige Betrug: Im Munde trägst du den Honig und hinten das Gift.«

Die Schlange und die Nachtigall

Die Schlange näherte sich kriechend dem Nest der Nachtigallen. Die Mutter war abwesend, die Kleinen schliefen still, eines ans andere geschmiegt. Aber Vater Nachtigall sah die Schlange von einem benachbarten Zweig aus und flog zur Hilfe herbei.

»Halt inne!«, rief er flehentlich. »Friss nicht meine Kleinen! Als Gegengabe für ihr Leben werde ich dich den schönsten Gesang hören lassen, den du je vernommen hast.«

Und mit trauriger, herzzerreißender Stimme begann er zu singen. Die Schlange, überrascht und unentschlossen, hielt an und lauschte. Dann, um sich nicht von dieser Melodie, die auch das Gift in ihren Zähnen versüßte, verzaubern zu lassen, hielt sie sich mit dem Schwanz die Ohren zu und entfloh.

Die Spinne im Schlüsselloch

Eine Spinne beschloss, nachdem sie von innen und außen das ganze Haus durchforscht hatte, sich in einem Schlüsselloch zu verstecken.

Welch idealer Zufluchtsort! Wer hätte sie je entdeckt, hier drinnen? Weiß Gott, sie hätte sich am Rande des Schlüssellochs zeigen und alles übersehen können, ohne irgendwelche Gefahr zu laufen.

»Da unten«, sprach sie bei sich, verstohlen die Steinschwelle betrachtend, »werde ich ein Netz für die Fliegen spannen; hier oben«, fügte sie, die Stufe erforschend, hinzu, »spanne ich ein anderes für die Raupen. Hier, nahe am Türklopfer, werde ich eine kleine Mückenfalle aufstellen.«

Die Spinne frohlockte. Das Schlüsselloch gab ihr eine neue und ungewohnte Sicherheit; so eng, dunkel, eisengefüttert, schien es uneinnehmbarer als eine Festung, sicherer als irgendein Panzer.

Während sie in diesen Gedanken schwelgte, drang ein Geräusch von Schritten an ihr Ohr.

Also zog sie sich klug in ihren Schlupfwinkel zurück. Irgendjemand blieb vor der Türe stehen, um ins Haus einzutreten. Ein Schlüssel rasselte, drang ins Schlüsselloch und zerquetschte die Spinne.

Das Rasiermesser

Es war einmal im Laden eines Barbiers ein schönes Rasiermesser. Eines Tages, als niemand im Laden war, verspürte es Lust, sich einmal umzusehen; und indem es die Klinge aus dem Griff löste, in welchem es wie in einer Hülse ruhte, begann es, sich des schönen Frühlingswetters zu freuen. Als das Rasiermesser sah, wie die Sonne sich in seinem Körper widerspiegelte, war es überrascht und erstaunt: Die stählerne Klinge sprühte so viel Glanz, dass das Rasiermesser in überschäumendem Stolz plötzlich zu sich sprach: »Und ich soll zurückkehren in diesen Laden, aus dem ich ausgebrochen bin? Auf gar keinen Fall! Die Götter wollen nicht, dass eine Schönheit wie die meine sich auf diese Weise versteckt. Es wäre eine Torheit, dort zu bleiben, um die eingeseiften Haare dieser Dorftölpel zu schneiden, immer wieder die gleichen mechanischen Bewegungen wiederholend! Dieser mein edler Leib wäre für solche Übungen bestimmt? Ausgeschlossen! Ebendarum werde ich mich an einem geheimen Ort verbergen, um mich in Ruhe der mir verbleibenden Tage zu erfreuen.«

Unter solchen Reden suchte das Rasiermesser ein Versteck und ward nicht mehr gesehen.

Es vergingen Monate. Eines Tages, als es ein wenig frische Luft schöpfen wollte, verließ das Rasiermesser sein Versteck, trat vorsichtig aus dem Griff und betrachtete sich.

O weh! Was war geschehen? Die Klinge war hässlich wie eine rostige Säge und spiegelte keinen Strahl Sonne wider.

Das Rasiermesser, erbittert und betroffen, beklagte den unersetzlichen Verlust, den es erlitten, und sprach: »Oh, wie viel besser wäre es doch gewesen, meine schöne Klinge geschärft in der Übung zu halten und die eingeseiften Bärte zu schneiden! Meine Oberfläche wäre strahlend geblieben, meine Schneide hauchfein! Wie sehe ich jetzt aus: gerötet und verkrustet von dem hässlichen Rost! Und es gibt keine Abhilfe!«

Das gleiche betrübliche Ende des Rasiermessers ist auch den Personen bestimmt, die, anstatt Tugend zu üben, es vorziehen, sich dem Müßiggang zu ergeben. Auch sie, wie das Rasiermesser, verlieren die Schärfe und den Glanz ihres Talentes, und bald frisst sie der Rost der Unwissenheit.

Die Drachen und die Enten

Alle Enten erhoben sich im Fluge aus dem Gewässer. Jemand hatte sie zeitig gewarnt, ehe die Drachen sie angreifen konnten.

Tatsächlich sahen sie aus der Höhe am Ufer eine große Anzahl von Drachen; alle hatten einen Kamm und große Pfoten und waren mit Krallen bewaffnet.

Die Drachen beschlossen, den Sumpf zu durchqueren und am anderen Ufer auf Nahrungssuche zu gehen; aber sie konnten nicht schwimmen. Darum verflochten sie sich miteinander, fügten sich zusammen wie die Fäden eines Gewebes und bildeten so eine einzige Fläche, die wie ein riesiges Gitter aussah, und indem sie alle die Köpfe aus dem Wasser hochhielten, überquerten sie geschlossen den Sumpf, als wären sie ein Floß.

»Seht ihr«, rief die älteste der Enten den Gefährten zu. »Seht ihr, was man erreichen kann, wenn man zusammenhält?«

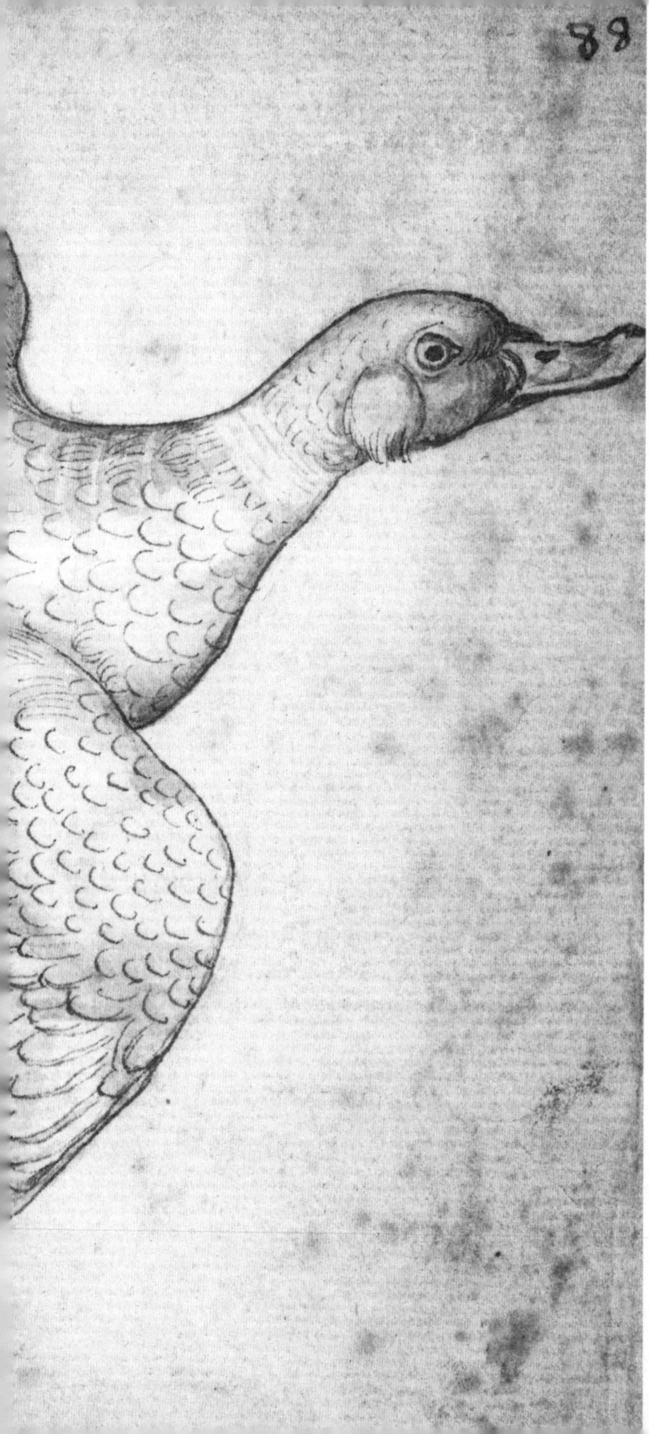
89

Das Netz

Auch an diesem Tag war das Netz voller Fische: Karpfen, Barben, Rotaugen, Neunaugen, Schleie, Aale und viele andere endeten in den Körben der Fischer.

Drunten, im Wasser des Flusses, wagten die Überlebenden, entmutigt und erniedrigt, sich kaum zu bewegen. Ganze Familien waren schon zum Markt gebracht worden, ganze Arten ins Netz gegangen oder bereits in der Pfanne gestorben.

Was tun ...?

Einige junge Gründlinge versammelten sich hinter einem großen Stein und beschlossen zu rebellieren.

»Hier geht es um Leben oder Tod«, sagten sie. »Dieses Netz, das jeden Tag und immer an einer anderen Stelle ins Wasser gelassen wird, um uns zu fangen und unserm Element zu entreißen, wird den Fluss entvölkern und uns alle ausrotten. Unsere Kinder haben jedoch ein Recht zu leben, und wir müssen etwas tun, um sie vor dieser Geißel zu bewahren.«

»Und was könnten wir tun?«, fragte eine Schleie, die den Verschwörern gefolgt war.

»Das Netz zerstören!«, antworteten die jungen Gründlinge einmütig.

Der mutige Entschluss, den schnellen Aalen anvertraut, verbreitete sich rasch über den ganzen Fluss und lud alle Fische für den nächsten Morgen zu einer gemeinsamen Aktion in einer Bucht ein, die von großen Weiden geschützt war.

Am folgenden Morgen fanden sich etwa tausend Fische jeglicher Art und jeden Alters ein, um dem Netz gemeinsam den Krieg zu erklären.

Die Leitung des Unternehmens wurde einem listigen alten Karpfen anvertraut, dem es schon zweimal gelungen war, der Gefangenschaft zu entkommen, indem er mit den Zähnen die Maschen des Netzes zerbissen hatte.

»Gebt gut acht!«, sagte der Karpfen. »Das

Netz ist so breit wie der Fluss, und jede Masche hat auf der Unterseite ein Stück Blei, welches sie zu Boden zieht. Teilt euch in zwei Gruppen: Die eine wird die Bleistücke aufheben und an die Oberfläche tragen; die andere Gruppe wird die Maschen des oberen Teils ganz ruhig festhalten. Die Neunaugen werden trachten, mit ihren Zähnen die Schnüre zu zerschneiden, die das Netz zwischen die beiden Ufer gespannt halten; die Aale werden sofort auf Erkundung gehen, um die Stelle auszumachen, wo das Netz ausgelegt wurde.«

Die Aale brachen auf. Die Fische, in Gruppen eingeteilt, versammelten sich längs der Ufer. Die Gründlinge ermutigten die schüchternsten, indem sie ihnen das traurige Ende vieler Gefährten ins Gedächtnis riefen und sie ermahnten, ohne Furcht in das Netz verstrickt zu bleiben, weil ja kein Mensch es mehr ans Ufer würde ziehen können.

Die spähenden Aale kamen zurück. Das Netz war ausgeworfen und befand sich eine Meile entfernt.

Daraufhin setzten sich alle Fische wie eine

riesige Flotte in Bewegung, angeführt von dem alten Karpfen.

»Achtung«, sagte der Karpfen, »die Strömung könnte euch in das Netz treiben. Verlangsamt die Fahrt, manövriert gut mit den Flossen!«

Und das Netz, grau, dunkel, erschien.

Die Fische, von einer unerwarteten Wut ergriffen, gingen zum Angriff über.

Das Netz wurde vom Grund aufgehoben, die Schnüre, die es spannten, wurden abgeschnitten, die Maschen zerrissen, aber die erzürnten Fische ließen die Beute nicht fahren. Jeder mit seinem Stück Masche im Maul, mit Flossen und Schwanz schlagend, so zogen sie in alle Richtungen, um das Netz zu zerfetzen und zu zerbeißen, und gewannen so in dem Wasser, das zu kochen schien, die verlorene Freiheit zurück.

Die bestrafte Zunge

Es war einmal ein Junge, der hatte die Angewohnheit, über alles Maß hinaus zu reden.

»Welche Zunge!«, seufzten eines Tages die Zähne. »Sie steht nicht still, sie gibt nicht Ruhe!«

»Was habt ihr zu murmeln?«, antwortete hochmütig die Zunge. »Ihr Zähne seid nur Diener, beauftragt zu kauen, was ich auswähle. Zwischen uns gibt es nichts Gemeinsames, und ich erlaube euch nicht, euch in meine Angelegenheiten zu mischen.«

So fuhr der Junge zu reden fort, einfach so vor sich hin, während seine Zunge in eitler Wonne jeden Tag Bekanntschaft mit neuen Worten machte. Aber eines Tages, als der Junge, nachdem er einen Schaden angerichtet hatte, seiner Zunge eine dicke Lüge zu sagen erlaubte, gehorchten die Zähne dem Herzen, machten sich selbstständig und bissen die Zunge. Diese rötete sich vom Blut, und der Junge seinerseits errötete vor Scham und Reue.

Von diesem Tag an wurde die Zunge vorsichtig und klug, und bevor sie etwas sagte, bedachte sie sich zweimal.

Der Fuchs
und das geheimnisvolle Tier

Alle Tiere des Waldes, und im Besonderen die wilden Tiere, konnten es sich nicht erklären, welche verhängnisvolle Kraft von einem Baum ausging, der sich in nichts von anderen Bäumen unterschied.

Und doch, jedes Mal, wenn jemand dicht an ihm vorbeiging, fiel dieser tot um. Ein kurzes Pfeifen in der Luft, und ein Stück Wild – von den schönsten und mutigsten – fiel, wie vom Blitz getroffen, zu Boden.

»Dieser Sache muss man wirklich nachgehen«, sagten die Tiere und betrauten mit diesem Auftrag den Fuchs, der von allen als der Klügste und Gerissenste angesehen wurde.

Um kein Risiko einzugehen, wandte sich der Fuchs an einen Vogel, mit dem er befreundet war und dem er einmal das Leben gerettet hatte. Der Vogel flog sogleich zu dem übel beleumdeten Baum.

Nach einigen Tagen kam er zum Fuchs zurück, um zu berichten. »Auf jenem Baum«, sagte er, »befindet sich ein seltsames Tier, das seltsamste der Welt. Es nennt sich Jaculo. Wenn sich jemand ihm nähert, schießt es vom Zweig hoch wie ein mächtiger Pfeil von einem Bogen und durchbohrt ihn wieder und wieder. Niemand sah je sein Gesicht. Niemand hörte je seine Stimme.«

»Ich«, beschloss daraufhin der Fuchs, »ich ziehe es vor, den Wald zu wechseln.« Und schweigend folgten ihm alle anderen Tiere.

Nachwort

Leonardo, der Erzähler

Wenn das hochgespannte, beinahe überspannt anmutende Wort vom Universalgenie jemals in einer menschlichen Gestalt (um eine biblische Formel zu verwenden) Fleisch geworden sein sollte, so kann keiner der uns bekannten Sterblichen eher in so schmeichelhaften Verdacht genommen werden als der 1452 bei Empoli geborene Künstler, Denker, Wissenschaftler, Konstrukteur Leonardo da Vinci.

Wie nicht wenige Große – wenn wir von den Gewalttätern oder Machtausübenden absehen, denen das Kompliment der Größe oft vorzeitig und liebedienerisch erwiesen wird – erfuhr der Italiener das Geschick, von manchen seiner Zeitgenossen nicht erkannt, unterschätzt oder als Sonderling missverstanden zu werden. Und da er schön von Antlitz und Gestalt, ein bestechender Gesprächspartner, ein begabter Redner und ungewöhnlicher Unterhalter war, mögen ihn etliche seiner Zeitgenossen vielleicht gar für einen Blender oder Scharlatan gehalten haben, der zwar über unbestreitbare Talente verfügte, dem es jedoch an Solidität und weiser Beschränkung mangelte.

Dass er ein trefflicher Maler war, stand wohl außer Zweifel; aber allzu oft ließ er seine Arbeiten unvollendet, was auch für seine bildhauerischen Entwürfe zutrifft. In seinen architektonischen Plänen und mehr noch seinen naturwissenschaftlichen und technischen Ideen schien er freilich geradezu Größenwahn und Hochstapelei zu verraten. Wenn er nicht gar im Letzten ein Narr war.

Dieser Mann maßte sich an, über alles und jedes Bescheid zu wissen. Er äußerte sich über Anatomie und Physiologie, über Optik wie Akustik, Botanik und Geologie, Kriegskunst und Astronomie, über medizinische Fragen. Gab es überhaupt ein Wissensgebiet, eine menschliche Tätigkeit, eine irdische Erscheinung, über die er nicht das Erstaunlichste zu behaupten oder gar zu beweisen wusste? Die Pupille der Eule, die Zunge des Spechtes, das Rückenmark des Frosches, Hirn und Geschlechtsorgan des Menschen, Blitz, Sintflut, Erdbeben, Malerei, Musik, Mathematik: Dem forschenden und schweifenden Geist und den neugierigen Sinnen dieses Mannes entzog sich kein Gegenstand, kein Geschöpf, keine Erscheinung, Bewegung, Betätigung irdischen Lebens.

»Der Körper der Erde hat die gleiche Natur wie ein Fisch – er atmet Wasser statt Luft.«

»Die Fische sind im Wasser schneller als die Vögel in der Luft.«

»Die Körper der männlichen Toten schwimmen auf dem Rücken, und die weiblichen auf dem Bauch.«

Und so fort. Eine endlose Kette von Einsichten, vermeintlichen Paradoxien, funkelnden Aphorismen, Lebensweisheiten, Regeln ließe sich aufreihen, verschiedenartigster, teils widersprüchlicher Art: Sie stammen alle von einem Autor, von Leonardo. Und woher hat er sie?

»Die Weisheit ist die Tochter der Erfahrung.« So lautet seine eigene Antwort. »Und die Erfahrung?«, könnte man weiter fragen und antworten: »Die Mutter aller Erfahrungen ist die menschliche Neugier.« Und dieser glänzende Geist des Mittelalters war eines ganz gewiss: der neugierigste aller Lebenden. Wie anders hätte er die Regeln der Malerei mit denen der erfolgreichen Tigerjagd paaren, die Hilfsgeräte des Menschen von der Lupe bis zur Bohrmaschine, vom Panzerwagen bis zu Helikopter und Flugzeug erkennen und vorausentwerfen können?

Dieser wissenschaftliche, technische, künstlerische »Zeitgenosse« Leonardo da Vinci tritt augenblicks, wenn sein Name genannt wird, in unser Bewusstsein ein. Das Neue aber, das mit diesem Buch deutlich wird, ist seine Gabe als Fabulierer, als Parabel-Dichter. Seine Bilder und Zeichnungen, in wie spärlicher Anzahl sie immer auf uns gekommen sein mögen, sind weltbekannt; seine musikalischen Kompositionen hört man gelegentlich sogar im Rundfunk; seine technischen Erfindungen sind längst alltägliche Realität. Was aber für jedermann erreichbar und verständlich ist von den Erfindungen dieses Universalgenies, das sind diese einfachen, aber insgeheim kunstvollen, diese naiv anmutenden, aber von Lebensweisheit diktierten Fabeln und Legenden, die uns lächeln und am Ende klüger machen – so wie jede gute Fabel es tut, die mithilfe einer kleinen Lüge (die Tiere oder Pflanzen sprechen lässt) eine große Wahrheit aussagt.

Die Menschheit kennt Fabeln und Parabeln aus der Tierwelt seit alters. Aber große Fabeldichter sind trotzdem eine Seltenheit geblieben – man braucht nicht viel mehr als die Finger einer Hand, um die wirklich originellen und bedeutenden aufzuzählen; und zumeist haben sich die Späteren an die Frühen angelehnt oder auch von ihnen abgeschrieben.

Auch bei Leonardo sprechen die Tiere; aber nicht nur sie allein: die ganze Natur meldet sich bei ihm zu Wort – der Stein, der Nusskern, das Feuer, die Luft, das Wasser, selbst die künstliche Materie, wie etwa ein Blatt Papier. Und das Bewegende an dieser Beseelung des angeblich Unbeseelten ist der menschlich-moralische Antrieb, der bei der Lektüre dieser Geschichten auf uns überfließt. Denn Leonardo verbindet den kühlen messenden und wägenden Verstand mit dem fühlenden Herzen, das Sympathie ebenso empfindet wie weckt. Ein unerschütterlicher Glaube an den Auftrag des Menschen ist ihm mitgegeben. Er fürchtet zwar in seinem Buch der Prophezeiungen, auch hier seiner Zeit voraus, um die »humane« Verhaltensweise der Erdbewohner und nennt den Menschen den »Verderber alles Geschaffenen«, womit er gerade uns Heutigen unüberhörbar ins Gewissen redet. Aber – er weiß auch die Heilmittel, die uns zur Verfügung stehen: »Die Liebe überwindet alles.« – »Gute Menschen haben den Wunsch nach Wissen.« – »Ohne Gleichheit gibt es keine Ruhe.« – »Frage den um Rat, der sich gut führt.«

Und eben in diesen Fabeln entdecken wir einen guten Rat nach dem anderen, eine Lebensweisheit um die andere. Ein liebenswerter, menschlicher Lehrmeister führt das Wort.

Manche seiner Parabeln hat er selbst aufgeschrieben, wie sie hier nachzulesen sind. (Immer notierte er »für spätere Bücher«.) Andere wieder hat er nur in Stichworten festgehalten, um sie später einmal niederzuschreiben, und es sind nur diese wenigen Sätze geblieben, die wie eine Disposition das Gerüst der Fabel enthielten und dem Herausgeber Nardini erlaubten, sie ohne Gefahr für Form oder Gedanken auszuführen.

Tiefsinn und gedanklicher Höhenflug, Humor und Sarkasmus sind darin ebenso zu finden wie Fantasie und Gemüt. Wobei die Paarungen der Partner, deren Wettbewerb oder Widerstreit am Ende das Resümee zutage fördern, denkbar überraschend und außergewöhnlich sind.

Was in der ersten Fabel vom Blatt Papier und der Tinte gesagt wird, in der sich das Papier über die »Besudelung« durch die Tinte beschwert und diese daraufhin erwidert, dass von Besudelung nicht die Rede sein könne, weil das mit der Tinte beschriebene Papier jetzt die Gedanken des Menschen bewahre und somit ein kostbares Instrument geworden sei, das gilt für das ganze Buch der Fabeln: Es reicht, unübersehbar, die Botschaft der Intelligenz weiter.

Rudolf Hagelstange

Bildnachweis

Umschlagabbildung Ein Baum, Löwenzahn und Schilfgras, um 1510. Feder und Tinte auf Papier (Ausschnitt). Bridgeman Images / The Royal Collection © HM The Queen

S. 9 Baum, um 1500–1510. Rötel auf Papier. Bridgeman Images / The Royal Collection © HM The Queen

S. 13 Lilienstengel, um 1475. Feder, laviert, über schwarzer Kreide, auf Papier. Bridgeman Images / The Royal Collection © HM The Queen

S. 16/17 Botanische Studien, u.a. Hundsrose, Veilchen. Feder über Metallstift, auf Papier. Bridgeman Images

S. 22/23 Zwei Weiden, um 1512. Feder und Tinte auf Papier. Bridgeman Images / The Royal Collection © HM The Queen

S. 28/29 Studien vom fließenden Wasser, mit Notizen, um 1510–1513. Feder und Tinte auf Papier (Ausschnitt). Bridgeman Images / The Royal Collection © HM The Queen

S. 32/33 Katzen, Löwen und Drachen, um 1513–1516. Feder, Tinte und Lavierung über schwarze Kreide (Ausschnitt). Bridgeman Images / The Royal Collection © HM The Queen

S. 40/41 Tierstudie: Wachtel. Zeichnung. Bridgeman Images

S. 48/49 Studie eines fantastischen Tiers. Zeichnung. Bridgeman Images

S. 56/57 Zwei Köpfe von grotesken Tieren, um 1490. Feder und Tinte auf Papier. Bridgeman Images / The Royal Collection © HM The Queen

S. 64/65 Skizze eines brüllenden Löwen. Rötel auf Papier. Bridgeman Images

S. 71 Einhorn, Horn ins Wasser tauchend, um 1481. Feder und Tinte auf Papier. Bridgeman Images

S. 80 Tierstudie: Hahn. Zeichnung. Bridgeman Images

S. 92/93 Tierstudie: Ente. Zeichnung. Bridgeman Images

S. 102/103 Pferdeköpfe, ein Löwe und ein Mann, um 1503–1504. Feder und Tinte auf Papier. Bridgeman Images / The Royal Collection © HM The Queen

Leonardo da Vinci im Unionsverlag

DMITRI MERESCHKOWSKI
Leonardo da Vinci

Maler, Ingenieur, Forscher, Philosoph – Leonardo da Vincis Werk und Wirken strahlt in seiner visionären Kraft und ästhetischen Vollendung bis in unsere Zeit hinein. Doch nicht nur das geheimnisvolle Lächeln der Mona Lisa beschäftigt Wissenschaftler jeder Epoche – auch der Mann, der es schuf, gibt immer noch Rätsel auf.

Der berühmte russische Symbolist Dmitri Mereschkowski hat aus den Quellen der Epoche den bis heute nicht übertroffenen Lebensroman Leonardos geschrieben. In leuchtenden Farben ergründet er den Menschen hinter dem Mythos und sein Wirken in einer Zeit, in der Weltbilder ins Wanken geraten.

»Mereschkowski gelang mit seinem 1901 erstmals erschienen Roman der Urknall der biografischen Romane. Über sechshundert Seiten hat Mereschkowski über diesen vielschichtigen Menschen geschrieben. Nicht eine einzige ohne fundiertes Wissen, lückenlose Beweisführung oder gar sinnfreies Geschwafel. Leonardo da Vinci wie er leibt und lebt zwischen zwei Buchrücken. Dieses Buch erlaubt es neugierigen Einsteigern wie belesenen Wissenschaftsgrößen da Vinci ungeschminkt im grellen Licht des Wissens zu begreifen.« *Karsten Koblo*

»Dmitri Mereschkowski – der genialste Kritiker und Weltpsychologe seit Nietzsche!« *Thomas Mann*

Mehr über Buch und Autor auf *www.unionsverlag.com*